KB192858

성령

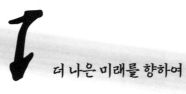

더 나은 미래를 향하여

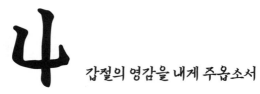

갑절의 영감을 내게 주옵소서

너 성령의 사람아

주님과 함께 가는 길

프·롤·로·그

패기와 열정이 넘치던 젊은 날, 세상의 꿈과 야망을 뒤로하고 오직 하나님의 부르심
만을 따라 목회의 길을 걸은 지도 어느덧 40여년의 세월이 흘렀습니다. 돌아보면 참
으로 다사다난했던 시간들이었습니다. 그리고 그런 만큼 이루 헤아릴 수 없는 하나님
의 놀라운 은혜와 역사를 경험했던 시간들이었습니다. 그래서일까요, 저는 더욱 "오직
나의 달려갈 길과 주 예수께 받은 그 사명 곧 하나님의 은혜의 복음을 전했던 일"에
한 줌 후회도 남지 않습니다.

그럼에도 한 낮의 작열했던 태양이 서산으로 기울고, 뜨거웠던 태양도 힘을 잃어버린
채 붉게만 물들어 가는 인생의 저녁엔 많은 것들을 생각하게 합니다. 젊은 날의 '나의
열정, 나의 믿음, 나의 사명, 나의 비전'들이 어떻게 '내 삶의 자취'로 그려졌으며, 이
모든 것들은 또한 '어떠한 내 삶의 의미로 남겨질 것인가'에 대해 이전보다 더 깊은
삶의 고찰을 하게 되는 것입니다.

이 즈음 하여 하나님은 제게 글로써 받은 은혜를 남기라는 또 하나의 사명을 남겨주
셨습니다. 비전과 사명은 늘 인생의 원동력이 되지요? 그래서 젊은 날 전 세계 방방
곡곡 성경 하나 가지고 복음을 전하며, 한국기독교총연합회 대표회장으로 한국교회와
이 나라를 위해 열정을 불사르던 때도 참 좋았지만, 이렇게 고즈넉한 밤에서 주님과
마주한 채 글을 쓰는 이 시간도 얼마나 좋은지 모릅니다.

이 한 권의 책도 지금껏 그랬듯이 제 인생 속에 남겨진 삶의 흔적들이 되리라 생각합니다. 다만 그 삶의 흔적들이 믿음의 흔적들이 되고, 또한 사명의 흔적들이 될 뿐 아니라 마침내 살아서 운동력 있는 생명의 말씀이 찬란한 열매로 맺어질 수 있는 생명의 흔적들이 되기를 기도할 뿐입니다.

"하늘문이 열리다" 라는 제1권을 시작으로 "항해하는인생" ."축복의 사람".을 내고 은퇴 기념으로 "마지막 경주자"라는 졸작을 낸 것이 저의 마지막 설교집이 되리라 고 생각하였습니다. 그런데 엊그제 같은 은퇴식이 6년이 된 지금 "너 성령의 사람아" 라는 설교집을 또 다시 출판하게 되었습니다. 은퇴와 함께 저의 모든 공적생활도 쉼을 얻을 줄 알았으나 하나님은 저에게 제 안에 계신 성령님을 통해 지금껏 제가 목회의 현장에서 외쳤던 설교 문들을 다시모아 주님을 사랑하는 목회자와 성도들에게 함께 공유할 수 있는 은혜를 허락 하셨습니다.

우리의 삶이 남아 있다면 그것은 분명 날 향한 하나님의 비전이 남아 있음을 반증하는 것입니다. 우리의 심장이 쉬지않고 뛰고 있다면 하나님은 여전히 쉬지 않고 우리를 통해 일하고 계시는 것입니다. 팔순을 바라보는 나이에도 여전히 저를 통해 일하고자 하시는 하나님의 은혜에 감사하고 영육간의 강건함으로 주의 사명 감당할 수 있으니 이 보다 더 큰 은혜 또한 없습니다.

앞으로 주께서 갈렙처럼 더 큰 힘과 능력 주시어 남은 생애 독자 여러분을 통해 글로써 더 많은 은혜와 간증들을 나누고 생명의 복음의 소식을 전할 수 있는 기회가 있기를 기도합니다.

오늘 이 글을 읽고 있는 지금 이 순간에도 하나님은 우리에게 말씀하십니다. "너 성령의 사람아, 내가 택한 나의 종아. 내가 너를 택하였고 너를 싫어버리지 아니하였도다. 어디를 가든, 무엇을 하든 내가 영원토록 너와 함께 하리라"

책을 집어든 모든 독자들에게 성령님의 놀라운 은혜와 능력과 은사가 넘치는 귀한 시간 되시길 기도드립니다.

2019년 9 월 1 일
목양실에서 백학 홍재철 목사

성령

"사무엘이 돌을 취하여 미스바와 센 사이에 세워
가로되 여호와께서 여기까지 우리를 도우셨다
하고 그 이름을 에벤에셀이라 하니라

이에 블레셋 사람이 굴복하여 다시는 이스라엘
경내에 들어오지 못하였으며 여호와의 손이 사
무엘의 사는 날 동안에 블레셋 사람을 막으시매

블레셋 사람이 이스라엘에게서 빼앗았던 성읍
이 에그론부터 가드까지 이스라엘에게 회복되
니 이스라엘이 그 사방 지경을 블레셋 사람의
손에서 도로 찾았고 또 이스라엘과 아모리 사람
사이에 평화가 있었더라

(사무엘상 7:12-14)"

Better Future

더 나은 미래를 향하여

더 나은 미래를 향하여

여호와께 돌아가자

새 하늘의 문이 열리다

주님의 은총을 끝까지 기다리라

쇠문을 열리게 하시는 하나님

더 나은
미래를 향하여

(사무엘상 7:12-14)

사무엘이 돌을 취하여 미스바와 센 사이에 세워 가로되 여호와께서
여기까지 우리를 도우셨다 하고 그 이름을 에벤에셀이라 하니라
이에 블레셋 사람이 굴복하여 다시는 이스라엘 경내에 들어오지 못하였으며
여호와의 손이 사무엘의 사는 날 동안에 블레셋 사람을 막으시매
블레셋 사람이 이스라엘에게서 빼앗았던 성읍이 에그론부터 가드까지
이스라엘에게 회복되니 이스라엘이 그 사방 지경을 블레셋 사람의 손에서
도로 찾았고 또 이스라엘과 아모리 사람 사이에 평화가 있었더라

사랑하고 존경하는 한국기독교총연합회 총대 여러분

저는 오늘 이스라엘 백성들이 블레셋과의 싸움을 마치고 미스바와 센 사이의 돌을 취하고 그 이름을 '에벤에셀'이라 불렀던 것처럼 저는 지난 3년간 한국 교회를 섬기라는 하나님의 명을 받들어 치열한 영적 전쟁을 마치고 오늘 퇴임을 하면서 '더 나은 미래를 향하여'라는 제목으로 말씀을 증거하려고 합니다. 지난 3년 동안 부족한 저를 도와 주셔서 임기를 무사히 마칠 수 있도록 도와주신 총대 여러분에게 다시 한번 고개 숙

13

여 감사의 말씀을 드립니다. 지난 3년간의 시간을 돌아보건대 말 그대로 다사다난했던 일들의 연속이었음을 고백하지 않을 수 없습니다. 그러나 한국 교회의 현실을 돌아보건대 어쩌면 처음부터 치열한 영적 전쟁은 예고되어 있었습니다.

한국 교회는 1907년 평양 대부흥 운동이 보여주듯이 성령님의 강한 역사를 통해서 복음의 씨앗이 이 땅에 심겨졌고 '오직 예수'라는 복음주의의 신앙으로 30배, 60배, 100배의 열매가 맺어져 왔습니다. 특별히 80, 90년대에는 기독교인 천만 시대를 넘어서면서 한국 교회의 전성기를 맞이했었습니다. 그러나 어느덧 2005년 통계청에서 조사한 한국 기독교인들의 수가 860만이라고 한 것에서 알 수 있듯이 한국의 기독교인의 수는 급속도로 줄어들고 있는 실정입니다. 이는 그리스도인이나 비 그리스도인이나 누구나 인정하고 있습니다.

총회에 모이신 총대여러분 그리고 1200만 성도 여러분, 한국교회 앞에 닥친 위기를 우리는 어떻게 극복하여야겠습니까?

첫 번째, 정체불명의 사이비를 추방해야만 한국교회는 살아남습니다.

왜 이러한 위기가 한국 교회에 닥쳐왔습니까? 이는 누가 뭐라고 해도 한국 교회의 심각한 영적 타락을 이야기하지 않을 수 없습니다. 그리고 심각한 영적 타락의 중심에는 WCC(세계교회협의회 World Council of

Churches)와 같은 자유주의 신학과 종교 다원주의로 흘러가는 이 시대의 신학사상과 신앙이 있다고 해도 과언이 아닐 것입니다. WCC와 같은 자유주의 신학사상은 이미 1959년도에 한국 장로교의 역사에서 통합과 합동으로 나뉘게 하는 주범이었습니다. 그 후 한국교회는 WCC를 지지하는 측과 반대하는 측으로 갈라져 사분오열되어 진보와 보수로 갈라지게 되었고 반세기가 넘는 55년 동안 첨예한 대립의 갈등으로 한국교회 성장의 한계에 부딪히곤 하였습니다. 그럼에도 하나님을 향한 뜨거운 성령의 역사는 세계 역사상 유례를 찾아 볼 수 없는 새벽기도와 철야예배로 나타났고 변질된 신앙의 훼방꾼들의 방해에도 불구하고 1995년에는 우리 기독교인의 수가 1200만 명을 돌파하여 세계를 놀라게 하였습니다. 그러나 지난 2011년 WCC를 통해 분열의 책임교단인 통합이 중심이 되어 2013년10월 세계 WCC총회를 대한민국 부산에서 열게 됨으로써 한국 교회가 또 다시 자유주의 신학으로 인해 진통과 후유증을 앓고 있습니다.

존경하는 한기총 총대여러분 그리고 1200만 성도 여러분

지난 WCC 대회는 현 시대의 포스트 모더니즘(postmodernism)과 맞물리면서 자유주의 신학과 신앙을 한국 교회에 옴처럼 스며들게 했고 한국 교회는 이로써 또 다시 사분오열의 진통이 시작됐습니다. WCC를 지지하는 목회자들과 교단들은 급기야 한기총을 탈퇴하기 시작했습니다. 겉으로는 다른 이유를 내세웠지만 한기총 분열의 근본적인 영적 뿌리는 결국 WCC를 지지하는 자유주의 교단(WCC)과 그에 소속된 목회자들

과 오직 예수를 부르짖는 보수주의 교단(CCK)과 그에 소속된 목회자들 사이의 보이지 않는 치열한 영적전쟁이라해도 과언이 아닐 것입니다.

WCC에 참여하고 있는 자유주의 목회자들과 신학자들은 종교다원주의와 혼합주의와 개종전도 금지주의를 신봉하고 성소수자의 인권을 존중한다는 괴변을 통해 동성애를 지지함으로써 기독교의 근본과 교회의 생명력을 위협하고 신본주의의 성경관을 인본주의적 세속교회로 바꾸어 성경의 오류를 이야기하며 근본 성경적 보수신앙을 말살하려 하고 있습니다. 더 나아가 이들은 인간 예수를 운운하며 예수 그리스도 없는 보편구원론을 주장하면서 불교나 심지어 무당에게도 구원이 있다고 주장하고 있습니다. 이들이 과연 복음을 전하는 교단과 목회자들인지 의심스러울 정도가 된 것이 이것이 오늘 한국 교회의 현주소입니다. 포스트모더니즘(postmodernism) 시대에 발맞추어 종교다원주의로 기울면서 급속도로 세속화 되어 가는 모습을 참으로 개탄하지 아니할 수 없습니다. 종교적 타락의 온상이 된 유럽을 보십시요. 심각한 영적 타락이 오게 되면 도덕적 부패가 함께 따라 옵니다. 영적으로 타락한 민족과 나라는 하나님을 잊어버린 채 말씀을 경시하고 복음을 무시하기 때문에 세속적인 우상들이 가져다 준 심각한 도덕적 부패에 빠지게 되는 것입니다. 이는 교황을 섬기고 예수는 없었던 중세 시대가 역사적으로 가장 타락한 암흑시대였다는 사실을 역사가 증명하고 있지 않습니까? 36년간의 일제 침략 속에서도 6,25 사변의 공산군 침략 속에서도 이 민족을 지킨 것은 딱 한가지 오직 하나님 오직 예수 오직 성령이었습니다. 골방에서, 기도원에서 하나님께 매달린 결과로 한국교회를 지켜주셨던 것입니다. 존경하는 총대 여러분 지금 한국교회를 보십시오. 한 마디로 한국 교회는 심각한 영적 타락과 함께 심각한 도덕적 부패가 찾아오게 된 것입니다. 그리고 이는 빛과 소금의 역할을 감당해야 할 교회가 그 기능을 외면함으로 머지않아 이 사회에 부패와 어두움을 초래하게 되고 나라가 패망하게 될 책임을 교회가 져야 할 때가 오게 될 것이라고 감히 예언 합니다.

에베소 교회를 책망하시면서 처음 사랑을 버렸다고 하시고 회개치 않으면 촛대를 옮기겠다고 하신 말씀에 지금 우리 한국교회가 귀를 기울어야 합니다. 그러나 안타깝게도 도덕적 해이와 부패는 보수주의나 복음주의도 예외는 아니었습니다. 하나님의 말씀대로 살아가야 할 하나님의 사람들 특별히 한국교회 지도자들이 타락하고 부패하며 넘어지기 시작하면서 한국 교회는 지금 돌이키기 어려운 총체적인 위기에 직면해 있습니다. 노블리스 오블리주(noblesse oblige)라는 말이 있듯이 하나님의 전적 은혜로 지도자가 된 분들 특히 대형교회 지도자들은 하나님이 주신 축복과 함께 반드시 책임과 의무가 뒤따라야함을 누구보다도 뼛속 깊이 알고 있음에도 자신들이 받은 축복의 권리는 누리면서 책임과 의무를 다 하는 일에는 제각기 인색하고 실패하기 시작한 것입니다. 이는 너무나 교만했기 때문입니다. 지금까지 주신 축복, 물질과 건강, 교회부흥, 이것들이 어디서 왔으며 누구로부터 온 은혜인 것인지를 망각해 버렸기에 지금 한국 대형교회들에게 불행이 기다리고 있을 뿐만 아니라 한국교회 성장을 방해하고 자신이 교주 아닌 교주 행세를 하고 있어 교회가 샤머니즘(shamanism)으로 너무 깊숙이 들어가 있다고 하는 것입니다. 세속적인 성공주의에 매료되어 자기 자신의 쾌락과 만

족으로 자기 우상숭배에 빠져 자신도 모르게 교주가 되어 또 다른 예수가 여기저기서 나오고 있는 불행한 현실이 지금 한국교회를 망치고 있는 것입니다.

두 번째, 개혁만이 한국교회가 다시 회복되는 유일한 대안입니다.

존경하는 총대 여러분

저는 개혁을 하겠다고 한기총 대표회장이 되었습니다. 그리고 저는 또 다시 개혁을 하기 위해 임기를 중도에 그만두고 물러가려고 합니다. 제가 물러난 것은 어느 누구의 강요도 아니라는 것을 여러분이 잘 알고 계십니다. 제가 그만 두려고 하니 거의 모든 총대님들이 저의 퇴임을 한사코 만류했으나 이것은 하나님과 저와의 약속이었습니다. 저 아쉬움을 뒤로하고 한국 교회가 하나되는 더 나은 미래를 향해 가고자 한 것입니다.

존경하는 총대 여러분

리더십(leadership)이라는 것이 무엇입니까? 조직체를 이끌어가는 지도자의 역량이요 소속한 단체의 힘을 발휘할 수 있게 화합과 단결, 협동을 이끌어내는 것이라고 생각합니다. 앞에서 이끄는 자가 곧 리더 아니겠습니까? 천만의 성도들은 우리 목회자들을 보고 따라올 수밖에 없습니다. 그러니 목회자의 책무가 그 무엇보다 중하지 않겠습니까? 그러나 에

스켈서 34장의 말씀처럼 무력하고 무지하며 악한 목자들로 인하여 양들이 죽어가고 교회가 죽어가며 이 나라와 민족이 죽어가는 악순환의 연속이 이 땅에 시작된 것입니다. 교회가 자정능력이 무너져 교회답지 못하면 곧 나라가 망한다는 것은 역사가 증명하고 있습니다.

그러니 우리가 다시금 자정능력을 발휘하여 타락하고 무너져 가는 이 사회를 세울수 있는 길이 무엇이겠습니까? 바로 '리포메이션 (reformation)', 곧 '개혁'밖에 없는 것입니다. 개혁이란 무엇입니까? 영어로 're'라는 것은 '다시'라는 뜻이고 'formation'이라는 것은 '원형'이라는 뜻입니다. 그러니 개혁 'reformation'이라는 것은 원형으로 돌아가자는 뜻입니다. 다시 말해 처음으로 돌아가자는 것입니다. 지금까지 때묻고 더러워진 옷을 벗어 던져버리고 처음 우리가 시작했던 그 순수한 때로 다시 돌아가자는 것이 바로 개혁입니다. 그 중에서도 개혁 중의 개혁은 바로 종교개혁입니다. 그래서 종교개혁을 개혁이라는 말 'Reformation(리포메이션)'에 'The(더)' 를 붙여서 'The Reformation(더 리포메이션)'이라고 하는 것입니다. 루터는 타락하고 부패한 교회 그래서 함께 타락해가고 부패해가는 이 사회가 다시 살 수 있는 유일한 길은 바로 '종교개혁'밖에 없다고 부르짖으며 과감하게 개혁을 단행한 것입니다. 루터가 단행한 개혁의 세 가지 모토는 무엇입니까? 바로 'Sola Fide! 오직 믿음으로!' 'Sola Gratia! 오직 은혜로!' 'Sola Scriptura! 오직 성경으로!' 입니다. 믿음과 은혜 그리고 하나님의 말씀만이 우리 신앙의 본질이며 교회의 시작이고 하나님의 몸 된 교회와 대한민국 사회가 적그리스도와 공산주의를 이길 수 있는 유일무이한 비결이라는 것입니다.

세 번째, 회개의 기도운동만이 한국교회가 살 길입니다.

오늘 본문의 사무엘도 이스라엘 백성들이 우상을 섬기는 심각한 영적 타락과 그에 따른 도덕적 부패를 바라보면서 미스바 광장에 모여서 회개할 것을 선포합니다. 이것은 일종의 개혁이었습니다. 무슨 개혁이었습니까? 종교개혁입니다. 다시 말해 모든 우상을 버리고 그에 따른 성적 방종과 도덕적 타락을 버리고 모든 시기와 질투와 폭력과 분열을 다 벗어던진 채 처음에 하나님이 우리에게 주신 첫 마음, 첫 신앙, 첫 사랑으로 돌아가자는 것이었습니다.

이것이 바로 '더 리포메이션(The Reformation)' 즉, 종교개혁인 것입니다. 이러한 때에 악한 마귀 블레셋은 아니나 다를까 이스라엘 백성들이 미스바 광장에 모였다는 이야기를 듣고 이 때가 기회다 싶어 다 죽이기 위해 옵니다. 백성들은 동요하기 시작했습니다. 그러나 사무엘은 말합니다. '걱정하지 말아라, 다시 첫 마음, 첫 신앙, 첫 사랑으로 돌아간 우리를 하나님은 버리지 아니하실 것이다. 우리가 다시 회개하고 돌이켰으니 우리 하나님 여호와께서 우리를 지키시고 보호해 주실 것이다.'

결국, 사무엘이 젖먹이 어린양을 하나님께 드리고 간구했더니 하나님께서 블레셋 사람들에게 큰 우레를 내리시고 어지럽히셔서 이스라엘 백성들이 전쟁에서 대승을 거두게 하십니다. 이러한 승리 후에 사무엘이 미스바와 센 사이에 돌을 세우고 에벤에셀이라 한 것이 오늘 본문입니다. 에벤에셀이 무슨 말입니까? '하나님께서 여기까지 도우셨다'라는 뜻입니다.

저 역시 한기총 회장을 하면서 내가 붙들어야 할 것은 '더 리포메이션' 곧 기독교의 본질인 오직 믿음, 오직 은혜, 오직 성경밖에 없다고 생각했습니다. 우리가 본질에서부터 벗어나 하나되지 못한 것이 있다면 다시 이 미스바 광장 곧 초대교회의 순수한 신앙으로 돌아갈 수 밖에 없다고 생각했습니다. 그래서 빛과 소금의 역할을 감당해야 할 교회가 그 역할과 책임을 다하지 못하고 있는 한국 교회의 현실 앞에서 분연히 개혁의 기치를 높이 들수밖에 없었던 것입니다. 그것은 치열한 영적 싸움이었고 육체적 정신적으로 고단한 순간이었음을 이 시간 고백하지 않을 수 없습니다. 그러나 어떠한 치열한 싸움이었다 할지라도 어떠한 육체적, 정신적 고통이 저에게 몰려왔다 할지라도 저는 이 시간 제18대, 19대 한기총 회장의 직을 내려놓으면서 오직 감사함으로 여호와 하나님 앞에 에벤에셀의 돌을 쌓아올리기 원합니다.

그 이유는 하나님께서 여기까지 우리 모두를 이끄시고 도우셨기 때문입니다. 오직 예수 그리스도를 외치며 악한 영적 어두움의 세력에 대항하여 싸운 우리와 하나님은 한 순간도 외면하지 않으시고 함께 해 주셨기 때문입니다. 거룩함과 순결함으로 미스바에 모였던 우리 모두를 하나님은 축복해 주시고 블레셋이라는 어둠의 세력으로부터 우리를 지켜주시고 보호하여 주셨기 때문입니다.

사랑하는 한국기독교총연합회 총대 여러분

오직 예수만을 외치며 순교의 각오로 하나님을 사랑하며 복음을 전한 우리들과 함께 하신 하나님은 과거에도 우리를 지키셨던 것처럼 지금도 우리와 함께 해 주시며 앞으로도 영원히 우리를 승리케하여 주실 줄 믿습니다.

실제로 미스바와 센 사이에 세운 도움의 돌 에벤에셀은 과거와 미래 사이, 지금이라는 현재 앞에 쌓아놓은 신앙 고백입니다. 지나온 과거에는 지금까지 인도하신 하나님께 감사드리고 앞으로 다가올 미래에 대해서는 지금까지 우리를 지키시고 인도하신 것처럼 앞으로도 우리를 지키고 인도하실 하나님께 감사드리는 것이 바로 에벤에셀의 돌입니다. 오늘 우리가 읽은 본문의 12절은 과거에 하나님이 이스라엘 백성들을 지키신 것을 이야기하며 13절과 14절은 돌을 쌓아 올리고 믿음의 고백을 하는 이스라엘 백성들에게 에벤에셀은 과거와 미래 사이에 놓은 현재의 돌로써 하나님께서주시는 축복의 상징이라고 할 수 있습니다.

네 번째, 성령운동으로 영적 타락을 회복하는 길입니다.

본문이 증거하고 역사가 증거한다면 우리 한국 교회가 '더 나은 미래를 향하여' 나아갈 수 있는 유일무이한 길은 아주 분명합니다. WCC와 같은 종교다원주의를 배격하고 오직 믿음, 오직 은혜, 오직 성경을 부르짖었던 루터처럼 개혁을 단행하는 것입니다. 오직 예수 그리스도라는 능력의 이름 앞에서 모든 만방의 헛된 우상들을 타파하고 미스바 광장에 모여 회개하며 첫 마음, 첫 신앙, 첫 사랑으로 돌아가는 일입니다. 이 일만

이 우리를 대적하여 멸하려 하는 영적 블레셋의 세력으로부터 우리를 구원해 줄 것입니다. 예수님께서 십자가를 지시기 전 우리가 하나이듯 저들도 하나가 되어달라고 아버지께 기도하셨던 것처럼 우리는 예수 그리스도의 복음 안에서 하나가 되어야 할 것입니다. 자유주의와 종교다원주의를 배격하고 같은 신앙고백 위에 서서 한국 교회는 더 나은 미래를 위해 성령운동으로 영적 타락을 회복하여야 될 것입니다.

바울은 고린도전서 9장 27절에서 **'내가 내 몸을 쳐 복종하게 함은 내가 남에게 전파한 후에 자신이 도리어 버림을 당할까 두려워 함이로다'**라고 고백했습니다. 우리는 예수님을 인간이라고 고백하는 자유주의자들도 아니요, 타종교에도 구원이 있다고 말하는 종교 다원주의자들도 아닙니다. 오직 예수님을 사랑하고 오직 예수님 안에 구원이 있다고 고백하는 복음주의자들, 다시 말하면 하나님의 자녀요, 성령으로 인도받는 성령의 사람들 입니다.

마지막으로, 제3의 성령운동을 일으켜야 합니다.

이제부터는 우리 지도자들이 먼저 죄를 미워하고 거룩함과 순결함으로 허리를 동이어 세상의 많은 사람들이 교회와 교회의 지도자를 바라보며 예수님을 발견해야 할 것입니다. 말씀으로 복음을 전함과 동시에 삶으로 복음을 증거하는 교회가 될 때 한국 교회는 더욱 더 나은 미래를 향하여 제3의 성령운동의 물결이 밀려올 줄 믿습니다. 지금까지 저를 믿고 따라주시며 저와 함께 하나님의 나라를 위해 수고해 주신 한국기독교총연합회 임원진들과 모든 총대님들에게 깊은 감사의 말씀을 드립니다. 여러분과 함께 했던 지난 날 들은 제 일생일대의 지울 수 없는 아름다운 신앙의 추억으로 남을 것입니다. 부디 당부하기는 가장 중요한 시기에 제가 물러가는 안타까움이 있지만 한국 교회가 하나가 되기를 열망하는 1200만 성도의 뜻을 받들기 위함입니다. 그럼에도 분명한 것은 나라와 민족과 열방을 다스리시는 위대하신 성령님을 의지하여야 한국 교회의 중흥의 시대가 도래하게 될 줄로 믿습니다. 오늘 저는 한국 교회가 하나되고 한국 교회가 이 사회의 빛과 소금의 역할을 감당하며 마침내 하나님의 나라가 완성되는 그날까지 평소 저의 신학사상인 제3성령운동을 일으켜 천국가는 그날까지 충성할 것을 약속드리며 회원 여러분이 섬기시는 교단과 교회와 가정 위에 하나님의 사랑과 우리 주 예수 그리스도의 은혜와 성령님의 인도하심이 늘 함께 하시길 축원드리면서 대표회장으로서의 마지막 설교를 마치겠습니다. 감사드립니다.

한국기독교 총연합회 제18대, 19대 대표회장 백학 홍재철 목사

여호와께 돌아가자

(호세아 6:1-3)

부천 기독교 총 연합회 6.13 지방선거
경기도 당선자 축하 감사 예배 설교 2018. 10. 8

오라 우리가 여호와께로 돌아가자 여호와께서 우리를 찢으셨으나
도로 낫게 하실 것이요 우리를 치셨으나 싸매어 주실 것임이라
여호와께서 이틀 후에 우리를 살리시며 제 삼일에 우리를 일으키시리니
우리가 그 앞에서 살리라
그러므로 우리가 여호와를 알자 힘써 여호와를 알자 그의 나오심은 새벽 빛 같이
일정하니 비와 같이, 땅을 적시는 늦은 비와 같이 우리에게 임하시리라 하리라

할렐루야! 오늘은 축복의 날, 좋은 날입니다. 우리 경기도의 정치,
경제, 사회분야의 지도자들 및 종교지도자들인 목회자들까지 다 모이셨
습니다. 우리 모두 하나님께 영광의 박수를 올리겠습니다.

6.13 지방 선거를 통해서 당선되신 이재명 경기도 지사님, 이재정 경기

도 교육감님, 장덕천 부천 시장님, 김동희 부천시의회 의장님 그리고 경기도 의원님과 시의원님들의 당선을 축하드리며 재임하시는 동안 국정을 잘 다스려 국가에 헌신하고 도민의 손발이 되어 하나님의 축복으로 도민의 기억에 남는 지도자들이 되시기를 축원 드립니다. 그리고 이 자리를 축하하기 위해 참석하신 원혜영 국회의원님과 모든 의원님들 그리고 부기총 산하 1300여 교회의 존경하는 목사님들과 성도들 모두에게 하나님의 축복하심이 함께 하시길 축원 드립니다.

6.13 지방 선거는 우리나라 선거사상 혁명이었습니다. 이것은 나라의 진운이 백척간두에 있기에 천우의 기회가 온 남북관계가 민족의 소원인 통일로 이루어지기를 염원하는 국민의 뜻이요, 하나님의 계획이셨습니다.

UN 본부 입구에는 '**무리가 그들의 칼을 쳐서 보습을 만들고 그 창을 쳐서 낫을 만들 것이며 이 나라와 저 나라가 다시는 칼을 들고 서로 치지 아니하며 다시는 전쟁을 연습하지 아니하리라**'라는 이사야 2장4절의 말씀이 새겨져 있습니다. 새겨진 말씀 외에도 UN은 여러 번 이 말씀을 인용하여 기념우표를 발행하기도 했고 또 UN 건물 앞에는 구소련의 어느 작가가 만든 '창으로 낫을 만들다'라는 작품이 인상 깊게 전시되어 있기도 합니다. UN이 이처럼 이사야 2장4절의 말씀을 자주 인용하는 이유는 크게 두 가지의 목적이 있다고 할 수 있겠습니다. 첫째는 UN의 설립 목적과 이념 자체가 바로 이사야 2장4절의 말씀에 기초한 '세계 평화'라는 사실입니다. 그리고 둘째는 이 평화를 이룰 수 있는 것은 인간의 노력과 정치적 이

해관계가 아닌 하나님 말씀으로 돌아가야 인류에게 평화가 온다는 하나님의 주권과 섭리라는 일종의 UN의 신앙고백이라고 할 수 있습니다.

실제로 인간의 역사를 살펴보면 인간의 힘과 능으로 이룰 수 있는 것은 아무것도 없다는 사실을 우리는 세계 역사를 통해 쉽게 알 수 있습니다. 1919년 1차 세계대전이 끝나고 27개국의 전승국들이 프랑스 파리에 모여 전쟁 종식을 선언하고 평화 조약인 '베르사유 조약'을 맺었지만 잉크도 채 마르기도 전에 그로부터 19년 동안 무려 4568회의 전쟁이 일어났다고 합니다. 그리고 더 나아가 1939년에는 제2차 세계대전이 발발하면서 2700만 명이 전사하는 세계 역사의 비극이 일어나게 되었습니다. 수 많은 평화조약도 수포로 돌아가버리고 수 많은 정치적 구호도 연기처럼 사라져 버렸습니다. 남은 것은 슬픔과 고통과 이별과 죽음이라는 비극의 역사 뿐이었던 것입니다. 실로 영국의 역사학자 토마스 칼라일이 말한 것처럼 '인류의 역사는 투쟁과 전쟁의 역사이다'라고 해도 과언이 아닌 것입니다.

그래서 1945년 51개국 대표들이 모여서 이사야 2장4절 말씀을 토대로 오늘날 UN이라는 소위 국제연합을 창설하게 된 것입니다. 칼을 쳐서 보습으로, 창을 깎아 낫으로 만들 수 있는 것은 오직 여호와 하나님 한 분밖에 없다는 것을 선포한 것입니다. 전능하신 하나님 말씀 앞에는 칼 막스의 이론도 기독교를 민중의 아편이라고 한 레닌의 공산주의 사상도 1세기를 넘지 못했고 모스크바 레닌광장의 동상은 군중들에게 무참히 짓밟히고 역사의 뒤안길로 사라져 버렸습니다.

그럼에도 평화라는 위장으로 인류의 역사는 피로 물든 전쟁의 역사, 비극의 역사가 계속될 수밖에 없는 이유를 야고보서 4장1절은 이렇게 말씀해 주고 있습니다. '**너희 중에 싸움이 어디로, 다툼이 어디로 좇아 나느뇨 너희 지체 중에서 싸우는 정욕으로 좇아 난 것이 아니냐.**' 우리 안에 정욕이 다시 말해 다른 사람을 짓밟고서라도 자신의 정욕을 충족시키고자 하는 욕심과 야망들이 다툼과 싸움을 낳게 한다는 것입니다. 이것이 나라 대 나라로 벌어진다면 그 싸움과 다툼을 가리켜 우리는 '전쟁'이라고 하는것입니다.

이러한 전제가 말해주는 중요한 메시지는 무엇입니까? 동서고금, 세대와 민족을 막론하고 인간의 내재된 죄악된 본성은 결코 사라지지 않는다는 것입니다. 그리고 사라지지 않는 악한 본성은 이내 자연스럽게 끊임없는 투쟁과 전쟁의 역사로 남을 수밖에 없다는 거지요. 그 누가 칼을 쳐서 보습을 만들고 창을 쳐서 낫을 만들 수 있겠습니까? 요즘 말로 하면 그 누가 총을 쳐서 낫을 만들고, 핵폭탄을 녹여서 농기구로 만들 수 있겠느냐는 겁니다. 그렇다면 과연 인류에게 희망은 있을까요? 성경은 진리로 인류에게 회답을 주고 계십니다.

죽음의 권세를 이기시고 우리에게 영원한 생명을 안겨 주신 예수 그리스도가 우리 곁에 계시기 때문입니다. 인류의 구원자이시며 온 우주 만물을 다스리시고 섭리하시는 여호와 하나님만이 온 인류에게 평화를 가져다 주신다고 약속하고 계십니다. 하나님이 간섭하시고 섭리하신다면 칼은 보습으로 창은 낫으로 바뀔 수 있는 것입니다. 그 어떤 전쟁의 위기도 평화의 기회로 바뀔 수 있게 되는 것입니다.

요즘 한반도의 정세가 급격하게 돌아가고 있지요. 역사적으로 한반도는 개국 이래 약 4만 번의 외세의 침략을 받아 크고 작은 전쟁을 겪어왔고 열강들의 틈바구니 속에서 평화라는 드라마 게임으로 생존의 몸부림을 하고 있다는 것입니다. 평화는 인류의 공통된 희망이나 아이러니하게도 평화라는 이름으로 끝없이 전쟁을 양산하고 있다는 사실입니다. 남북관계의 위장된 평화는 그날이 언제인지 모르않은 머지않은 장래에 파멸의 종착역이 기다리고 있으며 남북의 종말은 과히 인류의 종말이라고 예언하는 것입니다.

지난 반세기가 넘도록 155마일 휴전선 철조망을 치고 사상교육을 통해 이산가족들이 서로 철천지 원수가되도록 이간질을 시켜놓은 지 68년. 한 방이면 서울은 불바다라고 외치던 그들이 이게 웬일입니까? 갑자기 돌변했습니다. 그 쪽에서 무슨 일이 일어나고 있는지 우리는 모릅니다. 총들이 낫이 되고 핵폭탄이 농기구가 되어 남,북 간의 평화와 번영의 날이 올 꿈같은 현실이 우리 앞에 와 있습니다. 문재인 정부들어 한 많은 우리 민족에게 천우신조의 기회가 올지 알 수 없지만 다만 분명한 것은 천지만물의 창조주가 되시고 역사를 주관하시는 전능하신 하나님께서 허락하시는 계획 속에 들어가야만 된다는 것입니다. 민족의 한이 풀려 통일이 올 수도 있고 오히려 지금까지 지켜온 나라가 공산주의의 교활한 방법 때문에 무덤을 팔 수도 있다는 것입니다.

29

여기 계시는 의원 여러분, 그리고 전국의 지자체 당선자 여러분

지금 우리는 우리에게 성큼 다가온 통일이 꿈이 아닌 현실로 이루어지기 위해 전지전능하신 하나님 앞에 간절하고 애절한 간구의 기도를 드리고자 이곳에 모였습니다. 우리 생애에 단 한 번의 기회일지도 모를 이 거대한 일은 문재인 대통령 한 분의 힘으로는 불가능합니다. 당리당략과 정파를 초월합시다. 네 편, 내 편이 아니라 우리 1200만 명의 성도와 55000명의 목회자는 기도로 대통령을 도와서 여호와의 신이 대통령을 감동시켜 성령님의 강권적 역사로 문재인 대통령이 국정을 잘 수행해 가기를 축원드립니다.

대한민국은 기독교의 나라입니다. 기독교는 죽이는 종교가 아니라 살리는 종교입니다. 우리 기독교인들은 개화기의 3.1 운동에서 주도적인 역할을 했고 6.25로 인한 전쟁고아 200만 명, 300만 명의 과부 그리고 1000만 명의 이산가족의 아픔도 분연히 일어나 위로자가 되지 않았습니까? 아무리 북한 공산주의자들이 핵을 감추고 위장평화를 외쳐도 하나님 손바닥 안에 있다는 것을 알게 해 주어야겠습니다. 그 동안 역사의 흐름을 보십시오. 얼마나 많은 평화의 조약들이 휴지조각이 되어 날아가 버리고 얼마나 많은 정치적 구호가 공중으로 증발되었습니까?

존경하고 사랑하는 의원여러분

지금이 어느 때입니까? 고린도후서 6장1-2절에서 우리 민족에게 주는

교훈이 있습니다. **'우리가 하나님과 함께 일하는 자로서 너희를 권하노니 하나님의 은혜를 헛되이 받지 말라 가라사대 내가 은혜 베풀 때에 너를 듣고 구원의 날에 너를 도왔다 하셨으니 보라 지금은 은혜 받을만한 때요 보라 지금은 구원의 날이로다.'**

자고로 하나님을 두렵고 떨림으로 섬기며 하나님께 신실하게 예배하면 그 가정도 사회도 국가도 결단코 무너지지 않는다는 사실은 역사가 증명하지 않습니까? 경제가 곤두박질치고 있습니다. 전 세계가 경제전쟁을 하고 있습니다. 끝이 보이지 않습니다. 세계에서 가장 못사는 나라에서 세계에서 12번 째로 잘 살게 되었지만 미국과 중국은 번영하는 한국의 기업들을 죽이려 하고 있습니다. 그 와중에 북한은 기상천외한 꼼수로 대한민국을 핵우산에 가둬두고 평화를 위장한 적화통일을 꿈꾸고 있습니다. 지금이 어느 때입니까? 문재인 대통령에게 지혜를 주시라고 하나님께 기도해야 될 때입니다. 그리하면 하나님의 치료의 손길이 상처 받은 민족의 손을 싸매어 주실 것이며 찢어진 곳을 꿰매 주실 것입니다.

전능하신 여호와를 의지합시다. 그러면 우리민족은 반드시 평화와 번영의 길로 나갈 수 있으며 혹 어떠한 시련이 와도 반드시 피할 길을 주시고 이길 수 있는 힘과 능력을 주실 것입니다.

여호와께 돌아가라는 말씀은 6.25 사변도 민족의 해방도 허락하신 하나님 은혜를 잊지 않으면 우리의 소원인 통일도 허락하신다는 약속의 말씀입니다. 당시의 이스라엘 백성들이 하나님께 저주를 받고 나라가 망한 이유가 무엇입니까? 종교 다원주의와 혼합주의 특히 동성연애에 빠져 하나님의 창조의 질서를 파괴하므로 돌이킬 수 없는 죄를 범하게 되자 하나님은 이스라엘을 버렸습니다.

이 자리에 참석하신 여러분, 개인이건 사회건 어떤 국가나 민족이라 할지라도 하나님의 창조 질서를 무너뜨린 행위는 역사의 뒤안길로 사라지게 하신다는 것이 하나님의 저주요 최후통첩이라고 봐야 할 것입니다. 오직 여호와께 돌아가야 합니다. 모든 인류에게 공통으로 주신 메지지가 있습니다. 이사야 45장21절에 '**나 외에 다른 신이 없나니 나는 공의를 행하며 구원을 베푸는 하나님이라 나 외에 다른이가 없느니라**'고 말씀하십니다.

이제 말씀을 마치겠습니다.

존경하고 사랑하는 부천기독교 총연합회 회장님, 사무총장님 그리고 오늘 당선축하 감사 예배에 참석하신 도지사님과 교육감님, 국회의원님 내외분과 시장님 그리고 도의원 시의원님 그리고 성도 여러분, 제가 한국기독교 총연합회 대표회장 재임 시절 여기 원혜영 의원님이 당시 원내총무님으로 계실 때 문재인 후보님을 모시고 제 집무실로 오신 적이 있습니다. 제가 첫마디에 동성연애를 어떻게 생각하시냐고 물으니 절대로 반대한다고 하셨습니다.

그런데 지금 문재인 대통령 국정철학과는 전혀 다르게 동성연애 합법화를 한다는 말이 언론을 통해 나오고 있습니다. 오늘날 이 같은 혼합 종교의 시대에 우리 부기총이 예수 그리스도 안에서 연합하여 오직 예수를 부르짖는 순전한 믿음과 주님을 향한 뜨거운 사랑과 열정으로 하나되어 종교다원주의, 종교혼합주의, 동성애를 적극 반대하여 앞으로 한국 교회 신앙의 리더십을 갖는 부기총이 되시기를 주의 이름으로 부탁드립니다.

그런 의미에서 부천시에 있는 많은 교회들이 함께 모여 십자가의 복음과 사랑의 기치를 높이 든 오늘의 이 예배는 참으로 감격적이고 의미있는 일이 아니라 할 수 없습니다. 특별히 이번 지방 선거에 당선된 의원님들과 함께 한 자리에 모여 난국에 처한 조국을 위해 하나님께 겸손히 엎드려 감사의 예배를 드리는 것은 참으로 하나님이 기뻐하실 일이며 부기총과 한국 교회가 복을 받을 수 있는 축복의 길이라 생각합니다.

복의 근원이 하나님이시기에 복의 근원으로 돌아가 복의 근원을 붙잡는 자만이 축복의 주인공이 될 것입니다.

'여호와께로 돌아가자'

호세아 선지자의 외침처럼 우리 모두 여호와께로 돌아와 하나님께서 부어 주시는 축복과 은혜를 누리시는 모든 의원님들과 부기총 산하 모든 교회와 성도님들이 되시기를 주님의 이름으로 축원 드립니다. 감사합니다.

2018년 7월 8일
6,13지방 선거 경기도 당선자를 위한 감사예배
설교; 한국기독교 총연합회 제18대 .19대
대표회장 홍재철목사

새 하늘의
문이 열리다

(요한복음 14:1-6)

고 백기환 목사 천국 입성 환송예배

너희는 마음에 근심하지 말라 하나님을 믿으니 또 나를 믿으라
내 아버지 집에 거할 곳이 많도다 그렇지 않으면 너희에게 일렀으리라
내가 너희를 위하여 처소를 예비하러 가노니
가서 너희를 위하여 처소를 예비하면 내가 다시 와서 너희를 내게로
영접하여 나 있는 곳에 너희도 있게 하리라
내가 가는 곳에 그 길을 너희가 알리라
도마가 가로되 주여 어디로 가시는지 우리가 알지 못하거늘
그 길을 어찌 알겠삽나이까
예수께서 가라사대 내가 곧 길이요 진리요 생명이니 나로 말미암지 않고는
아버지께로 올 자가 없느니라

오늘 우리는 평소에 가장 존경하고 사랑하는 온석 백기환 목사님의 천국 입성을 전송하는 천국 입성 환송예배에 참석하였습니다. 고인의 생전의 삶을 기리며 다같이 1분간 묵념하시겠습니다.

오늘 모인 우리 중 어떤 이에게는 영적 아버지가 되고 어떤 이에게는

35

영적 스승이 되시고 어떤 이에게는 영적 연인과도 같고 어떤 이에게는 존경하고 사랑하는 영원한 친구가 되시고 사모님에게는 영원히 사랑하고 존경하는 목자이자 영원한 남편이 되실 것입니다. 또한 1남 2녀와 손자, 손녀에게는 백씨 가문에 있어서 예레미야 선지자 말씀처럼 놋 성벽이요 쇠 기둥 같은 분이 우리 곁을 떠나셨습니다.

사랑하는 여러분

오늘 우리는 우리 모두에게 천하보다 소중하고 귀하신 우리의 신앙의 동지요 믿음의 울타리가 되어 오신 온석 백기환 목사님을 천국에서 뵈옵기 전에 이 땅의 나그네 생활에서 마지막으로 뵈옵고 환송하기 위해 모였습니다.

사랑하는 여러분

우리가 주님 곁으로 보내 드리려고 하는 온석 백기환 목사님은 어떤 분일까요?

첫째, 온유하고 겸손한 목자셨습니다.

둘째, 만인에게 사랑받고 존경을 받으신 목자셨습니다.

셋째, 한국 교회를 대표하는 최고의 신학자요 목회자셨습니다.

넷째, 양심이 깨끗하고 정직한 목회자셨습니다.

다섯째, 왼손이 하는 일을 오른손이 모르게 하신 사랑의 목자셨습니다.

여섯째, 심지가 굳은 의리의 목사이셨습니다.

일곱째, 불의한 한국 교회 앞에서 끝까지 종교다원주의와 혼합주의의 산실인 WCC를 반대하는 순교자적 사명을 감당하시고 후배들에게 신앙의 모범을 보여주신 한국교회 보수 신앙의 거성이셨습니다.

사랑하는 여러분

불확실한 한국 교회를 위해 하실 일이 태산 같은 이때 나그네 인생길을 마치시고 주님의 부르심을 받으신 목사님은 무거운 짐을 내려놓으시고 천국을 향하여 출발하십니다. 그리고 저와 여러분을 향하여 말씀하십니다.

'너희는 마음에 근심하지 말라 하나님을 믿으니 또 나를 믿으라 내 아버지 집에 거할 곳이 많도다 그렇지 않으면 너희에게 일렀으리라 내가 너희를 위하여 처소를 예비하러 가노니 가서 너희를 위하여 처소를 예비하면 내가 다시 와서 너희를 내게로 영접하여 나 있는 곳에 너희도 있게 하리라 내가 가는 곳에 그 길을 너희가 알리라 도마가 가로되 주여 어디로 가시는지 우리가 알지 못하거늘 그 길을 어찌 알겠삽나이까 예수께서 가라사대 내가 곧 길이요 진리요 생명이니 나로 말미

알지 않고는 아버지께로 올 자가 없느니라' / 요 14:1-6

발인이라 함은 '떠날 발'에 '가슴걸이 인'으로 장례의 절차 가운데 소의 멍에나 말의 가슴 안장에 줄을 걸어 고인의 시신을 매고 떠나가는 것을 말합니다. 그런데 비록 겉으로 보기에는 소나 말의 가슴에 달린 끈이 고인을 매고 이끌어 떠나는 듯하나 사실은 우리들의 심장에 목사님이 남기신 위대한 업적과 그리고 못다 하신 많은 일들을 우리가 매고 떠나는 것이라 할 수 있습니다. 온석 백기환 목사님과 함께 마지막 장례 절차를 향해 떠나가는 그 길에 우리의 가슴이 더욱 무너집니다. 점차 장례 절차의 마지막 순간이 다가오면서 이제는 영원히 목사님을 우리의 가슴속에 묻어야 할 순간이 다가와 우리의 심장으로 목사님을 안을 수밖에 없는 것입니다.

그렇다면 우리는 목사님을 가슴으로 안고 오늘 어디로 발인하여 가는 것입니까? 세상에서는 하관을 통해 육신은 땅에 묻히고 혼백은 구천을 떠돌게 된다고 이야기 합니다. 그러나 우리 그리스도인들은 알고 있지요. 우리의 영혼이 구천에서 떠도는 영이 되는 것도 아니요, 땅 아래 육신과 함께 영원히 사라져버리는 한 줌 재가 되는 것도 아닙니다.

우리의 영혼은 어디로 가는 것입니까? 히브리서 9장27절에 보면 **'한번 죽는 것은 사람에게 정하신 것이요 그 후에는 심판이 있으리니'**라고 했지요. 우리 하나님의 자녀들은 지금 내 모습 이대로 영광의 심판으로 하나님께 나아가는 것입니다. 우리의 육신은 이제 그 소임을 다하고 비록 한 줌

재로 흩어질지언정 우리의 영혼은 우리를 지으시고 우리를 위해 십자가 지신 주님의 품으로 가는 것입니다. 그래서 오늘 이 발인예배를 우리 기독교에서는 '천국 입성 환송예배'라고 하는 것입니다.

그리하여 주님은 이렇게 말씀합니다. **'너희는 마음에 근심하지 말라 하나님을 믿으니 또 나를 믿으라 곧 우리를 죄에서 살리실 예수 그리스도를 믿으라'**고 말씀하고 있습니다. 그 이유가 무엇입니까? 예수님의 십자가 죽음은 우리를 위해 처소를 예비하는 길이요 예수님의 부활은 우리를 영접하여 주님의 예비된 처소로 부르시기 위함이기 때문입니다. 다시 말해서 예수님의 십자가는 우리를 죄에서 구원해 주시고 영원한 처소를 마련해 주시기 위한 영생의 문임을 말씀해 주신 것입니다. 그러므로 그리스도인들에게 죽음은 더 이상 절망이 아니라 희망이며 끝이 아니라 새로운 하늘의 문이 열리는 시작이 되는 것입니다. 하늘의 문이 열리고 우리 주 예수 그리스도께서 예비하신 저 천국으로 입성하는 것이 우리 그리스도인들의 거룩한 죽음인 것입니다.

그렇다면 예수 그리스도를 통해서 새롭게 시작되는 그 곳, 우리 주 예수 그리스도께서 예비하신 그 처소는 어떠한 곳입니까? 계시록 21장1절 이하에 보면 예수님은 우리에게 곧 다가올 처소에 대해서 다음과 같이 말씀해 주시고 계십니다.

'또 내가 새 하늘과 새 땅을 보니 처음 하늘과 처음 땅이 없어졌고 바다도 다시 있지 않더라. 또 내가 보매 거룩한 성 새 예루살렘이 하나님께로부터 하늘에서 내려

39

오니 그 예비한 것이 신부가 남편을 위하여 단장한 것 같더라. 모든 눈물을 그 눈에서 씻기시매 다시 사망이 없고 애통하는 것이나 곡하는 것이나 아픈 것이 다시 있지 아니하리니 처음 것들이 다 지나갔음이러라.'

우리가 사랑하고 존경하는 백기환 목사님은 이제 고통의 짐을 모두 내려놓았습니다. 목사님을 괴롭게 하였던 지긋지긋한 암과 투병하시면서도 심방 온 우리를 거꾸로 격려하시고 핏기 없으신 두 손으로 저를 어루만지시면서 금일봉을 제 속주머니에 조용히 넣어 주신 목사님. 저의 오래된 신앙의 동지요, 친구로서 오직 한 길 예수님만 바라보며 일평생을 살아오신 분이십니다. 오늘 본문의 말씀처럼 예수님만이 길인 줄 알고 그 길로만 걸으셨고 예수님만이 진리인 줄 믿고 그 진리만 선포하셨습니다.

오늘날 한국 교계의 현실은 참담하고 어둡기만 합니다. 진리를 외면하고 숨어 버린 비겁한 현대판 바리세인들, 낮에는 진리인 양 목소리를 높이고 밤에는 불의와 타협하며 진리를 핍박하고 참 진리를 외치는 의로운 자들을 향해 돌을 던지는 이 암울한 시대.

이 때 목사님은 어린 우리들을 두고 떠나셨습니다.

존경하고 사랑하는 목사님! 우리가 어찌하라고 떠나가십니까?

종교 다원주의와 혼합주의, WCC 같은 자유주의 신학과 단체에 맞서 최전방에서 싸웠던 지도자를 잃었습니다. 이제는 오직 예수의 복음주의 신앙과 신학을 지켜야 하는 것은 남겨진 우리의 몫이 되었습니다.

중앙 총회 2천여 교회와 교역자들 그리고 한국 교회의 성도들이 앞장 서서 고 백기환 목사님의 신앙의 유산을 가슴에 품고 보수 신앙과 신학 의 기치를 높이 들어야 할 것입니다. 더 나아가 고 백기환 목사님께서 다 이루시지 못한 유업이 있다면 남은 우리들이 최선을 다해 신앙의 유 업을 이루고 언젠가 기쁨의 회포를 나누며 다시 만날 날을 기약해야 할 것입니다.

대한예수교 장로회 중앙총회를 설립하시고 중앙신학 대학원 대학교를 설립하시고 본 재단에 총회장과 총장과 이사장을 지내시며 그렇게 많 은 후학도 들에게 예수님을 전하신 주님의 귀한 제자이셨습니다. 그렇 게 주를 위해 충성하며 사셨던 고 백기환 목사님은 오늘 그토록 일평생 그리워하고 사랑하던 제자들과 성도들, 한 평생을 애틋한 사랑으로 부 부의 연을 맺어온 사랑하는 아내와 1남 2녀, 손자 손녀들을 뒤로 한 채 예수님의 품에 안겨 예수님이 예비하신 그 처소, 눈물도 애통도 사망도 아픔도 없는 그 곳에서 환하게 미소지으며 우리 모두를 바라보고 계실 줄 믿습니다.

인생을 살다보면 수많은 사람들을 만납니다. 그 만남 중에는 스쳐 지나 가는 만남도 있고 가슴속에 남는 사람도 있습니다.

41

이런 시가 있습니다.

인생의 길에 상봉과 이별 그 얼마나 많으랴
헤어진 대도 헤어진 대도 심장 속에 남는 이 있네
아~ 그런 사람 나는 못 잊어
오랜 세월 같이 있어도 기억 속에 없는 이 있고
잠깐 만나도 잠깐 만나도 심장 속에 남는 이 있네
아~ 그런 사람 나는 못 잊어

고 백기환 목사님은 제게 그런 분입니다. 아니, 고 백기환 목사님은 한국 교회와 성도들의 가슴속에 영원히 남는 잊을 수 없는 귀한 분이셨습니다. 한국 교회의 큰 별이 이렇게 떠나 가셨습니다. 개인적으로는 신앙의 동지를 잃어버렸음에 참으로 애석한 마음을 감출 수 없습니다. 그럼에도 불구하고 좋으신 하나님은 더 큰 계획과 섭리를 가지고 당신의 종을 가장 좋은 때에 가장 좋은 방법으로 부르신 줄 믿습니다.

〈결론〉

이제 우리에게는 고 백기환 목사님께서 다 이루시지 못한 신앙의 유산을 짊어지고 한국교회의 보수신학을 지키고 부흥을 위해 성장의 한계를 뛰어넘어야 할 몫이 남겨졌습니다. 그 분의 보수신앙과 신학을 이어받아 쓰나미처럼 몰려오는 자유주의 신학에 대항하여 제3성령운동으로 예수 그리스도의 기치를 높여야 할 책임이 있는 것입니다.

아픔도, 눈물도, 애통도 없는 곳, 그 곳에서 우리를 바라보며 환희 미소 짓고 계실 고 백기환 목사님을 생각해 봅니다.

죽음을 죽음되게 하시고 이별을 이별되게 하지 않으신 우리 주 예수님, 그 십자가 사랑 안에서 위로 받으시고 힘과 용기를 가지고 일어설 수 있는 모든 유가족분들과 성도님들, 우리 모두 되시기를 주님의 이름으로 축원 드립니다.

주님의 은총을
끝까지 기다리라

(로마서 14:8)

우리가 살아도 주를 위하여 살고
죽어도 주를 위하여 죽나니
그러므로 사나 죽으나 우리가 주의 것이로라

이번 구정에는 4800만 명의 국민 대이동이 있었다고 합니다.
지금 이 시간에도 올라오는 이, 내려가는 이가 있고 아직도 부모 형제들
과 즐거운 시간을 보내고 있는 분도 있을 것입니다. 내일이 입춘입니다.
봄이 왔다는 말입니다. 입춘이 지나면 우수, 경칩이니 대동강 물도 풀려
겨울은 떠나간다고 합니다. 봄과 더불어 하나님의 축복이 성도 여러분
과 함께 하시길 축원 드립니다.

오늘 함께 은혜받고자 하는 말씀 우리 함께 봉독해 보십시다.

**'우리가 살아도 주를 위해 살고 죽어도 주를 위하여 죽나니 그러므로 사나 죽으
나 우리가 주의 것이로라.'**

본문을 통해 은혜받을 말씀은 여기서 주님의 은총을 끝까지 기다리는 나는 누구냐는 것입니다.

첫 번째, 나는 주의 것이라는 것입니다.

여기서 주의 것이라는 말은 헬라어로 '투 퀴리우'라는 말인데 '그리스도에게 속한 것'이란 뜻입니다. 그러므로 그리스도인들에게는 **'먹든지 마시든지 무엇을 하든지 다 하나님의 영광을 위하여 하라.'**고 고린도전서 10장 31절에서 말씀하고 있는 것처럼 의무요 권리요 당연한 것입니다. 그러므로 우리의 삶과 죽음 모두가 그리스도에게 속해 있으므로 성도라고 이름을 부르는 자는 모두가 주의 소유임을 알아야 된다는 것입니다. 우리는 그리스도의 보배로운 피값으로 산 것이 되었기 때문입니다. 그래서 우리의 개인적인 일탈행위나 개인적인 삶의 목표를 위한 그 어떤 것도 더 이상 존재하지 않는다는 것입니다. 그것이 설령 우리 몸에 또는 생활에 해가 된다고 할지라도 주를 위해서라면 운명적으로 받아들여야 한다는 것입니다. 사도행전 11장26절에 보면 안디옥교회가 최초로 그리스도인이란 이름을 불렀는데 이는 헬라어로 '크리스티아노스', 즉 '그리스도에게 속한 사람들'이란 뜻입니다.

당시 그리스도를 믿는 사람들은 이단으로 몰려 붙잡히게 되면 중범에 해당되어 사형에 처해지게 되는데 그리스도인이란 칭호는 그리스도인들에게는 곧 죽음과도 같은 것이었지만 죽음을 두려워하지 않고 오히려 영광으로 생각하였습니다. 그리스도를 섬기다가 죽기를 각오한 것이 문제가 아니라 목숨을 이미 내 던져 놓고 자신은 주님의 은혜로 덤으로 사는 인생이라고 생각하고 언제든 죽음이 찾아오는 것을 영광으로 생각하였던 것입니다. 그래서 종교 개혁자 루터는 그리스도인으로서 승리하는 생활을 위해 신앙생활의 3요소를 말씀, 기도, 찬송이라고 하였습니다. 말씀은 생명의 떡이요, 기도는 생명의 호흡이요, 찬송은 생명의 열매라고 하였습니다. 말씀과 기도와 찬송이 끊어지지 않는 교회와 성도는 주님의 은총을 끝까지 기다리는 자들이라는 것입니다. 그리고 그들이야 말로 주의 것이 될 자격이 있다는 것입니다.

사도 바울은 골로새서 3장15~17절에서 다섯 가지를 골로새교회 성도들에게 권면하고 있습니다.

1.감사하는 자가 되라
2.말씀에 풍성히 거하라
3.시와 찬미로 신령한 노래를 부르라
4.말에나 일에나 주 예수 이름으로 하고
5.하나님 아버지께 감사하라고 말씀합니다.

성경의 위대한 인물 중 다윗은 악기로 찬송과 말씀이 입에서 떠나지 아니하였다고 하였으며 중세 교부시대 그레고리 1세는 찬송으로 교회는 허물어져 간 인류를 구원하였다고 하였으며 루터가 종교개혁을 일으킬 때 부른 찬송은 너무나 위대합니다.

'내 주는 강한 성이요 방패와 병기되시니 큰 환난에서 우리를 구하여 내시리로다 옛 원수 마귀는 이때도 힘을 써 모략 과 권세로 무기를 삼으니 천하에 누가 당하랴'

루터(1483-1546)는 캐톨릭의 면죄부 판매를 반박하는 95개 조항의 반박문을 비텐 베르크 성의 교회 문 앞에 붙이고 '인간의 구원은 인간의 행위에 의해 이루워진 것이 아니라 오직 예수 그리스도의 은혜로만 구원 받는것' 이라는 것입니다.

그의 신학은

오직믿음(sola fide),
오직은혜(sola gratia),
오직성경(sola scriptura)였습니다.

영국의 종교 개혁자인 존 웨슬레는(1703-1791) 신학자이며 부흥사로서 찬송을 통해 영국의 종교를 개혁하였으며 미국을 영적으로 무장시킨 대부흥사 드와이트 라이먼 무디(1837-1899)도 1855년 성령 체험 후 전국 방방곡곡을 다니며 찬송을 통해 영적 대각성 운동을 일으킨 목사였습니다. 초대교회 부흥의 역사는 말씀은 기도로 이어지고 기도는 찬송으로 이어지며 찬송은 곧 감사로 이어져 말씀이 살아 있는 교회, 찬송이 살아 숨쉬는 교회, 감사가 끊어지지 않는 교회는 어떤 핍박이 오고 삶의 고난이 찾아와도 포기하지 않고 인내를 가지고 주님의 은총을 끝까지 기다려 가정과 생업과 섬기는 교회가 부흥으로 이어지는 바로미터가 되었습니다.

사랑하는 성도 여러분

오늘 봉독한 본문을 통해 우리에게 주신 은혜가 무엇입니까?

두 번째, 하나님께 자신을 드러내 보이라는 것입니다.

이 말은 헬라어로 '안토 오르게 오마이'라는 말인데 1.하나님과 대면하다는 뜻입니다. 2.하나님께 자신이 누구인지를 밝힌다는 뜻입니다. 창세기 32장30절에 야곱이 하나님과 대면하여 보았으나 내 생명이 보전되었다 말하고 있습니다. 창세기 32장22~32절에 얍복강 나루터에서 야곱이 환도뼈가 부러지는 기도를 통하여 하나님과 만나는 순간이 나옵니다. 형 에서와 20년간 원한의 관계에 있던 야곱은 형 에서가 자신을 죽이기 위해 400명의 군사를 거느리고 얍복강 건너편으로 온다는 소식을 듣습니다.

창세기 32장7절에 보면 야곱은 이 엄청난 일을 어떻게 할 지 몰라 겁에 질려 심히 답답하고 두려움에 빠져 있을 때 야곱의 결단을 보십시오. 앞으로 닥칠 자신의 파란만장한 인생 최후의 선택의 길에서 타고난 전략가인 야곱은 최후에 결전을 앞두고 이번만은 에서의 칼날을 피하리라 하고 제일 먼저 한 최후의 일이 무엇이었습니까? 하나님 앞에 엎드린 일이었습니다. 가나안 땅을 지척에 두고도 건너가지 못한 요단강, 아무리 내가 똑똑하고 잘나도 창조주 하나님이 허락지 않으시면 아무것도 할 수 없는 존재요, 미물에 불과하다는 것을 야곱은 깨달았을 것입니다. 야곱은 자신을 하나님께 적나라하게 내보였습니다. 창세기 32장 9~10절에 그는 이렇게 기도합니다. **'나의 조부 아브라함의 하나님, 나의 아버지 이삭의 하나님 여호와여 주께서 전에 내게 명하시기를 네 고향, 네 족속에게로 돌아가라 내가 네게 은혜를 베풀리라 하셨나이다.'** 이 때가 언제입니까? 벧엘에서의 야곱의 서원하던 때로부터 20년이 지난 지금 되새기며 하나님 앞에 그 때 기도를 또 다시 강조합니다. 그리고 연이어 이렇게 기도합니다. **'주께서 주의 종에게 베푸신 모든 은총과 모든 진리를 조금이라도 감당할 수 없사오나 내가 내 지팡이만 가지고 이 요단을 건넜더니 지금은 두 떼나 이루었나이다.'** 그는 이 기도가 끝난 후 얍복강 나루터에서 형 에서와 일생일대의 위기를 목전에 두고 세기의 담판을 해야했던 야곱은 필사적인 생존 전략으로 하나님께 자신의 위기상황을 아뢰고 2차 기도를 올립니다.

얍복강 나루터에서 한 밤을 철야하며 날이 새도록 기도하는데 야곱이 어떤 사람과 씨름하다가 환도뼈가 부러져 위골 되었다고 말씀합니다. 얍복강 건너편에서 형 에서가 400명의 군사를 거느리고 동생 야곱을 죽이러 오는데 야곱이 제 정신이겠냐는 것입니다. 32장 7절에 본 바와 같이 속된 말로 절망과 좌절과 공포로 겁에 질려 있었을 것입니다. 야곱은 군대라고는 없고 가족과 종들 뿐이었습니다. 20년 모아 온 재산이며 처와 종들 모두를 빼앗기고 이제 목숨마저도 일촉즉발의 위기에서 세상의 어떤 방법으로도 이기지 못할 싸움이기에 하나님과 담판을 지으려 하고 있는 야곱입니다. 밤새 씨름하다가 야곱은 환도뼈가 부러진 상태에서 날이 새게 됩니다. 야곱은 밤새도록 포기하지 않고 그 사람을 붙듭니다. 그리고 마지막 하는 말이 26절에서 **'당신이 내게 축복하지 아니하면 가게 하지 아니하겠나이다'**하고 하나님의 손을 붙잡습니다. '히- 야트'라는 말은 하나님의 손이 야곱을 잡아 주셨다는 말입니다. 당신이 나를 축복하지 않으면 당신을 가게 하지 않겠다는 야곱의 애절한 기도를 들으시고 야곱을 일으켜 세우십니다. 27절에 **'그 사람이 그에게 이르되 네 이름이 무엇이냐 그가 가로되 야곱이니이다 그 사람이 가로되 네 이름을 다시는 야곱이라 부를 것이 아니요 이스라엘이라 부를 것이니 이는 네가 하나님과 사람으로 더불어 겨루어 이기었음이니라.'** 29절에보면 이때 야곱이 묻습니다. **'당신의 이름을 고하소서 그 사람이 가로되 어찌 내 이름을 묻느냐 하고 거기서 야곱에게 축복한지라.'** 오늘 본문의 30절에 주님의 은총을 끝까지 기다리라는 의미가 나옵니다. '안토 오르게 오 마 이' 하나님과 대면하여 보았으나 내 생명이 보전되었다라는 것입니다.

사랑하는 성도 여러분

성경 어느 곳에도 하나님과 대면한 선지자는 없으며 하나님의 얼굴을 본 자는 살아남지 못한다고 하였으나 야곱은 끈질긴 기도, 끝장을 보는 기도를 통해 '하나님과 대면하여 보았으나 내 생명이 보전되었다'고 고백하고 있습니다.

대면이 무엇을 뜻합니까? 하나님을 직접 만나 담판을 지었다는 것입니다. 이판사판이라는 말이 있습니다. 죽기 아니면 살기라는 뜻입니다. 일사각오라는 뜻입니다. 야곱은 처음에는 하나님인 줄 모르고 길을 막는 그 사람에게 대들고 밤새 씨름을 하였으나 알고 보니 그가 전능자 하나님이라는 사실 앞에 그는 엎드렸습니다. 히브리어 '비아트'라는 말은 '절망의 골짜기'라는 뜻입니다. 야곱은 이제 인생의 최후의 무덤 즉 지옥으로 가는 절망의 골짜기에서 절망에 빠진 자신을 하나님께 가감없이 보여드렸습니다. 그리고 하나님의 손길의 도움을 간절히 사모하고 외쳤습니다.

'여호와여 내게 축복하지 아니하면 가게 하지 아니하겠나이다.'

사랑하는 성도 여러분

야곱처럼 과감하게 자신을 하나님께 드러내 보이는 한 해가 되시기를 예수님 이름으로 축원 드립니다. 우리가 살아도 주를 위해 살고 죽어도 주를 위해 죽는다 그러므로 사나 죽으나 나는 주의 것이로다는 말씀은 1.나는 주님의 것이라는 것입니다. 2.하나님께 자신을 드러내 보이라는 것입니다. 금년 한 해 어떻게 살까요? 다같이 따라서 하시겠습니다. '믿음으로 살겠습니다.' 내가 살아도 주를 위해 살고 죽어도 주를 위해 죽나니 그러므로 사나 죽으나 나는 주님의 것이로다. 믿음으로 사시길 예수님 이름으로 축원 드립니다. 믿음은 침묵이 아니라 행동으로 옮기는 것입니다. '안토 모르게 오마이' 주님께 자신을 드러내 보이는 것입니다. 모든 사람들, 이웃과 형제 자매에게, 사회에, 나는 확실한 그리스도인이란 것을 드러내 보이라는 것입니다. '키에르케고르'는 믿음은 침묵이 아니라 행동으로 옮겨야 하는 것이기에 반드시 감사의 연결 고리가 되어야 한다고 하였으며 믿음으로 행한 감사는 모든 만병통치의 조건이며 질병을 치료하는 유일한 방법이요 근심과 걱정을 날아가게 하는 비법이라고 하였으며 환경을 변화시키는 동기가 된다고 하였고 자신을 하나님께 내보여 드려 하나님의 도움을 받고 있다는 자신 스스로의 증거를 확인하는 것 즉 '안토 모르게 오마이'라는 것입니다. 그러기에 사도 바울은 고린도전서 9장15절에서 말할 수 없는 그의 은사를 인하여 하나님께 감사하노라 고백하고 있습니다.

사랑하는 성도 여러분

감사하는 성도의 삶의 결과를 성경은 무엇이라 하고 있습니까? 출애굽기 23장22에서 여호와 하나님은 **'내가 네 원수에게 원수가 되고 네 대적에게 대적이 될찌라'**고 분명히 말씀하고 계십니다. 또한 출애굽기 23장25절에서는 **'너의 하나님 여호와를 섬기라 그리하면 여호와가 너희의 양식과 물에 복을 내리고 너희 중에 병을 제하리니'**라고 약속 하셨습니다.

미국에서 신앙이 돈독한 한 청년이 갑자기 교통사고를 당해 다리 하나를 절단하게 되었습니다. 이 청년은 하나님은 정말 계실까하고 말로 할 수 없는 실의 속에 불평과 원망의 나날을 보냈습니다. 그는 아무리 생각해도 다리 하나를 가지고는 아무것도 할 수 없고 이 세상을 살아갈 용기가 나지 않았습니다. 이 청년은 어느 날 자살을 결심하게 되었습니다. 다리 위에서 뛰어 내리려고 하는데 다리 난간에 이런 글귀가 쓰여 있었습니다. 'God loves you'(하나님은 당신을 사랑하십니다). 세상에서는 아무 일도 할 수 없어도 하나님은 당신을 쓰실 것입니다.

사랑하는 성도 여러분

세상은 답답하지만 하나님이 쓰시면 위대한 일을 할 수가 있습니다. 그는 다리 난간에 쓰인 이 글귀를 읽고 읽는 순간 '하나님은 쓰신다, 하나님은 쓰신다'는 뇌성과 같은 소리가 전광석화처럼 스쳐갑니다. 그는 다리 위에서 뛰어 내려 죽으려한 생각을 포기하고 내려와 목사가 되기로 결심하고 신학교에 입학 하였습니다. 신학교를 졸업하고 하나님께 기도합니다. 주여 다리 한쪽이 없는 내가 어디에 가서 목회를 할까요? 아프리카로 가라는 하나님의 음성을 듣습니다. 한쪽 다리밖에 없는 불구의 몸 임에도 불구하고 하나님의 말씀에 순종하여 아프리카 오지로 가서 선교활동을 시작 했습니다.

'주 예수를 믿으시오! 함께 천국 갑시다.' 외칩니다. 젊은 청년 선교사가 간 아프리카 오지는 식인종들이 사는 무서운 곳이었습니다. 십자가를 외치는 선교사를 보고 식인종 사이에서는 야단이 났습니다. 전도는 커녕 젊은 선교사를 뜯어 먹으려고 달려듭니다. 청년은 너무 놀라 의족인 고무다리 한쪽을 쭉 빼서 달려드는 식인종들에게 던졌습니다. 서로 뜯어 먹으려고 난리가 났습니다. 식인종들이 청년의 고무다리를 아무리 씹어도 뜯어지지 않고 질기기만 합니다. 맛도 없습니다. 그때 식인종들

사이에서 추장이 외칩니다. '여러분, 우리 마을에 신이 나타났다. 모두 엎드려라.' 추장의 말 한마디에 모두가 청년 선교사 앞에 무릎을 꿇었습니다. 이때라고 생각한 선교사는 기회를 놓치지 않고 전도합니다. 온 마을이 예수를 영접하게 됐고 청년은 하나님의 위대함에 감사했습니다.

청년은 온 마을의 전도에 성공하고 미국으로 돌아가는 배를 탔습니다. 청년이 탄 배가 뉴욕항구에 도착하는데 이게 웬일입니까? 수많은 환영 인파가 나와 대대적으로 환영을 합니다. 너무 놀랐지만 우쭐하기도 했습니다. 가슴이 뛰었습니다. 그런데 이상한 일이 벌어졌습니다. 환영 인파가 식인종을 선교하고 온 자신을 환영하러 온 줄 알았습니다. 그런데 수많은 군중은 아프리카 오지에서 성공적인 선교를 마치고 돌아온 청년을 환영한 것이 아니었습니다. 그 배에 함께 타고 온 대통령을 환영하고 있는 게 아닙니까?

청년이 실망하고 있을 때 하나님 음성이 들려옵니다. '고개를 들라, 지금 하늘의 천군천사가 위대한 하늘의 선교대사를 환영하고 있다, 보이느냐?'하는 것이었습니다. 청년은 고개를 들고 하늘을 쳐다보는 순간 또 한번 너무나 놀랐습니다. 헤아릴 수 없는 하늘의 천군 천사가 선교사를 마중나와 환영하고 있는 것이 아니겠습니까?

사랑하는 성도 여러분

가장 나쁜 환경일 때 하나님께 감사합시다.

가장 억울할 때 하나님께 감사합시다.

가장 역경을 헤맬 때 하나님께 감사합시다.

가장 실패했을 때 하나님께 감사합시다.

감사는 하늘 문을 여는 통로요 열쇠이기 때문입니다.

종로5가에서 50년 동안 구두닦이를 해 오신 75세 영감님이 계시는데 비가 오나 눈이 오나 쉬는 날 없이 평생 땅만 보고 사셨습니다. 그래서 사람들이 왜 당신은 땅만 보고 사느냐 물으니 평생 손님들 구두만 보고 살아왔다는 것입니다. 저는 구두를 닦으러 그 분의 가게에 몇 번 갔고 한 번 닦을 때마다 만원씩 드렸습니다. 그렇게 몇 번 그곳에 구두를 닦으러 갔고 오래간만에 가는 날에는 기다렸다는 듯이 반갑게 맞이해 줬습니다. 그는 전남 강진에서 초등학교 4학년때 무일푼으로 상경하여 서울역에서 닦아 놓은 구두를 다시 가져다주는 심부름부터 시작하였다고 합니다. 조직폭력배들한테 수 없이 얻어 맞기도 하면서 일을 배웠고 몇 년이 지난 후에는 구두닦이가 되었습니다. 그렇게 종로에서 일명 구두닦이 사장으로 열심히 일을 해 아들 둘을 대학까지 다 가르치고 장가를 보내 남부럽지 않은 사람이 되었다는 것입니다. 그러던 어느 날 저는 제 신분을 밝히고 본격적으로 전도하기 시작했습니다. 이후 한기총 대표회장직을 그만두어 그 분의 가게에 구두를 닦으러 갈 일도 없었습니다. 어느 날 종로에 갈 일이 있어 겸사겸사 구두나 닦고 가려고 그 분의 구두방에 들렀는데 그 영감님이 저를 보더니 너무 반가워 하면서 '아이고 목사님, 목사님 말씀을 듣고 저 이제 일요일은 날 쉬고 교회 나갑니다.' 하는 것이 아니겠습니까? 한 영혼을 구원했다 생각하니 얼마나 감사한지 감동 그 자체에 목이 메었습니다. 더구나 객지에 올라와 교회 문턱에도 갈 기회가 없던 분을 전도했다 생각하니 너무나 하나님께 감사했습니다.

사랑하는 성도 여러분

2019년 한 해 어떻게 살까요?

아버지 하나님께 나를 드러내 보이는 한 해, 믿음으로 감사를 드리며 원혼구원으로 축복을 받는 한 해가 되시기를 예수의 이름으로 축원드립니다.

쇠문을 열리게
하시는 하나님

(사도행전 12:5-10)

이에 베드로는 옥에 갇혔고 교회는 그를 위하여 간절히 하나님께 빌더라
헤롯이 잡아 내려고 하는 그 전날 밤에 베드로가 두 군사 틈에서
두 쇠사슬에 매여 누워 자는데 파숫군들이 문 밖에서 옥을 지키더니
홀연히 주의 사자가 곁에 서매 옥중에 광채가 조요하며 또 베드로의
옆구리를 쳐 깨워 가로되 급히 일어나라 하니 쇠사슬이 그 손에서 벗어지더라
천사가 가로되 띠를 띠고 신을 들메라 하거늘 베드로가 그대로 하니
천사가 또 가로되 겉옷을 입고 따라 오라 한대
베드로가 나와서 따라갈쌔 천사의 하는 것이 참인줄 알지 못하고
환상을 보는가 하니라
이에 첫째와 둘째 파수를 지나 성으로 통한 쇠문에 이르니 문이 절로
열리는지라 나와 한 거리를 지나매 천사가 곧 떠나더라

초대교회의 역사를 가리켜 사도들의 발자취라고도 하고 피흘림의
발자취라고도 합니다. 그 이유는 첫 번째, 예수님의 십자가상의 죽음의
터 위에 세워진 교회이기 때문이요, 두 번째 예수님 제자들의 수많은 순
교를 통하여 교회가 세워졌기 때문입니다. 이러한 수난을 통해 죽음도
삶도 고통도 고난도 모두가 성령님이 함께 하시고 주님이 제자들과 함
께 고통을 당하셨다는 것입니다. 그래서 성령행전이라고도 하며 사도들
의 행전이라고도 합니다.

오늘 본문에 나타난 초대교회의 상황을 잠시 생각해보고자 합니다. 헤롯이 교회를 핍박하여 야고보 사도를 칼로 죽였습니다. 그리고 베드로를 옥에 가뒀습니다. 성도들의 허탈감은 말로 형언할 수 없었을 것입니다. 헤롯의 핍박으로 갑자기 예루살렘 교회의 두 기둥이라고 하는 야고보와 베드로 사도를 잃어버렸습니다.

사랑하는 성도 여러분

성도들이 세상을 살아가노라면 예기치 않은 환난을 당할 때가 있습니다. 그리고 당면한 문제를 해결해야 할 결단 앞에 서야 할 때가 있습니다. 나를 위해서 살 것이냐? 나를 구원해주신 예수그리스도를 위해서 살 것이냐? 아니면 공인으로서 나라와 민족 앞에 부끄러움이 없는 삶을 살 것이냐? 우리는 이러한 때에 어떻게 결단해야 할까요? 오늘 본문에 등장하는 예루살렘교회와 성도들의 믿음의 삶을 보면서 우리 모두에게 깨달음이 오는 시간 되시기를 주의 이름으로 축원 드립니다.

환난을 당한 성도들의 삶은 오직 기도생활이었습니다. 여기서 환난의 종류는 환경과 시간과 장소에 따라 달랐고 그때그때의 사회 환경과 개인의 형편과 처지에 따라 달랐다는 것입니다. 그러므로 이런 환경, 저런 환경, 이런 형편, 저런 형편, 따질 것 없이 성도들이 환난을 이겨내는 유일한 방법은 기도였다는 것입니다.

성도 여러분, 기도가 무엇입니까?

하늘 문을 두드리는 것입니다. 하늘에 계신 주님을 깨우는 것이 기도라 하였습니다. 창세기 28장16절에 보면 야곱이 아버지 이삭의 집을 나와 벧엘 광야에 홀로 남았을 때 야곱이 기도합니다. 뒤에서는 형 에서가 쫓아옵니다. 앞으로는 광야라 더 이상 갈수도 없습니다. 사면초가입니다. 의지할 것이 전무합니다. 하늘과 땅밖에는 보이지 않습니다. 이때 야곱이 할 수 있는 것이 무엇이었습니까? 하나님 앞에 의지하는 길, 그것이 유일한 방법이었습니다. 야곱이 외칩니다. "주여 나를 도와주소서. 천길 만길 낭떠러지 앞에서 나를 도울 자는 오직 여호와 하나님 한 분입니다. 육신의 아버지도 멀리 있고 친형제 에서는 나를 죽이려고 쫓아오고 있습니다. 여호와여 나를 도와주소서. 내 인생의 길이 열리게 하옵소서." 하나님 앞에 목 놓아 부르짖다가 피곤한 몸을 이끌고 깊은 잠에 빠졌습니다. **'꿈에 본즉 사닥다리가 땅위에 섰는데 그 꼭대기가 하늘에 닿았고 또 본즉 하나님의 사자가 그 위에서 오르락 내리락하고 또 본즉 여호와께서 그 위에 서서 가라사대 나는 여호와니 너의 조부 아브라함의 하나님이요 이삭의 하나님이라 너 누운 땅을 내가 너와 네 자손에게 주리니 네 자손이 땅의 티끌 같이 되어서 동서 남북에 편만할찌며 땅의 모든 족속이 너와 네 자손을 인하여 복을 얻으리라 내가 너와 함께 있어 네가 어디로 가든지 너를 지키며 너를 이끌어 이 땅으로 돌아오게 할찌라 내가 네게 허락한 것을 다 이루기까지 너를 떠나지 아니하리라 하신지라.'**

야곱은 이 소리에 잠이 깨어 이곳은 다른 곳이 아니라 하나님의 전이요 하늘의 문이로다. 야곱은 베개 삼았던 돌을 기둥으로 세우고 거기에 기름을 붓고 '벧엘'이라 이름 지었습니다.

사랑하는 성도 여러분

뻰엘은 야곱이 하나님을 만났다는 뜻입니다. 야곱은 갑작스런 시련 앞에서 얼마나 두려웠겠습니까? 그가 할 수 있는 일은 오직 여호와 하나님 앞에 기도하는 것 외에 다른 방법이 없었습니다.

사랑하는 성도 여러분

비는 데는 무쇠도 녹는다는 말이 있듯이 야곱의 기도는 주무시는 하나님을 깨워 하늘 문이 열리는 기적이 나타난 것입니다. 그러므로 세상의 어떤 환난이나 위협 앞에서도 굴하거나 좌절하지 말고 하나님 앞에 부르짖는 기도의 사람이 되시기를 주의 이름으로 축원 드립니다.

본문의 예루살렘 교회를 보십시오. 엄청난 위기가 닥쳤습니다. 교회가 무너지느냐 마느냐, 성도들이 사느냐 죽느냐, 마지막 기로에 서 있었습니다. 야고보는 목이 잘려 순교하고 베드로는 옥에 갇혀 날이 새면 순교하게 되어 있습니다. 그때 마가의 다락방에서 성도들이 한 일이 무엇이었습니까? 전성도가 합심하여 기도했다고 하였습니다. 본문을 보니 요한의 어머니 마리아의 집에 모여 기도하였다고 하였습니다. 이때 기도의 결과가 어떻게 나타났습니까? 어떤 무력이나 힘으로도 할 수 없는 베드로의 손과 발목에 찬 쇠사슬이 풀리는 기적이 일어났고 옥문이 열리고 성문이 열렸습니다. 성도들의 기도는 감옥 안의 죄수들까지 정신을 잃게 만들어 버렸습니다. 초대교회 성도들에게 핍박이 찾아왔습니다. 그러나 그들은 똘똘 뭉쳤습니다. 한마음 한뜻으로 기도하기 시작하였습니다. 옥문은 열리고 베드로는 천사의 도움으로 풀려났습니다. 베드로가 마리아의 집에 도착하니 그때까지 많은 사람들이 모여 기도하고 있었습니다. 방안에 있던 많은 사람들은 베드로가 나온 일을 보고 너무나 놀랐습니다.

사랑하는 성도 여러분

이와 같은 기적이 일어나기까지 마리아의 집에 있던 모든 성도는 기도를 포기하지 않았습니다. 어떻게 생각하면 기도한다고 될 일입니까? 기도한다고 내일 베드로는 사형을 면할 수가 있습니까? 현실적으로 생각하면 전혀 희망이 없는 일 같았지만 이들은 믿음으로 드리는 기도를 끝까지 포기하지 않았습니다. 기도하는 중에 힘이 빠질 수도 있고 쉬 절망에 빠질 수도 있었을 것입니다. 그러나 그들은 살아계신 하나님을 전적으로 신뢰했습니다.

사랑하는 성도 여러분

인간은 희망을 먹고 사는 존재라고 합니다. 현대인 일수록 꿈이 많고 소원이 많고 할 일이 태산 같습니다. 그러니 실로 모든 매사가 기도제목일 수밖에 없다는 것입니다. 그런데 우리는 왜 기도와 현실이 반비례합니까? 꿈이 많으면 많을수록 기도해야 될 텐데 오히려 반비례하고 있다는 것입니다. 위대한 꿈을 꾸고 계획은 원대하게 세우지만 하나님 앞에 드리는 기도는 게을리 하고 자신의 실력이나 환경에 의지하고 마는 경우들이 너무나 많다는 것입니다. 욥기 5장8절 이하에 **'나 같으면 하나님께 구하고 내 일을 하나님께 의탁하리라 하나님은 크고 측량할 수 없는 일을 행하시며 기이한 일을 셀 수 없이 행하시나니 은 자를 높이 드시고 슬퍼하는 자를 흥기시켜 안전한 곳에 있게 하시느니라'**고 말씀하십니다. 또한 욥기 5장7절에 보면 인생은 고난을 위하여 태어났다고 하였습니다.

사랑하는 성도 여러분,

이 세상에 고난이 없는 사람이 어디 있겠습니까? 질병에 걸리지 않는 사람이 어디 있겠습니까? 인생에서 실패해보지 않은 사람이 어디 있겠습니까? 그러나 하나님의 사람은 환난을 당할 때 고난과 역경이 찾아왔을 때 실패와 질병이 찾아왔을 때에 일반 사람과는 달리 하나님 앞에 기도하는 비결을 잊지 마시기를 예수님 이름으로 축원 드립니다.

기도는 하늘 문이 열리게 합니다. 오늘 본문의 예루살렘교회는 이 엄청난 고난을 어떻게 이겨냈습니까?

첫 번째, 기도하는 사람에게는 하나님이 홀연히 주의 사자를 보내신다는 것입니다.

'베드로는 옥에 갇혔고 교회는 그를 위하여 간절히 하나님께 빌더라'고 본문의 5절에서 말씀하고 있습니다. 이때에 베드로가 감옥에 갇혀 있는데 하나님은 천사를 감옥에까지 보내신 것입니다. 똑같은 시간에 요한의 어머니 마리아의 집에서는 온 성도들이 기도하고 있었고 한쪽에서는 이미 기적이 일어나기 시작하였던 것입니다. 이것은 바로 성령님이 기도하는 사람을 인도해주시고 친히 역사하신다는 사실입니다.

하나님은 감옥에 있는 베드로에게 천사를 보내주셨습니다. 우리가 기도할 때 하나님은 일하고 계신다는 사실을 증명해 주신 것입니다. 천사들이 감옥에 들어오니 옥중에 광채가 났다고 했습니다. 천사는 잠자는 베드로의 옆구리를 쳐서 깨웠습니다. 그리고 급히 일어나라고 명령합니다. 그 순간 베드로 손에 채워졌던 착고가 벗겨졌다고 기록하고 있습니다. 천사는 '띠를 띠고 신을 들매라, 겉옷을 입고 따라오라'고 베드로에게 명령합니다. 베드로는 천사를 따라 나갑니다. 이때 베드로는 환상을 보는가 하였더라고 자신에게 일어난 일이 착각에 빠질 정도로 생각했습니다. 그리고 긴밀하고 민첩하게 움직였습니다. 천사와 함께 첫째 관문을 통과하고 둘째 파수꾼을 지나 셋째 쇠문에 이르니 감옥문이 저절로 열리는 기적이 일어났습니다. 본문 11절에 밖으로 나가 거리에 나가니 이제야 참으로 주께서 친히 천사를 보내어 헤롯의 손에서 벗어나게 하신 줄 알게 되었다는 것이 오늘 본문의 줄거리입니다. 이것은 바로 기도하는 백성에게 하나님은 함께 일하시고 주의 사자를 기도하는 그곳에 보내신다는 확실한 증거가 아니고 무엇이겠습니까?

두 번째, 기도할 때 성령님이 일하셨습니다.

사랑하는 성도 여러분

요한의 집에 있는 사람들은 베드로를 위해 밤을 새워가며 기도합니다. 그러므로 베드로는 옥중에서도 편하게 잠을 잘 수가 있었습니다. 마리아의 집에서 드리는 기도는 베드로의 잠을 깨웠습니다. 그리고 성령에 이끌려 성령이 시키는 대로 행동하는 모습을 베드로에게서 보게 됩니다. 깊은 잠에 취해 있는 베드로를 성령님은 감옥에까지 가서 깨우셨다는 것입니다.

사랑하는 성도 여러분

우리가 기도할 때 성령님은 활동하시는 줄 믿으시기 바랍니다. 우리가 기도할 때 성령님은 우리를 위하여 전투를 해 주신다는 사실을 믿으시길 바랍니다. 우리가 기도할 때 성령님은 능력을 행사하십니다. 우리가 기도할 때 성령님은 어디에서든지 우리가 원하는 목적지까지 함께 동행하여 주신다는 것입니다.

제가 머리에 큰 혹이 하나 났었습니다. 걱정이 태산 같았습니다. 북한의 김일성 주석같이 될까봐 염려가 이만저만이 아니었습니다. 계속 만지면 아프고 점점 커져 걱정이 되어 결국은 아내에게 보여주게 되었습니다. 아내가 만져보고 왜 이런 것이 났지? 아내도 깜짝 놀랐습니다. 병원에 가려고 생각하였으나 병원에 가면 분명히 뇌수술을 하자고 할 것 같았습니다. 그때 갑자기 제 머리를 스치고 지나가는 것은 '나에게 기도해봤니? 나에게 맡겨봤니?' 이런 음성이 제 뇌리를 스쳐갔습니다. 아! 그렇구나! 그때부터 주님께 매달리기 시작했습니다. 기차를 탈 때도, 자동차를 탈 때도, 걸어갈 때도, 심지어 하나님 말씀을 준비할 때도 머리의 혹에 손을 대고 기도하기 시작했습니다. 잠들기 직전에도 기도하고 꿈에서라도 치료해 달라고 하나님 앞에 기도했습니다.

어느 날 놀라운 일이 생겼습니다. 어느 날 꿈에 지렁이 한 마리가 내 머리의 혹을 갉아먹기 시작했습니다. 피가 낭자하게 됐습니다. 그런데 이상하게 꿈에서도 시원했습니다. 아프면 깜짝 놀라 잠을 깼을 텐데 너무 시원해서 그대로 있었는데 지렁이가 갉아먹은 곳에서 고름이 빠져나오기 시작했습니다. 잠을 깨니 새벽 세시 반이었습니다. 내 머리를 만져보았습니다. 너무도 신기하게 내 손에 무엇인가 흥건하게 만져지는 것이 아니겠습니까? 너무 놀라서 두근거리는 마음으로 방에 불을 켜고 잠자던 아내를 깨웠습니다. 아내에게 꿈 이야기를 할 겨를도 없이 아내는 내 얼굴을 보자마자 깜짝 놀라는 것이었습니다. 혹이 난 곳에는 피와 고름으로 범벅이 됐고 단단하던 혹은 부들부들하고 연하게 다 빠져버렸습니다. 아내와 나는 그 자리에서 하나님께 감사의 기도를 올렸습니다.

사랑하는 성도 여러분

우리가 기도하기 시작하면 성령님도 우리를 도우실 줄로 믿습니다.

오늘 본문에 천사가 베드로에게 급히 일어나라고 하였습니다.

베드로를 보십시오. 내일이면 야고보처럼 사형을 당할 텐데 무사태평하여 잠에 취해 있는 베드로를 천사가 옆구리를 쳐서 깨웠습니다. 그리고 본문 7절에 베드로야 급히 일어나라!(Get up in a hurry!)고 외칩니다. 얼떨결에 일어난 베드로는 천사가 시키는 대로 움직이기 시작했습니다. 그냥 말로만 했던 것이 아니라 베드로 옆구리를 쳤다고 했습니다. 그리고 띠를 띠고 신을 매고 옷을 입으라고 하였습니다. 신앙의 무장, 전장에 나갈 장수가 완전무장을 하라는 것입니다.

사랑하는 성도 여러분

베드로는 절체절명의 상황속에서도 잠에 취해 있었습니다. 지금 신앙의 잠에서 세속의 잠에서 깨어나지 못한 성도가 있습니까? 오늘 본문의 기적처럼 믿음의 띠를 띠고 신앙의 신을 신고 말씀의 옷을 입어 믿음의 잠에서 깨어나시기를 주님의 이름으로 축원합니다.

잠꼬대와 같은 믿음으로 우리 삶에 무슨 기적이 일어나겠습니까? 신앙은 실천이요 행동하는 것이요 결단인 것입니다. 베드로는 즉각 잠에서 깨어나 행동에 옮겼습니다. 천사를 따라 나섰다고 하는 것은 행동하는 신앙을 말합니다. 그러므로 옥중에서 기적이 일어났습니다. 간수도 그냥 바라만 보고 있었고 하나님이 하시는 일을 거스를 수는 없었습니다. 기도하고 행동하는 신앙 앞에는 어떤 사단의 역사도 우리를 방해할 수가 없는 것입니다. 오늘 이 시간 성령님은 저와 여러분을 향하여 잠에서 깨어나라고 명령하십니다. 이시간도 성령님은 여러분의 옆구리를 치고 계십니다. '잠자는 자여 어찜이뇨? 신앙의 잠에서 깨어나 나를 따르라. 나태의 잠에서 깨어나 나를 따르라. 불순종의 잠에서 깨어나 나를 따르라. 교만의 잠에서 깨어나 나를 따르라'하십니다.

세 번째, 기도하는 자에게 쇠문이 열리는 역사가 나타났습니다.

본문 10절에 쇠문이 저절로 열려 교도소 밖으로 나왔다고 하였습니다. 그리고 그제야 천사는 떠나고 베드로가 주께서 하신 일 인줄 깨달았다고 하였습니다.

사랑하는 성도 여러분

성령님을 의지합시다. 베드로는 이것저것 따지지 않았습니다. 묻지도 않았습니다. 나를 왜, 어디로, 무엇 때문에 하고 묻지도 따지지도 않았습니다. 여러분의 인생의 쇠문이 무엇입니까? 여러분의 신앙의 앞길을 막고 있는 쇠문이 무엇입니까? 여러분의 앞길을 막고 있는 철옹성 같은 쇠문이 무엇입니까? 이 시간 성령님을 의지합시다. 부르짖어 기도하여 인생의 쇠문이 열려지기를 주의 이름으로 축원합니다.

네 번째, 순종하니까 쇠문이 열렸습니다.

베드로는 감옥에 붙잡힌 이후로는 자신의 의지로 무엇을 할 수 있다는 생각을 완전히 포기해야만 했습니다. 그러나 마리아의 집에서 기도하는

69

성도들은 기도를 포기하지 않았습니다. 베드로도 목숨이 끊어지는 순간까지 포기하지 않았습니다. 순종하니까 기적이 일어났습니다.

사랑하는 성도 여러분

우리는 말씀 앞에 순종할 준비가 되어 있습니까?

주님은 우리에게 주의 천사를 언제든지 보낼 준비를 하고 계십니다. 전쟁준비를 완료한 장수처럼 하늘에서는 여러분 한 사람 한사람 때문에 24시간 비상대기 상태입니다. 기도가 무엇입니까? 하나님을 부르는 소리입니다. 어느 연속극에 두 사람이 사랑을 하게 되었습니다. 서로 사랑하지만 영원히 함께 할 수 없어 헤어지게 되었습니다. 사랑에 빠진 두 남녀는 수 십리가 떨어진 곳에서 살게 되었습니다. 너무나 그리워 캄캄한 밤에 산에 올라가 사랑하는 여인을 향해 평소에 두 사람이 사랑하면서 불던 휘파람을 불었습니다. 그런데 웬일입니까? 영적으로 휘파람 소리가 들리게 되어 그 휘파람 소리로 사랑의 교제를 나누는 것을 보았습니다.

사랑하는 성도 여러분

사랑은 국경을 초월합니다. 사랑은 아무리 강한 쇠문이라도 열려지게 합니다. 히브리어에 '델피타'라는 단어가 있습니다. 이 말은 '하나님과 키스를 한다'는 것입니다.

이 말은 히브리어 '바다크(Badake)'와도 연결된 말씀입니다. 바다크는 '바싹붙다' '빈틈이 생기지 않다'라는 뜻입니다. 사랑하는 성도여 우리 앞에 가로놓인 쇠문이 무엇입니까? 나와 하나님 사이를 누가 가로 막고 있습니까? 원수마귀에게 하나님과 나 사이에 빈틈을 주지맙시다. 하나님 품에 바싹 붙어서 여러분의 인생의 쇠문이 열려 지시길 예수님 이름으로 축원 드립니다.

1. 오늘 집을 나서기 전 기도했나요
오늘 받을 은총 위해 호소했나요
기도는 우리의 안식 빛으로 인도하니
앞이 캄캄할 때 기도 잊지 마세요

2. 맘에 분노 가득할 때 기도했나요
나의 앞길 막는 친구 용서했나요
기도는 우리의 안식 빛으로 인도하니
앞이 캄캄할 때 기도 잊지 마세요

3. 어려운 시험당할 때 기도했나요
주가 함께 당하시면 능히 이기리
기도는 우리의 안식 빛으로 인도하니
앞이 캄캄할 때 기도 잊지 마세요

4. 나의 일생 다하도록 기도하리라
주께 맡긴 나의 생애 영원하리라
기도는 우리의 안식 빛으로 인도하니
앞이 캄캄할 때 기도 잊지 마세요

"

오직 하나님이 성령으로 이것을 우리에게 보
이셨으니 성령은 모든 것 곧 하나님의 깊은 것
이라도 통달하시느니라

사람의 사정을 사람의 속에 있는 영 외에는
누가 알리요 이와 같이 하나님의 사정도 하나
님의 영 외에는 아무도 알지 못하느니라

우리가 세상의 영을 받지 아니하고 오직 하나
님께로 온 영을 받았으니 이는 우리로 하여금
하나님께서 우리에게 은혜로 주신 것들을 알
게 하려 하심이라

(고전 2:10-12)

"

Holy Spirit

너 성령의 사람아

너 성령의 사람아

네가 어찌하여 여기 있느냐

네 손을 내밀라

변해야 기적이 일어난다

새벽을 깨우자

너! 성령의
사람아

(시편 139:1-10)

여호와여 주께서 나를 감찰하시고 아셨나이다
주께서 나의 앉고 일어섬을 아시며 멀리서도 나의 생각을 통촉하시오며
나의 길과 눕는 것을 감찰하시며 나의 모든 행위를 익히 아시오니
여호와여 내 혀의 말을 알지 못하시는 것이 하나도 없으시니이다
주께서 나의 전후를 두르시며 내게 안수하셨나이다
이 지식이 내게 너무 기이하니 높아서 내가 능히 미치지 못하나이다
내가 주의 신을 떠나 어디로 가며 주의 앞에서 어디로 피하리이까
내가 하늘에 올라갈찌라도 거기 계시며 음부에
내 자리를 펼찌라도 거기 계시니이다
내가 새벽 날개를 치며 바다 끝에 가서 거할찌라도
곧 거기서도 주의 손이 나를 인도하시며 주의 오른손이 나를 붙드시리이다

더위가 기승을 부리고 있습니다. 앞으로도 2, 3주가 지나야 더위가 가실 것 같습니다. 그때까지 건강에 유의하시길 기도해야 되겠습니다. 오늘은 '너! 성령의 사람아'란 제목으로 말씀을 증거 하려고 합니다. 성령님이 우리 모두의 생각과 마음을 주장하여 주시길 예수님 이름으로 축원 드립니다.

첫 번째, 성령 하나님은 나를 아십니다.

본문을 통해 성부, 성자, 성령 하나님의 삼위가 되시는 성령 하나님이 나를 아신다는 뜻을 깊이 이해하기 위해서는 창세기 1장에서 삼위의 하나님이 되시는 성령님의 역사가 인류 구속사에 어떻게 전개 되는가를 알아야 성경 66권의 전체를 이해할 수가 있는 것입니다.

창세기 1장에 '하나님이 천지를 창조 하시느니라.' 이 말씀의 히브리어는 '베레시트 바라 엘로힘 엣트 하샤마임 베에트 하이레츠'입니다. 그리고 연이여 2절에 '하나님의 신은 수면에 운행하시니라'고 말씀합니다. 여기서 '하나님의 신'이라는 히브리어 '루아흐 엘로힘'과 '운행하시더라'는 '메라헤페트'의 두 단어로 1절과 2절의 천지 창조에 있어서 천지 창조는 '루아흐 엘로힘' 즉 '하나님의 신이 창조 하셨다'는 말씀은 구약성경의 중요한 부분에 약 387회가 사용되고 있습니다.

본문 1절에 '여호와여 주께서 나를 감찰하시고 아셨나이다'라고 시작한 본문 10절까지가 모두 '여호와여 당신은 나를 아시나이다'라고 고백하는 것입니다. 여기서도 다윗은 '여호와여 주께서'라는 히브리어는 '루아흐 엘로힘'이라고 부르시고 계십니다. '감찰한다'는 말은 역대상 28장9절에 나오는데 다윗이 죽기 전 아들 솔로몬에게 유언을 합니다. '내 아들 솔로몬아 너는 네 아비의 하나님을 알고 온전한 마음과 기쁜 뜻으로 섬길찌어다 여호와께서는 뭇 마음을 감찰하사 모든 사상을 아시나니' 너도 하나님을 알라고 말합니다.

그리고 '네가 저를 찾으면 만날 것이요 버리면 저가 너를 영원히 버리시리라'는 경고를 하고 있습니다. 여기서도 마찬가지로 다윗은 여호와 하나님을

'루아흐 엘로힘'이라는 여호와의 신이신 삼위의 하나님을 사용하고 계십니다.

솔로몬은 다윗의 육신의 아들일 뿐만 아니라 다윗의 신앙의 유전자입니다. 그러기에 솔로몬을 향해 네 아비의 하나님이 네 아비 다윗에게 어떻게 축복하셨으며 네 아비 다윗이 어떻게 하나님을 섬겼는가를 네가 보아왔으니 너도 그대로 온전한 마음과 기쁨으로 하나님을 섬기라는 것입니다. 그리하면 네가 힘들고 괴로울 때 너를 만나주신다는 것입니다. 할렐루야!

그러나 아버지 다윗이 섬긴 하나님을 네가 온전히 섬기지 못하면 하나님은 너를 영영히 떠나신다는 것입니다. 다시 말하면 버린다는 뜻입니다. 다윗은 본문 1절 후반부에 **'주께서 나를 감찰하시고 아셨나이다'**라고 고백합니다. 다윗의 이 고백은 수많은 사람들 중에서 나를 발견하셨다는 뜻입니다. 그리고 나를 발견한 하나님은 내 아들인 너도 내 믿음을 계승할 자로 선택하였다는 것입니다.

예수님께서도 요단강에서 세례를 받으신 후 성령의 충만함을 입고 40일 동안 성령에게 이끌리시며 마귀에게 시험을 받으시고 승리 하셨다고 누가복음 4장1절에 기록하고 있으며 광야에서 40일 금식 하실 때도 성령에 이끌리어 가셨다고 마가복음 1장12절에 말씀하고 있거니와 마가복음 1장16절에 예수님께서 갈릴리 바닷가로 거니시다가 시몬과 안드레가 바다에 그물 던지시는 것을 보시고 나아가 세베대의 아들 야고보와 그 형제 요한을 보시고 "너희는 나를 따라 오너라 내가 너희로 사람 낚는 어부가 되게 하리라"하시니 그 즉시로 그물을 버려두고 예수님을 따라 제자의 길을 갔습니다. 이때도 성령 충만하시어 제자들을 부르셨습니다. 만일 갈릴리 바닷가에서 고기 잡는 제자들이 예수님께 발견하지 못하였다면 아마도 열 두 제자들은 평생 고기잡이 어부로 일생을 마쳤을 것입니다. 그러나 예수님께 발견되어지므로 역사의 위대한 발자취를 남기게 되었고 다윗이 여호와께 발견되어지고 그 아들 솔로몬이 여호와 하나님께 발견되어진 것처럼 이 시간 예배드리는 저와 여러분도 성령님께 발견 되어 지시길 축원 드립니다,

여호와 하나님은 수많은 사람들을 이 시간도 사용하시기 위해 부르시고 계신다는 것입니다. 여호와 하나님은 이 시간도 졸지도 아니하시고 주무시지도 아니하시며 우리의 모든 행위를 아시고 하나님의 최고의 전사로 스카우트하시기 위해 우리의 전후를 살피시고 계신다는 것입니다. 그리고 하나님은 수많은 사람 중에서 누구와 함께 일하실 것인가를 알고 계신다는 것입니다. 그리고 선택하십니다. "너야! 나와 함께 세상을 바꿀 사람은 바로 너야. 일어나 함께 가자."고 하십니다.

사랑하는 성도 여러분

천지창조의 절대권자인 여호와 하나님의 절대적 선택적 권한에 해당된다는 것입니다. 그러므로 여러분은 하나님의 부르심에 순종하고 오늘 거룩한 성전에 나오셨으니 하나님께서 "바로 너야!"하고 인치시는 선택

의 언약을 받고 성전 문을 나서는 저와 여러분이 되 시길 축원 드립니다.

두 번째, 성령 하나님은 내 이름을 알고 계신다는 것입니다

창세기 17장에서 하나님은 아브람에게 나타나십니다. 창세기 17장2절에 **'내가 내 언약을 나와 너 사이에 세워 너로 심히 번성케 하리라.'** 5절에 **'이제 후로는 네 이름을 아브람이라 하지 아니하고 아브라함이라 하리니 이는 내가 너로 열국의 아비가 되게 함이니라.'** 7절에 **'내가 내 언약을 나와 너와 네 대대 후손의 사이에 세워서 영원한 언약을 삼고 너와 네 후손의 하나님이 되리라.'** 9절에 **'그런즉 너는 내 언약을 지키고 네 후손도 대대로 지키라'**고 이름까지 개명하여 주셨습니다. 아브라함의 인생의 결정적 계기가 왔을 때 여호와 하나님은 나타나셔서 이름을 바꾸셨습니다.

아브라함의 그때 나이가 99세였는데 자식이 없어 더 이상 희망이 끊어졌을 때 창세기 17장15절에서는 아브라함의 아내 사래에게도 개명을 하여 사라로 바꿔주셨습니다. 하나님은 부부의 이름까지 바꿔가면서 아브라함 부부를 연단시키시고 언약을 세우셨습니다. 그리고 19절에 아브라함에게 가장 필요로 한 자식도 낳게 하리니 그 이름을 이삭이라 하라고 하셨습니다.

사랑하는 성도 여러분

이것이 하나님과 아브라함의 가문에 대대로 세운 영원한 약속의 언약이 되었습니다. 그리고 양피를 베어 할례를 베푸시고 언약의 표징을 삼았습니다. 그 후 아브라함이 어떻게 축복을 받았습니까? 아브라함은 하나님과의 약속을 신실하게 지켰고 믿음의 조상 축복의 조상이 되었습니다.

사랑하는 성도여

이 시간 하나님이 한 사람을 역사의 무대에 세우시기 위한 주도면밀한 계획을 생각해 봅니다. 하나님은 한번 선택하신 일에 대하여 민수기 23장 19절에서 **'인생이 아니시니 식언치 않으시고 인자가 아니시니 후회가 없으시도다 어찌 그 말씀하신 바를 행치 않으시며 하신 말씀을 실행치 않으시랴'**고 말씀 하셨습니다. 그렇습니다. 하나님은 구속사적 믿음의 후손을 만들기 위한 하나님의 위대하신 창조적 계획은 창세기 18장14절에서 분명히 나타나 말씀 하십니다. **'여호와께 능치 못한 일이 있겠느냐 기한이 이를 때에 내가 네게로 돌아오리니 사라에게 아들이 있으리라'**고 말씀 하신 후 기한이 되어 아들을 낳으니 이름을 여호와의 말씀대로 '이삭'이라 하였습니다.

사랑하는 성도 여러분

오늘 본문은 이렇게 말씀합니다. **'주께서 나의 앉고 일어섬을 아시며 멀리서도 나의 생각을 통촉하시오며 나의 길과 눕는 것을 감찰하시며 나의 모든 행위를 익히 아시오니 여호와여 내 혀의 말을 알지 못하시는 것이 하나도 없으시니이다'**라고 고백 합니다. 또한 창세기 35장10절에 **'네 이름이 야곱이다마는 네**

이름을 다시는 야곱이라 부르지 않겠고 이스라엘이 네 이름이 되리라' 하시면서 이름까지도 바꾸신 여호와 하나님은 이 시간 예배드리는 우리 모두의 이름도 알고 눕는 것과 자는 것과 7절에 보면 **'내가 주의 신을 떠나 어디로 가며 주의 앞에서 어디로 피하리이까 내가 하늘에 올라갈찌라도 거기 계시며 음부에 내 자리를 펼찌라도 거기 계시니이다'**라고 고백하는 이 글은 이스라엘의 최고의 왕이었던 다윗이 평생 하나님을 믿어온 삶의 전부요 신앙고백 이었습니다.

이스라엘의 박물관에 가면 블레셋의 명장이었던 골리앗을 물리친 긴 칼이 전시되어 있습니다. 세워 논 칼이 제 키보다 훨씬 컸습니다. 사무엘상 17장4절 이하에는 당시 골리앗의 신상을 구체적으로 기록하고 있는데 신장이 무려 6규빗하고 한 뼘이라고 하였는데 요즘 길이로 계산해 보니 약 2.902m였습니다. 그리고 골리앗이 입은 놋 투구와 갑옷의 무게가 놋 5000세겔이었다고 기록하였는데 이것 역시 지금 환산해 보면 약 57kg 이었고 칼의 무게가 철 600백 세겔이라고 하니 약7kg이 됩니다. 그러면 합치면 약 62kg가 나가는 무거운 갑옷과 칼을 가지고 2m92cm의 거구와 광야에서 양을 치던 16세의 어린 소년 목동 다윗이 골리앗과 싸우러 나가면서 외친 소리는 후세대에 영원한 금자탑과 같은 명언이요, 하나님이 최고로 기뻐하시는 말이었습니다.

블레셋 대장 골리앗이 이스라엘을 쳐들어 왔습니다. 칼과 창으로 쳐들어오는 골리앗에게 다윗은 손에 막대기 하나를 가지고 시내에서 매끄러운 물맷돌 다섯 개를 골라 주머니에 넣고 손에는 물매를 가지고 골리앗을 치러 나갑니다. 이때 골리앗은 다윗을 향해 네가 나를 개로 여기고 막대기를 가지고 내게 나왔느냐하고 모독합니다. 소년 다윗은 골리앗을 향해 사무엘상 17장45절 이하에 **'너는 칼과 창과 단창으로 내게 오거니와 나는 만군의 여호와의 이름 곧 네가 모욕하는 이스라엘 군대의 하나님의 이름으로 네게 가노라 여호와의 구원하심이 칼과 창에 있지 아니함을 이 무리로 알게 하리라 전쟁은 여호와께 속한 것인즉 그가 너희를 우리 손에 붙이시리라.'** 하나님의 군대를 모독하고 치러 나온 골리앗이지만 만군의 여호와 하나님의 이름으로 나간 다윗은 물맷돌 하나로 골리앗의 이마를 때려 눕혔습니다.

사랑하는 성도 여러분

다윗은 고백합니다. 여호와의 신 즉 성령님은 우리 모든 것을 통찰하고 계시니 도저히 도망할 수도 없고 숨을 수도 없으며 하늘도 땅 속에도 그 어디든 성령님을 피할 수가 없다는 것을 고백하고 있는 것입니다. 본문 9절에 다윗은 고백합니다. **'내가 새벽 날개를 치며 바다 끝에 가서 거할찌라도 곧 거기서도 주의 손이 나를 인도하시며 주의 오른손이 나를 붙드시리이다'**는 것입니다. 혹 내가 인생에 흑암에 있고 죽음에 거한다고 할지라도 내 오장육부를 지으신 여호와 하나님은 나에게 빛을 주실 거라는 것이 다윗의 간증입니다. 그러기에 그는 아들 솔로몬에게 내 아들 솔로몬아! 이 아비가 믿어온 내 하나님만을 절대 섬기라는 것입니다. 한 눈 팔지 말고 온전한 마음으로 섬겨야 네가 하나님의 도우심이 필요로 할 때 하나님은 즉시 너를 도울 것이라는 것입니다. 내가 하나님의 이름을 알고 있듯이 하나님이 너에 이름을 알고 계셔야 된다는 것입니다.

사랑하는 성도 여러분

하나님은 우리의 이름을 알고 계십니다. 그리고 부르십니다. 홍 목사야. 때로는 내종 또는 내 아들 홍 목사야. 지금 어디 있느냐? 하고 부르십니다. 이사야 6장8절에도 여호와 하나님은 **'내가 누구를 보내며 누가 우리를 위하여 갈꼬 그 때에 내가 가로되 내가 여기 있나이다 나를 보내소서'**라고 이사야가 여호와 하나님께 말씀합니다. 하나님은 이때 **'가라 너는 가서 눈으로 보고 귀로 듣고 마음으로 깨닫게 하라'**는 것입니다. 이사야 43절1절에 **'너는 두려워 말라 내가 너를 구속하였고 내가 너를 지명하여 불렀나니 너는 내 것이라.'**

사도행전 9장5절 이하에 보면 살기등등한 사울은 다메섹에 사는 제자들을 핍박하러 가는 도중 이미 십자가에 못 박혀 죽으시고 하늘로 승천하신 예수 그리스도의 음성이 들려온 것입니다. 이것은 영으로 밖에는 들을 수 없는 삼위의 하나님이 현현이 나타나신 것입니다. 9장3절에 '홀연히 하늘로서 빛이 저를 둘러 비추는지라 땅에 엎드려 들으매 소리 있어 가라사대 사울아 사울아 네가 어찌하여 나를 핍박하느냐 하시거늘 대답하되 주여 뉘시오니이까 가라사대 **'나는 네가 핍박하는 예수라.'** 이 음성 한마디에 태양보다 더 강한 빛에 쓰러진 사울이 바울로 변하는 순간입니다

사랑하는 성도 여러분

예수를 핍박하던 사울이 주의 음성을 듣고 바울로 변한 순간처럼 여러분은 언제 주님의 음성을 들었습니까? 성도 여러분 중에는 몹쓸 병에 걸려 고난이 찾아 왔을 때 주님의 음성을 들으신 분도 계시고 또 사업에 실패하고 절망과 좌절에 빠졌을 때 하나님을 만난 분도 계십니다. 지금은 주님을 만나기 전과 주님을 만난 후의 여러분의 삶과 생각은 어떻게 변하였습니까? 이사야도 야곱도 아브라함도 다윗도 베드로도 사울도 변하여 새 사람이 된 것처럼 오늘 여러분의 삶은 얼마나 변하였습니까? 이와 같이 하나님은 당신이 필요로 한 사람들의 이름을 직접 부르셨던 것처럼 오늘 이 시간도 말씀을 듣는 여러분을 향하여 주님이 필요로 하는 사람을 일일이 성령님을 통하여 부르시고 계신다는 것입니다

사랑하는 성도 여러분

우리는 모두가 이름이 있습니다. 나를 부르시는 성령님의 소리를 들으셔야만 세상을 이기고 죄악을 이기게 될 줄로 믿습니다.

우리 한번 소리 높여 외쳐봅시다.
목자 : 내가 누구를 보내며 누가 나를 위하여 갈꼬.
성도 : 여호와여! 0.0.0 여기 있습니다. 나를 보내소서.

요한복음 4장23절에 **'하나님은 영이시니 예배하는 자가 신령과 진정으로 예배할찌니라'**고 말씀합니다. 우리 하나님은 지금 내가 처한 처지를 독수리 눈동자처럼 알고 계신다는 것입니다. 물 가운데서 허우적거리는 나

를 알고 계시며 강물 속에 빠져 침몰 위기에 있는 나를 알고 계시며 인생의 불을 만나 지옥 같은 삶을 살고 있는 나를 알고 계시며 활활 타오르는 불꽃을 피하지 못하고 잿더미에 신음하고 있는 나를 알고 계시며 한주먹 감도 안 되는 좁쌀만 한 일로 시험에 빠져있는 나를 아시고 계십니다. 그러기에 우리는 성령님과 깊숙한 교제가 이루어져야 합니다. 그렇다면 우리는 성령님과 어떻게 깊은 교제를 할까요?

세 번째, 성령님을 깊은 애정으로 사랑하라는 것입니다.

성령님은 나의 모든 것을 아십니다. 본문 2절에 **'주께서 나의 앉고 일어섬을 아시며 멀리서도 나의 생각을 통촉하시오며'**고 하셨습니다. '멀리서도'라는 말은 끝없는 사랑으로 나를 끝까지 살피시고 계시면서 나를 이해하고 계신다는 것입니다. 성령님은 내 이름을 알고 계십니다. 그러기에 나를 끝까지 변호하고 계시는 성령님이십니다. 그러므로 성령님은 나의 영원한 변호사이심을 믿으시기 바랍니다.

 자식이 아무리 죄를 많이 짓고 실수를 한다고 해도 부모는 끝까지 자식을 변호하는 분인 것처럼 우리가 믿는 하나님은 끝까지 우리를 위해 변호사가 되어 주신다는 것입니다. 그러므로 우리가 해야 할 최선의 길은 끝까지 성령님을 의지하고 신뢰하며 사랑하라는 것입니다. 성령님은 우리에게 검사 같은 분 재판장 같은 분이 아니라 나를 위해 존재하시는 영원한 변론자란 사실입니다.

제가 어렸을 때 신체가 허약하고 병약한 약골이었습니다. 나보다 큰 아이들에게 맞고 오면 형들은 "어느 놈이 우리 막내를 때렸어? 가자. 내가 혼내줄게." 저는 의기양양 했습니다. 그리고 내 어머니는 "내 아들아 넌 이길 수 있어. 넌 공부도 일등하고 싸움도 잘하고 힘도 세고 무엇이든지 넌 일등 할 수 있어. 하나님이 너를 지키고 계시기 때문이야!"라고 하신 어머니의 사랑과 격려의 한 마디는 나로 하여금 매사에 자신감을 얻게 해 주었습니다.

폐결핵에 걸려 각혈로 쓰러지기 직전에도 "나는 안 죽어. 난 살 수 있어."라고 다짐했습니다. 결혼한 지 얼마 안 되어 천호동에 살 때였습니다. 아침에 일어나 각혈을 하고 쓰러졌습니다. 이 모습을 본 젊은 아내는 나를 등에 업고 병원으로 갔습니다. 그때 젊은 아내는 나를 등에 업었는데 거의 뛰다시피 하면서 병원으로 갔습니다. 그때 이야기를 아내와 같이 할 때가 있는데 그때 무슨 힘으로 나를 업고 뛰었느냐고 물어보면 자기도 모른다는 겁니다. 어디서 힘이 솟아났는지 살려야겠다는 생각밖에 없었다는 것입니다. 지금 생각해도 알 수가 없다는 거예요. 생각해 보면 저는 아내에게 영원한 사랑의 빚을 진 자입니다. 고질 된 폐병은 낫지 않고 고강동에 개척 하였을 때까지 고통을 당했습니다. 좌절하려고 할 때마다 성령님이 도와주실 거야. 좋으신 성령님은 내게 찾아와 주시고 내게 힘을 주셨습니다. 어머님이 하늘나라로 가신지 45년이 되었지만 생전에 하신 어머님의 음성은 다윗이 아들 솔로몬에게 남긴 믿음의 유산이었고 바로 병들고 쇠약한 나에게 남긴 어머님에 영원하고도 강력한 성령님 음성이었고 믿음의 유산이 되었습니다.

성령님은 어느새 제 목회의 동반자가 되셨고 더 나아가 보호자이시며 변호사이시고 저의 영원한 애인이 되셨습니다. 제가 각혈을 하고 몹시도 심신이 피곤할 때였습니다. 어느 자매가 찾아 왔습니다. 물론 그 자매는 제가 폐결핵을 앓고 있는 것을 알 리가 없었습니다. 사연인즉 그 자매가 폐결핵에 걸려 얼굴이 파리하고 각혈까지 하고 있다는 것이었습니다. 저는 내 자신을 순간 잊어버리고 그 자매를 위에 기도하기 시작하였습니다. 기도를 하고 안수를 하던 어느 날 깨끗이 치료가 되었다는 소식이 들려 왔습니다. 지금은 건강하여 30년을 하루같이 열심히 교회 봉사하고 장로님의 아내로서 사명 감당을 잘하고 있습니다.

사랑하는 성도여러분

저는 혼자서도 조용한 시간이 오면 중얼거립니다. "성령님, 사랑합니다. 영원히 사랑합니다. 사람을 만날 때도 문제가 즉시 해결되게 성령님이 해결해 주옵소서." 환자를 병문안하고 심방을 할 때도 "성령님이 직접 환자의 환부에 손을 얹고 단 한 번의 기도로 치료의 광선이 나타나게 하옵소서." 설교를 준비 할 때도 "성령님 제 곁에서 떠나지 마시고 직접 말씀해 주세요."하고 깊은 영적 교제를 합니다.

사랑하는 성도 여러분

이제 말씀을 마칠까 합니다. 여러분은 일생동안 얼마나 성령 하나님과 사랑의 교제를 나누었습니까? 성전에서는 몇 번이나 성령님을 만났습니까? 여러분의 생애의 캄캄하고 어두운 인생에 갈림길에서 과연 얼마나 주님을 의지하였느냐고 묻고 계십니다. 정말로 인생의 살 소망이 끊어지려고 한 적이 있었습니까? 그때 여러분은 얼마만큼 성령님께 의지하였습니까? 난데없이 인생의 원치 않는 폭풍이 찾아와 상상 할 수없는 역경과 고난의 시련이 찾아 왔을 때 여러분이 하신 행동은 무엇이었습니까? 그때 여러분은 세상 줄에 매달렸습니까? 아니면 주님을 얼마나 의지하고 성령님께 매달렸습니까? 수년 동안 하나님을 믿었고 아니한 평생을 하나님을 믿으셨기에 여러분의 이름을 성령님이 기억 하신다고 확신 하십니까? 주님은 이 시간 "바로 너야 내가 필요로 하는 자가 너야"하고 부르십니다. 이 말씀에 응답하실 자신이 있느냐는 것입니다. 왜 우리 믿음이 식어지고 형식적이 돼가고 있습니까? 어느 성도가 주일을 빠지고 해외 놀러 갔습니다. 그러면 안 된다고 사랑으로 권면 했습니다. 이제는 뻔뻔스러워졌습니다. 권면이 아니라 책망을 해도 들을 것 같지 않습니다. 왜 그럴까요? 그 자매의 믿음도 사명도 그렇게 뜨거웠던 사랑도 식어져 버렸습니다. 그러나 성령님은 첫사랑으로 돌아오라고 기다리고 계십니다. 사랑하는 성도여 이 시간 다시 한 번 불러 봅시다. "성령님 사랑합니다. 성령님 제 이름을 기억하고 계심을 감사합니다."라고 고백합시다.

누가 우리에게 질병을 주었습니까?
누가 우리에게 고통과 좌절을 주었습니까?
누가 우리에게 실패를 주었습니까?
이 모두는 원수 마귀 사단이 준 것입니다.

사랑하는 성도 여러분 큰소리로 외치십시다.

사단에게 이길 힘을 주신 이가 누구입니까? 예수그리스도

우리에게 질병을 이길 힘을 주신 이가 누구십니까? 예수그리스도

우리에게 영원한 생명을 주신 이가 누구십니까? 예수그리스도

우리에게 세상을 이길 힘과 능력을 주신 이가 누구십니까?

예수그리스도 할렐루야!

성령님은 고린도전서 12장3절과 로마서 15장13절에서 기쁨과 평안과 능력과 권능과 미래에 희망을 주신다고 약속하시고 우리의 기도를 도와주시며 우리 모두에게 갖가지 은사를 주시고 세상을 이길 힘과 능력과 협력하여 선을 이루신다고 로마서 8장26절에 말씀하시고 고린도전서 12장8절에는 우리 모두에게 은사를 주시며 요한복음 16장33절에서는 세상을 이길 힘을 주신다고 말씀하십니다. 아직 늦지 않았습니다. 우리가 성령 충만 받아 잃어버린 사명과 믿음이 회복되어 2019년도에도 성령님 모시고 평강을 누리시길 예수님 이름으로 축원 드립니다.

네가 어찌하여 여기 있느냐?

(열왕기상 19:1-8)

아합이 엘리야의 무릇 행한 일과 그가 어떻게 모든 선지자를
칼로 죽인 것을 이세벨에게 고하니
이세벨이 사자를 엘리야에게 보내어 이르되 내가 내일 이맘때에는
정녕 네 생명으로 저 사람들 중 한 사람의 생명 같게 하리라 아니하면
신들이 내게 벌 위에 벌을 내림이 마땅하니라 한지라
저가 이 형편을 보고 일어나 그 생명을 위하여 도망하여 유다에
속한 브엘세바에 이르러 자기의 사환을 그곳에 머물게 하고
스스로 광야로 들어가 하룻길쯤 행하고 한 로뎀나무 아래 앉아서
죽기를 구하여 가로되 여호와여 넉넉하오니 지금 내 생명을 취하옵소서
나는 내 열조보다 낫지 못하니이다 하고
로뎀나무 아래 누워 자더니 천사가 어루만지며 이르되 일어나서 먹으라 하는지라
본즉 머리맡에 숯불에 구운 떡과 한 병 물이 있더라
이에 먹고 마시고 다시 누웠더니
여호와의 사자가 또 다시 와서 어루만지며 이르되 일어나서 먹으라
네가 길을 이기지 못할까 하노라 하는지라
이에 일어나 먹고 마시고 그 식물의 힘을 의지하여
사십주 사십야를 행하여 하나님의 산 호렙에 이르니라

네가 어찌하여 여기 있느냐?라는 제목으로 말씀을 증거하고
자 합니다. 성령께서 말씀을 듣는 저와 여러분 마음을 감동시키는 축복
의 시간 되시길 예수님 이름으로 축원 드립니다.

엘리야는 모세와 더불어 구약 39권 중에서 가장 대표적인 선지자입니다. 본문을 이해하기 위하여 앞장인 열왕기상 18장20절~40절의 갈멜산에서 일어난 여호와 신앙의 대승리를 먼저 이해함으로 로뎀나무 그늘 아래에서 잠자고 있는 본문의 주인공 엘리야를 이야기 하려고 합니다. 여기서 엘리야가 보여준 여호와의 신앙은 후세대에 오는 모든 선지자나 이스라엘 백성과 신앙의 사람이나 불신앙의 사람이나 하나님의 위대한 역사는 사람을 통하여 이루어진다는 놀라운 진리를 말해주고 있습니다. 원래 이스라엘은 다윗왕을 중심으로 통일왕국을 건설하고 솔로몬 왕이 아버지 다윗의 대를 이어 통일 이스라엘의 왕위을 계승하여 40년 간 통치를 하였습니다. 그리고 이제 3대에 솔로몬의 아들 르호보암의 왕위계승을 위하여 이스라엘의 만조백관이 세겜으로 르호보암을 찾아갑니다. 르호보암을 향해 왕이 만일 오늘날 이 백성의 종이 되어 저희를 섬기고 좋은 말로 대답하여 이르시면 저희가 영원히 왕의 종이 되리이다 하니 르호보암은 열왕기상 12장14절에 **'내 부친은 너희의 멍에를 무겁게 하였으나 나는 너희의 멍에를 더욱 무겁게 할찌라 내 부친은 채찍으로 너희를 징치하였으나 나는 전갈로 너희를 징치하리라'**하였습니다. 그럼에도 이렇게 포학한 말을 하는 르호보암을 이스라엘의 왕으로 삼았습니다. 르호보암은 할아버지 다윗왕과 아버지 솔로몬 왕의 치적을 이어서 선정을 베풀어야 마땅함에도 불구하고 모든 백성을 괴롭히니(왕상 12:1-19) 백성의 민심은 르호보암을 떠나갔고 이스라엘은 남유다와 북이스라엘로 나누워져 남유다는 르호보암을 왕으로 삼고 북 이라엘은 여로보암을 왕위로 삼아 히브리민족을 남과 북으로 갈라놓은 계기가 되었고 이스라엘은 하루가 멀다 하고 전쟁으로 세월을 보내게 됩니다.

오랜 세월이 지나 북이스라엘의 7대 왕인 아합은 하나님을 대적하고 이스라엘 백성들에게 폭정을 하여 북이스라엘 역사상 가장 악한 왕이 되었습니다. 그는 시돈의 왕의 딸인 이세벨을 데려다 왕비를 삼아 이스라엘 전역에 우상숭배를 강요하고 결국 백성들이 여호와의 신앙을 버리고 우상인 바알과 아세라 신을 섬기게 됩니다. 이때 당대에 가장 훌륭한 선지자였던 엘리야가 우상타파를 위해 하나님을 대적하는 아합과 맞서 싸우게 됩니다. 열왕기상 17장1에 보면 엘리야가 아합에게 찾아가 하는 말이 **'나의 섬기는 이스라엘 하나님 여호와의 사심을 가리켜 맹세하노니 내 말이 없으면 수년 동안 우로가 있지 아니하리라 하니라.'** 선언합니다.

엘리야의 예언은 적중하여 3년 6개월 동안 이스라엘 전역에 한 방울의 비가 내리지 않게 됩니다. 아합에게 폭탄같은 예언을 한 엘리야는 자신을 잡으려고 하자 아합의 눈을 피해 요단 동편 그릿 시냇가에 숨어 지내면서 여호와의 말씀을 묵상하고 있었습니다. 이때 3년이 지나 이스라엘 전역의 모든 곡식은 메말라 버리고 논밭은 금이 가고 소와 양떼들은 물이 없어 죽어가고 사람까지도 물 때문에 죽어가는 형편에 놓이게 됩니다. 이때 아합은 엘리야를 죽이려 하지만 엘리야는 성령의 도우심으로 아합을 피해 그린 시냇가로 피신을 하게 되고 하나님은 까마귀를 통해 아침저녁으로 엘리야에게 떡과 고기를 보내주어 역사 이래 가장 극심한 가뭄 속에서 백성들이 죽어가지만 엘리야는 하나님의 은혜를 체험합니다.

열왕기상 18장1에 3년 6개월 동안의 기간이 끝나고 성령이 엘리야에게 임합니다. 열왕기상 18장17절에 보면 아합이 엘리야를 만나자 마자 '이스라엘을 괴롭게 하는 자여 네냐.' 하고 엘리야를 곧 죽일 듯이 달려드는 아합을 향하여 '내가 이스라엘을 괴롭게 한 것이 아니라 당신과 당신의 아비의 집이 괴롭게 하였으니 이는 여호와의 명령을 버렸고 당신이 바알들을 좇았음이라 그런즉 보내어 온 이스라엘과 이세벨의 상에서 먹는 바알의 선지자 사백 오십인과 아세라의 선지자 사백인을 갈멜산으로 모아 내게로 나오게 하소서.' 당신이 믿는 바알이 참 신인지 내가 믿는 하나님이 참 신 인지를 확실하게 밝혀서 이스라엘 백성으로 하여금 올바른 신앙을 갖게 하자는 것이었습니다. 이 때 아합은 바알선지자 450명과 아세라 선지자 400명, 합 850명을 갈멜산으로 보내고 그들의 규례를 따라 온몸에 피가 흐르기까지 칼과 창으로 그들의 몸을 상하게 하면서 그들의 신을 부릅니다.

정오가 지나고 저녁이 되도 비는 내리지 않고 지쳐 있을 때 엘리야는 구경하던 모든 백성에게 소리쳐 외칩니다. 다 내게로 오라 언제까지 너희가 바알과 하나님 둘 사이에서 머뭇거리겠느냐? 여호와가 만일 하나님이면 그를 따르고 바알이 만일 하나님이면 그를 따를 지니라. 백성을 향해 외칩니다. 내가 여호와의 이름을 부르니 이때 불로 응답하면 하나님이 참 하나님이 될 것이라. 이때 모든 백성이 그 말이 옳소이다 하고 외칩니다. 바알의 선지자와 아세라 선지자가 정오가 다 되도록 자신들의 신을 불러도 응답이 없자 이제 엘리야가 기도를 할 차례가 되었습니다.

열왕기상 18장30절에 엘리야가 하는 첫번째 일은 무너진 여호와의 단을 수축하는 것이었습니다. 그리고 37절에 여호와의 이름을 부르고 기도하니 44절에 큰 장대비가 내리기 시작합니다. 45절에 여호와의 능력이 엘리야에게 임하였더라고 하였습니다. 그리고 오늘 본문 19장 1절에 보면 엘리야가 바알과 아세라 선지자를 기손 시내로 데려다가 모조리 죽인 것을 이세벨에게 고하니 이세벨이 전국에 사람을 풀어 엘리야를 죽이려합니다. 열왕기상 19장 4절에 보면 이때 엘리야는 생명의 위협을 느끼고 브엘세바에 이르러 광야로 들어가 로뎀나무 그늘 아래 앉아서 죽기를 각오하며 이렇게 기도합니다. **'여호와여 넉넉하오니 지금 내 생명을 취하옵소서'**하고 기도하였습니다.

사랑하는 성도 여러분

엘리야는 자신의 일을 하다가 어려움을 당한 것이 아니라 하나님의 대변자요 선지자의 일을 하다가 생명의 위험을 느끼고 있는 것입니다. 이세벨에게 쫓기는 신세가 되어 브엘세바로 도망하여 하룻길 쯤 더 깊은 광야로 도망하고(열상 19:3-4) 더 이상 도망할 수 없어 한 로뎀나무 아래 앉아서 죽기를 각오하고 **'여호와여 넉넉하오니 지금 내 생명을 취하옵소서 나는 내 열조보다 낫지 못하니이다.'**

공포와 두려움에 젖은 엘리야는 차라리 죽음으로 공포와 불안, 절망과 고난을 잊어버리고자 깊은 잠에 빠졌습니다.

놀라운 현실은 천사가 꿈에 나타난 것입니다. 열왕기상 19장 5-21절에

95

엘리야의 행적이 잘 나타나 있습니다. 절망에 빠져 죽음을 기다리는 엘리야에게 5절에 천사가 깊이 잠든 엘리야를 깨웁니다. **'어루만지며 이르되 일어나서 먹으라'**하는 것이었습니다. 6절에 엘리야가 일어나 본즉 머리맡에 숯불에 구운 떡과 한 병 물이 엘리야의 곁에 있는 것을 발견하고 먹고 마시고 다시 누웠더니 7절에 하늘의 천사가 엘리야를 어루만지시며 **'일어나 먹으라 네가 길을 이기지 못할까 하노라 하는지라'** 하시면서 힘을 주십니다. 본문 19장 8절에 **'이에 일어나 먹고 마시고 그 식물의 힘을 의지하여 사십주 사십야를 행하여 하나님의 산 호렙에 이르니라.'** 하였습니다. 여기서 힘을 의지 하였다고 하는 'ko wa ch(코와취)'라고 하는 말은 히브리어 원어로 '생기, 힘, 능력'을 의미합니다. 창세기 1장1절, 여호와의 신을 가리켜 '루아흐'라고 기록하고 있는데 생기와 힘, 능력을 말합니다.

엘리야는 무슨 일을 해야 할지 절망에 빠져 다음 일을 생각할 수가 없이 잠에 취해 있을 때 여호와의 힘 즉 여호와의 생기를 불어넣어 엘리야가 해야 할 다음 단계 일을 계획하고 계셨던 것입니다. 40일 낮과 밤을 가야하는 엘리야를 위해 여호와 하나님은 능력을 불어넣어 주시니 그 힘을 받아 여호와의 힘에 의지하여 하나님의 산 호렙에 이르렀습니다. 그리고 그곳 굴에 들어가 유하고 있을 때 9절에 여호와의 말씀이 엘리야에게 임하여 이르시되 **'엘리야야 네가 어찌하여 여기 있느냐'** 이때 엘리야의 대답이 **'내가 만군의 하나님 여호와를 위하여 열심이 특심하오니 이는 이스라엘 자손이 주의 언약을 버리고 주의 단을 헐며 칼로 주의 선지자들을 죽였음이오며 오직 나만 남았거늘 저희가 내 생명을 찾아 취하려 하나이다 '**라고 대답을 하였습니다.

사랑하는 성도 여러분

본문의 말씀을 통하여 엘리야가 아합을 굴복시키는 엄청난 일을 해 놓고도 무엇이 무서워 도망을 하고 무엇 때문에 하나님께 책망을 받았는가를 살펴보면서 이 시간 교훈을 받고자 합니다.

첫 번째, 절망에 빠진 엘리야의 모습입니다.

사랑하는 성도 여러분

우리에게 찾아온 현실을 이겨내지 못하여 도리어 우리는 침륜에 빠질 때가 있을 것입니다. 엘리야도 우리와 똑같은 성정을 가진 사람이었기에 그에게도 고통도 슬픔도 괴로움도 있었을 것이며 두려움과 공포도 있을 수 있다는 것입니다. 엘리야가 아합의 칼이 무서워 광야로 도망하여 그릿 시냇가에 숨어 있을 때 하나님은 떡과 물을 가져다가 엘리야를 살렸습니다. 또한 아합을 피해 브엘세바로 가서 사환도 버리고 깊은 광야로 들어가 로뎀나무 그늘 아래 누워 죽기를 기다리고 있을 때 떡과 물을 주신 하나님의 은혜로 버틸 수가 있었습니다. 하나님이 공급하시는 힘으로 사십 주 사십 야를 걸어 호렙산까지 올 수가 있었습니다. 정신없이 도망할 때 하나님이 광야에서 나타나 주심으로 새 힘을 얻고 호렙산 굴속까지 와서 여러 날을 보냈습니다.

그러나 그는 시간이 지날수록 마음의 평안을 찾는 것이 아니라 도망자의 두려움에서 절망하고 있을 때 또 다시 엘리야에게 나타나 주십니다. '엘리야야 네가 여기서 무얼 하고 있느냐?'하고 책망 하셨습니다. 로뎀나무 그늘에서 만난 하나님은 힘과 용기를 주사 기진맥진하여 삶의 의욕을 잃어버렸을 때 떡과 물을 주신 하나님, 도망갈 수 있도록 퇴로를 열어주신 하나님이셨습니다. 그러나 호렙산 굴에 나타신 하나님은 책망의 하나님으로 변한 것입니다.

사랑하는 성도 여러분

엘리야는 아합과 3년 6개월 동안 대적하여 싸울 때에도 하나님은 능력을 주셨고 담대함을 주셔서 아합과 싸울 수 있었고 아합이 이스라엘을 괴롭게 한 자가 네냐 하고 물었을 때도 엘리야는 아니라 이스라엘을 괴롭힌 자는 내가 아니라 당신이라고 직설적으로 대답할 정도로 너무나도 도도하고 당당한 하나님의 위대한 선지자였습니다. 하나님이 전에도 지금도 장래에도 함께 하셨다는 사실을 확실히 알고 있는 그가 왜 절망하였습니까? 이스라엘 백성의 전형적인 모델이요 이것이 인간의 현주소인 것입니다.

지난 날 주님의 은총과 은혜를 받은 것을 쉬 잊어버린 엘리야, 지금껏 함께하신 하나님은 미래의 축복도 함께하실 하나님이신 것을 쉽게 잊어버린 엘리야이지만 하나님은 그릿 시냇가에 숨어 지낼 때도 떡과 고기를 보내주시고 아합에게 담대히 나가 3년 6개월 동안 비가 오지 않을 것이란 예언을 했을 때도, 로뎀나무 그늘에 앉아 탄식하고 있을 때도,

하나님은 엘리야에게 나타나 힘을 주셨습니다. 지금껏 엘리야가 살아온 모든 것은 하나님의 특별한 은총이요 헤아릴 수 없는 은혜였습니다.

그러나 그 은혜를 망각한 엘리야에게 하나님의 질책이 쏟아졌습니다. '엘리야야 지금 네가 여기서 무얼 하고 있느냐?'는 것이었습니다.

사랑하는 성도 여러분

엘리야가 누구입니까? 당대 최고의 능력 있는 선지자가 아닙니까?

그럼에도 두려움에 떤 나머지 도망자 신세였습니다. 아합에게 붙잡히면 죽임을 당하게 된다는 이 사실 하나가 엘리야로 하여금 절망에 떨게 하고 불안하고 초조하고 두렵게 만들어 삶의 의욕을 상실하고 말았습니다.

사랑하는 성도 여러분

지금 내 신앙은 어떻습니까? 혹시 불완전한 무엇에 쫓기고 있지는 않습니까? 지난날 하나님의 은총과 은혜를 생각해보면 모든 것이 하나하나가 하나님의 은혜가 아닌 것이 없습니다. 현실을 바라보다가 과거의 은혜를 잃어 버리지는 않았습니까? 살아 보겠다고 도망가는 데는 온갖 용기와 힘을 써도 하나님의 일과 마귀 대적하는 일에는 두려움을 갖는 어리석은 신앙생활은 아닙니까? 지금 주님은 '사랑하는 아무개야 지금 네가 어찌하여 여기 있느냐?' 물으실 때 피하지 마시고 하나님의 음성을 발견하는 성도 여러분 되시기를 주님의 이름으로 축원합니다.

로뎀 나무 그늘아래 누운 엘리야의 모습은

두 번째, 환경을 원망하는 엘리야의 모습입니다.

본문 10절에 **'이스라엘 자손이 주의 언약을 버리고 주의 단을 헐며 칼로 주의 선지자들을 죽였음이오며 오직 나만 남았거늘 저희가 내 생명을 찾아 취하려 하나이다.'** 엘리야는 여기서 자신이 처한 환경을 잃어버린 모습을 발견합니다. 주의 앞에 있어야 될 엘리야, 그런데 왜 도망하고 결국은 사면초가가 됐습니까? 이때 엘리야는 하나님 앞에 도망간 이류를 설명합니다. 그 이유는 대단히 합리적입니다. 그러나 하나님은 아무리 합리적 변명이라도 하나님의 뜻이 아니므로 인정하지 않습니다. 그리고 하신 말씀은 다시 가라는 것입니다.

사랑하는 성도 여러분

하나님의 부르심에 환경을 탓하고 자신의 변명을 하고 있지 않습니까? 아무리 하나님 앞에 합리적 변명이라 할지라도 하나님은 질책과 책망을 하셨습니다. 하나님은 환경을 탓하고 변명만 늘어놓는 사람 사용하지 않습니다. 이 시간 귀를 열어 세미한 하나님의 음성을 듣고 주여 내가 여기 있나이다. 나를 사용하여 주시옵소서 하고 부르심에 응답하여야 되겠습니다. 아담을 부르신 하나님, 모세를 부르신 하나님, 아브라함을 부르신 하나님, 엘리야를 부르신 하나님은 이 시간 저와 여러분을 부르시고 계십니다. 금년 한 해, 귀를 활짝 열고 눈을 크게 뜨고 기도의 입을 크게 벌려 하나님의 부르심에 순종하여 30배 60배 100배의 축복을 받는 저와 여러분 되시기를 주님의 이름으로 축원 드립니다.

로뎀나무 그늘 아래 누운 엘리야의 모습은

세번 째, 잃어버린 사명을 회복하라는 것입니다.

사랑하는 성도 여러분

우리가 신앙생활을 하다보면 불러도 불러도 대답이 없으신 하나님의 모습을 발견할 때가 있습니다. 무슨 영문인지 알 수 없지만 하나님이 꼭꼭 숨어 숨바꼭질이라도 하듯 하나님의 음성이 들리지 않아 답답할 때가 있습니다. 그때는 우리의 믿음이 식어지고 사명도 잃어버릴 때가 있다고 하는 것입니다. '어찌하여 나를 버리셨나이까?'하고 마태복음 27장46절에서 주님께서 탄식하실 때에 하나님도 묵묵부답이셨습니다. 땀방울이 핏방울 같이 되도록 겟세마네 동산에서 기도하실 때 하나님의 도우심이 얼마나 간절하셨겠습니까? 그럼에도 대답이 없으신 하나님의 응답에 "아버지여 내 뜻대로 마옵시고 아버지의 뜻대로 하시옵소서"하는 기도로 끝을 맺으신 것을 볼 수가 있습니다.

시편 4편1절에 다윗은 통곡하면서 하나님 음성듣기를 간청합니다. '내

의의 하나님이여 내가 부를 때에 응답하소서 곤란 중에 나를 너그럽게 하셨사오니 나를 긍휼히 여기사 나의 기도를 들으소서 .' 시편 6편6절에 '내가 탄식함으로 곤핍하여 밤마다 눈물로 내 침상을 띄우며 내 요를 적시나이다 내 눈이 근심을 인하여 쇠하며 내 모든 대적을 인하여 어두웠나이다.' 시편 13편1절에 보면 다윗이 답답하고 괴로울 때 하나님께 부르짖어도 말씀이 없자 '여호와여 어느 때까지니이까 나를 영영히 잊으시나이까 주의 얼굴을 나에게서 언제까지 숨기시겠나이까 .'라고 울부짖었습니다.

오늘 본문의 엘리야도 보세요. 자신을 죽이려는 아합의 손을 피해 달아나다가 그만 지치고 지친 몸으로 기진맥진하여 죽고 싶을 때 로뎀나무 그늘 아래에 앉아 하나님의 도우심을 기다렸습니다. 도망가다 지치고 지친 몸으로 호렙산 굴속까지 도망 왔습니다. 더 이상 숨을 곳도 없고 도망갈 곳도 없는 막장에 이르러 굴속에 들어가 숨어 지내는 엘리야를 향해 하나님의 음성이 들려왔습니다. 이 음성은 엘리야가 원하는 음성이 아니라 정반대의 말씀이 들려왔습니다.

지금 네가 무엇을 하고 있느냐? 사명을 잃어버린 엘리야에게 네가 무엇을 하고 있느냐는 말씀입니다. 네가 무엇이 두려워 이렇게 도망을 가서, 굴속에 숨어 있느냐는 것입니다. 여호와 하나님은 말씀하십니다. '두려워 말라 내가 너와 함께 함이니라 놀라지 말라 나는 네 하나님이 됨이니라 내가 너를 굳세게 하리라 참으로 너를 도와 주리라 참으로 나의 의로운 오른손으로 너를 붙들리라 '라고 이사야 41장10절에서 말씀 하십니다.

사랑하는 성도 여러분

그렇습니다. 내가 너를 지금껏 지켜주지 아니했느냐 하는 말씀입니다. 배고플 때, 삶의 의욕을 상실 했을 때, 고난과 절망에서 두려움에 쌓였을 때 내가 너를 지켜 주지 아니했느냐는 것입니다. 그러니 지난 날 넘치는 열정과 잃어 버린 담대한 사명을 회복하라는 것입니다. 사랑하는 성도여, 이 시간 우리는 쫓기고 쫓기는 엘리야의 모습 속에서 나의 초라한 모습을 발견 합시다. 야곱이 아버지 집을 떠나 광야에 머물렀을 때 하나님의 음성이 이렇게 들려옵니다. '야곱아 네가 어디로 가든지 네가 무엇을 하든지 내가 너와 함께 함이라. 내 뜻을 너로 하여금 다 이룰 때까지 내가 너를 지키고 네 곁을 떠나지 아니하리라.'하신 하나님의 음성은 엘리야에게도 주시는 말씀이요. 모세와 여호수와에게도, 더 거슬러 올라가 믿음의 조상인 아브라함과 이삭에게도 똑같은 말씀을 주셨던 말씀을 마음에 새겨 하나님이 주신 영성과 열정, 잃어버린 사명을 되찾는 시간 되시길 예수님 이름으로 축원 드립니다.

네번 째, 높은 산에 올라 불 받으라는 것입니다.

사명을 잃어버린 엘리야에게 여호와 하나님은 다시 말씀하십니다. 절망에 놓인 엘리야에게 본문 11절에서 **'너는 나가서 여호와의 앞에서 산에 섰으라 하시더니 여호와께서 지나가시는데 여호와의 앞에 크고 강한 바람이 산을 가르고 바위를 부수나 바람 가운데 여호와께서 계시지 아니하며 바람 후에 지진이 있으나 지진 가운데도 여호와께서 계시지 아니하며 또 지진 후에 불이 있으**

나 불 가운데도 여호와께서 계시지 아니하더니 불 후에 세미한 소리가 있는지라'
고 기록하고 있습니다. 엘리야를 호렙산에 있으라 하시고 산에서 응답
하신 것입니다.

사랑하는 성도 여러분

산이 어디입니까? 시온산을 말함이요, 시온산은 거룩한 예루살렘이 있
는 곳이요, 하나님의 성전이며 신약에서는 교회를 의미하는 것입니다.
엘리야는 자신의 본분을 잃어버렸습니다. 자신의 위치, 지켜야 될 자리
를 잃어버린 것입니다. 사랑하는 성도여, 하나님의 사람이 설 곳이 어디
입니까? 언제나 우리가 하나님 앞에 서 있어야 할 높은 산이 어디입니
까? 지금 여러분이 말씀을 들으시는 자리가 응답의 자리인 줄 믿어지시
면 우리 한번 아멘합시다. 절망과 좌절에 빠진 엘리야에게 하나님은 명
령하십니다. 도망 다니지 말고 높은 산으로 가라 굴속에 숨어 있지만 말
고 높은 산으로 올라가라는 것입니다. 엘리야에게 하나님의 세미한 음
성이 들려온 것처럼, 금년 한 해 동안 항상 성령님을 모시고 하나님의
성전을 향하라는 것입니다. 오늘 길을 잃고 방황하는 성도가 계십니까?
엘리야에게 들려왔던 호렙산에서 불이 지나고 난 후 들려왔던 하나님
의 세미한 음성이 오늘 저와 여러분의 삶에 들려지기를 예수님의 이름
으로 축원 드립니다.

네 손을 내밀라

(마가복음 3:1-5)

예수께서 다시 회당에 들어가시니 한편 손 마른 사람이 거기 있는지라
사람들이 예수를 송사하려 하여 안식일에 그 사람을 고치시는가 엿보거늘
예수께서 손 마른 사람에게 이르시되 한 가운데 일어서라 하시고
저희에게 이르시되 안식일에 선을 행하는 것과 악을 행하는 것, 생명을 구하는 것
과 죽이는 것, 어느 것이 옳으냐 하시니 저희가 잠잠하거늘
저희 마음의 완악함을 근심하사 노하심으로 저희를 둘러 보시고 그 사람에게 이
르시되 네 손을 내밀라 하시니 그가 내밀매 그 손이 회복되었더라

'네 손을 내밀라'라는 제목으로 말씀을 증거 하려고 합니다. 성령
께서 저와 여러분의 마음을 감동시키는 시간 되시길 예수님 이름으로
축원 드립니다.

어느 날 예수님께서 말씀을 전하시려고 회당에 들어가셨습니다. 그런
데 거기에 손이 말라버린 병자 한 명이 있었습니다. 히브리인들이 사용
한 복음서에 보면 손이 말라버린 사람은 돌을 깎는 석공이었다고 합니

다. 더 이상 석공의 일을 할 수 없어 구걸할 신세가 되니 예수님 앞에 나와 손을 치료해 달라고 하였다는 기록이 있습니다. 어찌됐던 이 사람은 손이 메말라 더 이상 아무것도 할 수 없는 상태이기에 예수님께 나왔습니다. 이때 예수님께서는 손 마른 사람을 보시고 회당 한가운데 일어서게 하시고 그 환자에게 이르시기를 네 손을 내밀라고 하시니 그가 내밀매 그 손이 곧 회복 되었더라고 하셨습니다. 그는 불쌍한 사람이었습니다. 직업은 석공이었으나 갑자기 중풍병에 걸렸는지 아니면 어떤 다른 병에 걸렸는지는 알 수 없으나 손이 계속 말라가는 병이었습니다. 자신의 손이 마른 것이 부끄럽기도 하였겠지만 주님의 말씀에 의지하여 마른 손을 주님 앞에 내밀었습니다. 이때 주님을 송사하려고 모인 바리세인들과 헤롯 당원들 앞에서 '네 손을 내밀라'하신 주님의 명령 앞에 그 손 마른 자가 손을 내밀었더니 그 즉시 회복되는 기적이 일어났습니다. 그랬더니 마른 손이 피가 돌고 생기가 돌아 회복되었습니다. 이것이야말로 이적이요 기적이요 능력인 것입니다. 호머파벌(Homo faber)이란 말이 있습니다. 이 말은 '공작인간'이란 뜻으로 손으로 하는 사람들을 가리켜 부르는 말입니다.

사랑하는 성도 여러분

저는 오늘 아침 우리의 손에 대하여 생각해 보고자 합니다. 우리 지체 중 어느 것 하나 소중하지 않는 것이 없겠지만 손은 참으로 소중합니다. 손으로 밥을 먹습니다. 일을 합니다. 글을 씁니다. 농부는 손으로 밭을 갈고 씨앗을 뿌려 곡식을 거두고 열매를 맺게 합니다. 학생도 의사도 사무원도 권투선수도 모두가 손으로 일생을 살아가는 사람들입니다. 의사는 손으로 수술을 하고 화가는 손으로 그림을 그립니다. 우리는 손으로 운전을 합니다. 손으로 아름다운 피아노를 연주하여 사람의 마음을 기쁘게 합니다. 그래서 손은 우리 재산 목록 제1호가 되는 것입니다. 그런데 오늘 손이 말라 버린 사람은 손을 쓸 수가 없는 불구자니 얼마나 괴롭겠습니까? 이 불행한 사람은 손이 있기는 있는데 쓸모없는 손이 된 것입니다. 주님께서는 이러한 손을 다시 핏기가 살아나고 움직이는 쓸모 있는 손으로 만들어 주신 것입니다.

사랑하는 성도 여러분

손은 손이라도 쓸모없는 손이 어떤 손입니까? 손은 손이라도 메말라 버린 손이 어떤 손입니까? 도적질하는 손은 메말라 버린 손입니다. 싸움질하는 깡패의 손은 메마른 손입니다. 범죄자의 손은 메말라 버린 손이라는 것입니다.

싱가포르의 이강요 수상이나 대만의 장개석 총통은 손으로 범죄하면 재판을 받을 필요도 없이 범죄 할 때마다 손가락 하나씩을 잘라 버렸다고 합니다. 그리고 중국은 아예 손목을 잘라 버리니 한 때는 중국에 도둑이 없어졌다는 말이 있었습니다. 그러므로 이러한 손을 좋은 곳에 사용하면 귀한 손이요 잘못된 일에 사용하면 마른 손이 된다는 것입니다.

오늘 본문의 메마른 손을 가진 자는 평생 동안 불행한 손으로 살아가다가 예수님을 만나고 나서 하늘의 은총으로 손이 회복되는 축복을 받은 것입니다.

사랑하는 성도 여러분

우리 그리스도인들에게 주님이 원하시는 손은 어떤 손입니까?

첫 번째, 기도하는 손이 될 때 주님이 기뻐하실 것입니다.

기도란 히브리어로 '델피타'인데 '두 손을 모으고 속삭이다, 다정히 요구하다, 입을 맞추다'라는 뜻입니다. 우리는 누구와 속삭이고 두 손을 모으고 누구에게 요구합니까? 그 대상이 바로 예수 그리스도 우리 주님이시라는 것입니다.

출애굽기 17장 8-13절에 이스라엘의 영적 지도자인 모세는 이스라엘 민족을 이끌고 광야길을 가게 되었습니다. 애굽에서 나온 후 처음으로 르비딤이라는 골짜기에서 아말렉 대군과 전쟁을 하게 되었습니다. 이스라엘군이 패하게 되었을 때 이상한 일이 벌어졌습니다. 모세가 손을 올리면 이스라엘 군대가 전쟁에서 승리하고 모세가 너무 피곤하여 손을 내리면 이스라엘 군대가 패배하는 것이었습니다. 이것을 지켜보고 있던 아론과 훌이 모세의 손을 받치면 여호수아가 이끄는 이스라엘 군대가 승리하고 아론과 훌이 모세의 손을 내리면 아말렉이 승리하는 것이었습니다. 이것을 알게 된 아론과 훌은 모세의 손을 종일 들고 모세의 손이 내려오지 않도록 하였더니 이스라엘 군대가 아말렉을 대파하고 승리하였습니다.

사랑하는 성도 여러분

지금 이 시간도 마찬가지입니다. 우리 성도들의 기도의 손이 높이 올라갈 때 마다 인생의 길이 열리게 됩니다. 성도들의 기도의 손이 올라 갈 때마다 인생의 막힌 담이 무너집니다. 국가와 민족의 앞날을 위해 기도하는 지도자들이 많아질 때에 국태민안과 태평성대하고 번영할 것입니다. 가정을 위해 기도의 손이 올라가면 가정천국이 이루어질 것이고 교회 부흥을 위해 전도의 손이 올라 갈수록 교회는 부흥하고 시험거리는 물러가고 성령충만, 기쁨충만, 은혜충만하게 될 것입니다. 민족을 위해 기도하는 모세의 손이 있었기에 적으로부터 공격을 물리칠 수가 있었습니다.

사랑하는 성도 여러분

이 시간 우리의 기도의 손이 내려가지는 아니하였는지 오늘 우리의 기도의 손이 메마르지는 아니하였는지 이 시간 우리 자신에게 물어봐야 할 것입니다. 모세와 같이 민족의 지도자요 전쟁의 영웅이었던 장수도 기도의 손이 내려갔을 때는 이스라엘이 백전백패 하였고 모세의 기도의 손이 하늘 높이 올라갔을 때는 아말렉 군대의 무릎을 꿇게 하였던 것입니다. 홍해 앞에서 모세와 그 백성들이 하늘을 향하여 기도의 손을 높이

109

들었을 때 추격해오던 바로의 군대는 홍해 앞 바다에 수장되고 말았으며 요단강 앞에 선 여호수아와 그 백성들은 새벽에 일찍 일어나 허리를 동이고 기도의 손을 들어 여호와 하나님께 부르짖으니 요단강이 갈라지는 전무후무한 기적이 일어났던 것입니다.

사랑하는 성도 여러분

지금 우리 민족은 민족사적으로 극히 비상한 시대를 맞고 있습니다. 앞으로 3~5년은 우리 민족의 새로운 역사적 전환점이 될 것입니다.

우리 민족 앞에 무서운 여리고가 기다리고 있으며 민족의 홍해가 기다리고 있습니다. 하나님은 민족의 진운이 걸려있는 새로운 변혁기에 기도하지 않으면 민족이 멸망할 수도 있다는 것을 여러 가지 징조로 경고하고 있습니다.

복잡한 현대 사회 속에서 우리는 날마다 마귀들과 싸우고 있으며 쾌락이라고 하는 세속주의와 싸우고 아말렉이라고 하는 보이지 않는 원수 대적들과 싸우고 있습니다. 오직 하나님 앞에 기도의 손이 올라가지 않으면 전쟁터와 같은 이 시대에서 우리들이 승리할 수가 없다는 것입니다.

그러므로 사랑하는 성도 여러분

위로부터 오는 축복을 받기 위하여 우리의 기도의 손을 높이 올려 여러분의 삶이 기름지기를 예수님 이름으로 축원 드립니다.

우리는 매일 아침 잠자리에서 일어나면 세상과 싸워야 합니다. 그러기에 일어나는 아침 하루 일과를 기도로 시작하지 않으면 전쟁터와 같은 세상을 이길 수가 없다는 것입니다. 낮에 일하다가도 다니엘처럼 성전을 향하여 기도하고 하루 일과를 마치고 난 후 잠자리에 들기 전 창조주 하나님께 오늘도 무사히 하루를 보내게 해 주신 은혜에 감사의 기도를 드리고 잠자리에 들어야 할 것입니다.

사랑하는 성도 여러분

하나님께서는 여러분 한 사람 한 사람의 기도의 손을 기다리고 계신다는 사실입니다. 그리고 기도의 손들과 함께 역사의 한 페이지를 쓰시고자 하는 것입니다. 우리 하나님은 기도하는 가정의 손을 받으시고 축복하실 것이고 기도하는 민족의 손을, 기도하는 사업의 손을 받으신다는 것을 잊어서는 안 될 것입니다.

두 번째, 봉사의 손이 될 때 하늘의 축복이 임합니다.

손은 가난한 자를 대접하고 병든 자를 간호 할 수가 있습니다. 손은 씨앗을 심고 가꾸고 열매를 거둡니다. 봉사하는 손은 사람의 마음을 기쁘게 하고 죽어가는 사람을 살리기도 하는 것입니다.

111

창세기 18장 1절에 보면 어느 날 여호와 하나님께서 상수리 수풀 근처에서 아브라함에게 나타나셨습니다. 아브라함이 정오 즈음에 장막 문에 앉았다가 눈을 들어 본 즉 사람 셋이 맞은편에 서 있는 것을 보고 장막 문에서 달려 나가 영접하며 몸을 땅에 굽혀 내 주여 내가 주께 은혜를 입었사오면 원컨대 종을 떠나지 마옵소서 하고 물을 가져다가 그분들의 발을 씻기고 떡을 가져다가 드리고 좋은 송아지를 잡아 급히 요리하여 진설하였습니다. 이 한 번의 만찬을 대접하므로 아브라함과 아내 사라를 앞에 세우고 내년 이 맘때에 아들을 낳으리라고 축복 하셨습니다. 그리고 때가 이르러 아들 이삭을 낳고 믿음의 조상이 되었습니다. 이것이 유명한 언약의 약속입니다.

사랑하는 성도 여러분

아브라함이 영안이 열려 장막에 서 있는 사람의 형상을 하고 오신 하나님의 용안을 발견하여 대접한 것이 믿음의 조상이 되었습니다. 생각해 보면 아브라함의 손이 얼마나 복된 손입니까?

1854년 영국과 불란서의 연합군과 크리미아 전쟁이 한창일 때의 일화입니다. 병사들은 적의 공습에 죽어가는 것이 아니라 너무나 추운 날씨에 동상으로 죽어갑니다. 어느 누구하나 간호해 줄 사람이 없습니다.

이때 플로렌스 나이팅게일(Florence Nightingale)은 전쟁터에 나가 죽어가는 병사들을 간호하겠다고 자원하였습니다. 그리고 부상당한 영국군을 간호하는 간호단을 조직하여 전쟁터로 아군이고 적이고 상관없이 간호한 나이팅게일의 헌신으로 사망자가 줄어듭니다. 그녀의 헌신적인 사랑의 손길은 당시 절망적인 사회에 위대한 공헌을 하였습니다. 그녀의 사회적 봉사로 1860년 영국의 토마스 병원에 나이팅게일의 양성소가 생기게 되었으며 그녀는 광명의 천사로 불리게 되었습니다.

사랑하는 성도 여러분

이 시간 우리가 주님을 위해 봉사하고 기도해야 할 손이 혹시라도 메마르지는 않았습니까? 이 세상에서 가장 위대하고 사랑받는 기도를 소개하려고 합니다.

성 프란시스코의 평화의 기도를 들어 본 적이 있습니까? 어느 추운 눈 내리는 겨울밤이었습니다. 잠을 청하려고 불을 크고 침대에 막 누웠는데 누군가가 문을 두드리는 것이었습니다. 프란시스코는 귀찮은 생각이 들었습니다. 그래도 그리스도인이기에 찾아온 사람을 그냥 돌려보낼 수 없었습니다. 불편한 마음으로 잠자리에서 일어나 문을 열었습니다. 문 앞에는 험상궂은 나병 환자가 추워서 벌벌 떨고 서 있는 게 아니겠습니까? 프란시스코가 나병 환자의 흉측한 얼굴을 보는 순간 섬뜩하였습니다. 그래도 마음을 가라앉히고 정중하게 물었습니다. "무슨 일로 찾아 오셨습니까?" "죄송하지만 몹시 추워 온 몸이 꽁꽁 얼어 죽을 것 같습니다. 몸 좀 녹이고 가게 해주시면 고맙겠습니다." 나병 환자는 애처롭게 간청을 하는 것이었습니다. 마음으로는 당장 안 된다고 거절하고 싶었지만

113

그리스도인으로서 차마 그럴 수가 없었습니다. 마지못해 머리와 어깨에 쌓인 눈을 털어주고 안으로 안내하였습니다.

자리에 앉자 썩어가는 피부로 인해 심한 악취가 코를 찔렀습니다. "어떻게 식사는 하셨습니까?" 하고 물으니 "아니요 벌써 3일째 굶었더니 뱃가죽이 등에 붙었습니다" 라고 하는 것이 아니겠습니까? 프란시스코는 식당에서 아침 식사로 준비해 둔 빵과 우유를 가져다주었습니다. 나병 환자는 기다렸다는 듯이 빵과 우유를 순식간에 다 먹어 치웠습니다. 이제 식사도 하고 몸도 녹았을 것이니 나병 환자가 나가기를 기다렸습니다. 하지만 나병 환자는 가기는 커녕 기침을 콜록이며 오히려 이렇게 부탁을 합니다. "성도님 지금 밖에는 눈이 많이 내리고 날도 추워 도저히 갈 수 없을 것 같으니 하룻밤만 좀 재워 주시면 감사 하겠습니다." "할 수 없지요 누추하기는 하지만 그럼 여기 침대에서 하룻밤 주무시고 가시지요." 마지못해 승낙을 하였습니다. 염치가 없는 문둥병 환자에게 울화가 치밀어 오르는 것을 꾹 참았습니다. 혼자 살고 있어서 침대도 일인용 하나밖에 없었습니다. 침대를 문중병자에게 양보하고 할 수 없이 맨바닥에 자려고 하였습니다. 밤이 깊어지자 문둥병 환자는 또 다시 엉뚱한 제안을 해왔습니다.

"성도님 제가 몸이 얼어 너무 추워서 도저히 잠을 잘 수가 없네요. 미안하지만 성도님의 체온으로 제 몸을 좀 녹여 주시면 안 되겠습니까?" 참으로 어처구니없는 문중병자의 요구에 프란시스코는 당장 자리에서 일어나 밖으로 내쫓아 버리고 싶었습니다. 그러나 예수님이 자신을 위해 희생하신 십자가의 은혜를 생각하며 꼭 참고 그의 요구대로 옷을 모두 벗고 알몸으로 문둥병 환자를 꼭 안고 침대에 누웠습니다. 일인용 침대라 잠자리도 불편하고 고약한 냄새까지 나는 문둥병 환자와 몸을 밀착시켜 자기 체온으로 녹여 주며 잠을 청했습니다.

도저히 잠을 못 이룰수 있을 것 같지 않았지만 자신도 모르게 꿈속으로 빠져 들어 갔습니다. 아니 그런데 이게 웬일입니까? 꿈속에서 주님이 기쁘게 웃고 계시는 것이 아니겠습니까? 그리고 주님의 음성이 들립니다. '프란시스코야, 나는 네가 사랑하는 예수란다. 네가 나를 이렇게 극진히 대접하였으니 하늘의 상이 클 것이다.' '아~!주님, 나는 아무것도 주님께 드린 것이 없습니다.' 꿈속에서 주님의 모습을 보고 깜짝 놀라 자리에서 벌떡 일어섰습니다. 벌써 날이 밝고 아침이 되었습니다. 그러나 침대에 같이 자고 있어야 할 문둥병자는 온데간데 없었습니다. 밤새 풍겼던 악취도 없어졌습니다. 악취가 배어 있어야 할 침대에는 오히려 향긋한 향기만 남아 있을 뿐 왔다간 흔적도 없이 사라졌습니다.

'아! 주님이셨군요. 주님이 부족한 저를 이렇게 찾아 주셨군요. 감사합니다. 그는 무릎을 꿇고 엎드렸습니다. 프란시스코는 주님의 위대한 사랑을 깨달았습니다. 밤에 문둥병자에게 야속하게 대했던 일, '주님. 영의 눈이 어두워 주님이신 것을 몰라 본 죄인을 용서하여 주옵소서' 지난밤 행하였던 자신의 모순된 태도가 너무나 원망스러웠습니다. 그는 통곡하며 회개합니다. 문둥병자보다도 하찮은 자신을 사랑하시고 찾아오신 주님의 사랑 앞에 두 손을 들었습니다. 그리고 눈물의 회개와 함께 감사의 기도를 드렸습니다.

사랑하는 성도 여러분

이 기도가 세계에서 가장 아름답고 가장 사랑받는 성 프란시스코의 평화의 기도입니다.

주님 저를 평화의 도구로 써 주소서
미움이 있는 곳에 사랑을
다툼이 있는 곳에 용서를
분열이 있는 곳에 일치를
의혹이 있는 곳에 신앙을
그릇됨이 있는 곳에 진리를
절망이 있는 곳에 희망을
어둠이 있는 곳에 빛을
슬픔이 있는 곳에 기쁨을 가져 오는 자 되게 하소서
위로 받기보다는 위로하며 이해 받기보다는 이해하며
사랑 받기보다는 사랑하게 하여 주소서
우리는 줌으로써 받고 용서함으로 용서 받으며
자기를 버려 죽음으로써 영생을 얻기 때문입니다. 할렐루야

사랑하는 성도 여러분

이 시간 우리는 은혜를 사모하는 마음으로 신령한 의미에서 내 손은 메마른 손은 아닌지 자문자답해 보아야 할 것입니다. 하나님의 집에 봉사해야 될 손이 메마른 손이라면 우리는 이렇게 기도해야 할 것입니다.

당신의 능력으로 내 약한 손을 붙들어 주옵소서. 그리하여 주님의 은혜로 포도원 같은 경서교회를 위해 봉사하게 하옵시고 포도원 같은 내 가정을 위해 헌신하게 하옵시고 나의 연약한 손이 강한 봉사의 손으로 변하여 주님의 은총이 충만케 하옵소서.

마지막으로 주님의 손을 잡을 때 기적이 일어납니다.

손은 사랑을 의미 합니다. 손으로 악수합니다. 손으로 포옹합니다. 손과 손을 마주 잡을 때 기적이 일어납니다. 사랑의 교제의 손은 하나가 되는 것을 말합니다. 갈라디아서 2장9절에 예루살렘에 있는 야고보, 베드로, 요한, 바울과 바나바에게 교제의 손을 내밀어 베드로를 붙잡으니라고 말씀합니다. 흩어졌던 사도들이 하나가 되어 교제의 악수를 할 때 초대교회의 고난을 극복 할 수 있었고 기적이 일어났습니다.

갈릴리 바다에 풍랑이 일어나 제자들이 죽게 되었고 이때 베드로가 외칩니다. 주여 내가 죽게 되었나이다. 손을 붙잡아 주소서 주님은 내니 안심하라 왜 두려워 하느냐 하시고 베드로의 손을 붙잡으시고 바다와 파도를 꾸짖으시니 바다가 잠잠하게 되었다고 하였습니다.

이와 같이 하나님의 손 과 내 손이 마주 잡을 때 고난은 물러 갈 줄로 믿으시길 바랍니다. 하나님의 손과 내 손을 마주잡을 때 능력이 나타날 줄 믿습니다. 하나님의 손과 내 손을 마주잡을 때 영권이 나타날 줄 믿습니다. 성도와 성도의 손을 마주 잡을 때 사랑의 교제가 생길 것입니다. 목자와 성도의 손을 마주 잡을 때 막혔던 담이 무너지고 교회가 부흥될 것입니다.

사랑하는 성도 여러분

기도의 손, 봉사의 손, 전도의 손이 높이 올라가 하나님의 나라가 확장되는 축복이 임하시길 예수님 이름으로 축원 드립니다.

변해야
기적이 일어난다

(출애굽기 15:22-27)

모세가 홍해에서 이스라엘을 인도하매 그들이 나와서 수르 광야로
들어가서 거기서 사흘길을 행하였으나 물을 얻지 못하고
마라에 이르렀더니 그곳 물이 써서 마시지 못하겠으므로
그 이름을 마라라 하였더라
백성이 모세를 대하여 원망하여 가로되 우리가 무엇을 마실까 하매
모세가 여호와께 부르짖었더니 여호와께서 그에게 한 나무를 지시하시니
그가 물에 던지매 물이 달아졌더라 거기서 여호와께서 그들을 위하여 법도와
율례를 정하시고 그들을 시험하실새
가라사대 너희가 너희 하나님 나 여호와의 말을 청종하고 나의 보기에
의를 행하며 내 계명에 귀를 기울이며 내 모든 규례를 지키면 내가 애굽 사람에게
내린 모든 질병의 하나도 너희에게 내리지 아니하리니 나는 너희를
치료하는 여호와임이니라
그들이 엘림에 이르니 거기 물샘 열 둘과 종려 칠십주가 있는지라
거기서 그들이 그 물 곁에 장막을 치니라

이번 주 7일이 입동입니다. 입동은 겨울을 알리는 신호로써 겨울이 시작된다고 해서 입동이라 하고 24절기 중 열아홉 번째 절기인데 무나 배추를 뽑아 김장을 시작한다고 합니다. 입동이 추우면 그 해 겨울은 몹시 춥다고 하니 성도 여러분들 각별히 감기, 몸살 등 건강에 유념하시기 바랍니다. 입동이 지나고 보름이 있으면 추수감사절기가 소설인

데 이때 얼음이 얼기 시작하고 그리고 또 다시 보름이 지나 12월 7일이 되면 가장 눈이 많이 내린다하여 대설이고 이때부터 본격적인 겨울이라 합니다. 입동이나 소설에 감기에 걸리면 겨우내 감기를 몸에 달고 산다고 하니 각별히 건강관리 잘하시길 부탁드립니다.

본문으로 돌아갑니다. 변해야 기적이 일어난다는 제목으로 말씀 증거할 때 성령께서 저와 여러분의 마음을 감동시키는 응답의 시간 되시길 예수님의 이름으로 축원 드립니다. 본문을 이해하기 위해서 이스라엘 백성들의 출애굽 노정을 다시 한 번 되새김질하면서 본문을 통해 은혜 받기를 원합니다.

이스라엘 백성들은 정확히 B.C. 1446. 1. 15일. 430년 동안 야곱과 그 조상들이 살아왔던 애굽의 라암셋을 출발합니다(민 33:3). 애굽을 출발한 이스라엘 민족에게 출애굽기 12장2절에서 여호와 하나님은 **'이 달로 너희에게 달의 시작 곧 해의 첫 달이 되게 하라'** 말씀하심으로 역사의 새로운 시작을 알립니다. 애굽의 라암셋을 떠나 출애굽한지 6일째 되던 날 홍해라는 거대한 바다를 만나게 됩니다. 뒤에서는 애굽의 바로 군대가 병거 600승과 애굽의 모든 병거를 동원 이스라엘을 추격해 옵니다. 이스라엘은 가나안이라는 향수에 젖어 미래를 향한 전진이었지 뒤에서 추격해 오는 애굽의 군대와 싸울 만한 전쟁준비가 전혀 안 된 상태였습니다. 믿는다는 것이 오직 하나님 한 분 뿐이었습니다.

정확히 말하자면 주전 1446년 정월 보름에 출애굽하여 홍해 입구에 도착한 것이 1월 21일이니까 출애굽 한 지 6일째 되는 날이었습니다. 그야말로 이스라엘은 오합지졸이었습니다. 그런데 난데없는 홍해 바다가 가로놓여 뒤로 가자니 애굽의 군대가 있고 앞으로 가자니 홍해 바다가 있었습니다. 출애굽 한 지 6일 만에 그야말로 광야에서 200만 명 이상 되는 이스라엘 인구 전체가 죽게 되었던 것입니다. 이스라엘 민족이 지금 누구의 명령에 의해 출애굽 하였습니까? 여호와 하나님입니다. 그런데 하나님께서 구원하신 이스라엘 민족을 죽이겠습니까? 그럴 리가 없는 것입니다.

그런데 이스라엘 백성들을 보십시오. 이스라엘 백성들이 모세에게 덤벼듭니다. 당신이 우리를 이끌어내어 이 광야에서 죽게 하느뇨. 출애굽기 14장12-13절에서 **'우리가 애굽 사람을 섬길 것이라 하지 아니하더뇨 애굽 사람을 섬기는 것이 광야에서 죽는 것보다 낫겠노라 모세가 백성에게 이르되 너희는 두려워 말고 가만히 서서 여호와께서 오늘날 너희를 위하여 행하시는 구원을 보라.'** 14절에 **'여호와께서 너희를 위하여 싸우시리니 너희는 가만히 있을 지니라.'**

이스라엘 백성들이 불평하고 원망하며 부르짖는 소리를 들으시고 모세에게 명하여 이르시되 16절에 **'지팡이를 들고 손을 바다 위로 내밀어 그것으로 갈라지게 하라 이스라엘 자손이 바다 가운데 육지로 행하리라.' '그때야 나를 여호와로 알리라.'** 이스라엘 200만 백성들은 홍해를 무사히 건너고 뒤따라오던 애굽 군대는 홍해에 수장되니 그때야 이스라엘은 애굽에서 자신들을 구원하신 분이 여호와 하나님인 것을 깨닫고 하나님을 찬양

합니다.

출애굽기 14장31절에 **'여호와께서 애굽 사람들에게 베푸신 큰 일을 보았으므로 백성이 여호와를 경외하며 여호와와 그 종 모세를 믿었더라'**고 기록하고 있습니다. 여기서 안타까운 것은 처음에 하나님을 믿고 애굽을 나왔으니 믿음이 변질되지 않았다면 얼마나 좋았겠습니까? 본문 22절에 보면 변질된 믿음을 가지고 3일 동안 스르 광야를 걸어 행군하여 '마라'라는 곳에 도착합니다. 저는 자동차로 스르 광야를 지나 마라까지 간 적이 있습니다. 그 당시 이스라엘은 걸어서 낮에는 구름기둥, 밤에는 불기둥으로 3일 길을 간 것을 생각해 보면 그 후 3500년이 지난 지금 자동차로 불과 서너 시간이면 족하니 역사의 아이러니가 아닐 수 없습니다. 3일 길을 흙먼지, 모래 바람으로 얼마나 피곤하고 갈증이 났겠습니까? 물 한 방울 없이 황무지를 헤매다가 마라에 도착했으니 얼마나 기뻤겠습니까?

그러나 이게 웬일입니까? 물이 써서 먹지 못하게 된 것입니다. 본문 24절에 백성들이 모세를 원망 합니다. 이것이 변질된 신앙의 본질입니다. 3일 전에는 은혜를 잊어버리고 불평과 원망으로 가득 찬 그들에게 하나님은 쓴 물을 통하여 교훈을 주신 것입니다. 모세가 여호와께 부르짖었더니 25절에 **' 여호와께서 그에게 한 나무를 지시하시니 그가 물에 던지매 물이 달아졌더라.'** 26절에 하나님께서 변질된 이스라엘 백성들을 위하여 계명과 규례를 정하셨다고 하였습니다.

사랑하는 성도 여러분

오늘 저는 지금부터 3500년 전 일어난 사건을 통해 우리의 신앙을 점검하고 은혜와 교훈을 받고자 합니다.

첫 번째, 하나님은 변질된 믿음을 원하지 않으십니다.

이스라엘 민족이 애굽에서 나온 것 자체가 하나님의 구원의 역사입니다. 애굽이 어디입니까? 세상입니다. 광야입니다. 노예생활입니다. 온갖 쓰레기가 몰려드는 세속입니다. 이것이 애굽이었습니다. 이러한 애굽에서 하나님은 신천지, 새 하늘 새 땅으로 인도하시기 위한 것이 하나님의 웅대한 역사적 과업이셨습니다. 출애굽은 하나님의 강권적 부르심이셨습니다. 절망에서 희망으로, 무기력에서 소망으로, 무엇을 먹을까? 무엇을 마실까? 무엇을 입을까? 하는 인생의 육의 생활에서 벗어나 하나님께서 창조하신 영적 생활로 바꿔지는 과정이었습니다. 하나님과 함께 동행하는 새로운 세상을 창조할 구원병을 부르신 것입니다. 그런데 그들이 애굽에서 나온 지 6일만 에 불평, 원망, 불만, 불순종으로 가득 차 하나님을 대적한 것입니다.

사랑하는 성도 여러분

변질된 그들에게 찾아온 것은 무엇입니까? 인생의 쓴맛 뿐이었습니다. 3일 길을 걸어 마라에 당도하여 이제는 살았구나, 이제는 애굽의 지긋지긋한 노예생활에서 벗어날 수 있겠구나 하고 꿈과 희망에 부풀어야 할 때 갈증과 기갈로 물도 없는 생지옥이 기다리고 있었습니다.하나님

123

을 찬양하여야 마땅함에도 그들의 입은 온갖 불평으로 가득차고 애굽의 노예생활에 향수를 느끼는 순간 저들에게는 상상도 못할 쓴 물이 기다리고 있었습니다.

사랑하는 성도 여러분

하나님은 독생자 예수 그리스도를 이 땅에 보내시고 그를 믿는 자마다 멸망치 않고 영생을 주셨습니다. 어느 날 우리는 우리에게 조용히 찾아오셔서 노크하시는 예수 그리스도! 그 분은 나의 구세주요, 나를 구원할 분으로 받아들였습니다. 어떤 분은 조상 때부터 2대, 3대 혹은 4대를 믿어왔고 나를 성도로, 집사로, 안수집사로, 권사로, 장로로, 전도사로, 목사로 부름을 받게 하셨습니다.

지금 여러분의 믿음은 어떻습니까? 은혜 받았을 때 그 믿음! 지금도 지키고 계십니까? 스스로 자문자답하는 것도 중요하지만 내가 믿는 주님께 물어야 된다는 것입니다. '주여! 지금 내 믿음의 인생호가 어디로 가고 있습니까? 방향의 키를 잘 잡고 가고 있는지. 주께서 말씀 하옵소서' 하고 물어야 한다는 것입니다. 믿음의 선배로서 믿음의 후배들에게 부끄러움은 없는지. 직분에 걸맞은 신앙생활은 하고 있는지, 지금 내가 하고 있는 행위가 신앙의 동료들에게나 가족들, 믿음의 후배들에게 본이 되고 있는지 하나님께 조용히 물어야 된다는 말씀입니다.

애국자 김구 선생의 애송하는 시를 여러분에게 소개하고자 합니다.

'눈 덮인 들길을 걸을지라도
이리저리 함부로 걷지 말라,
오늘 내가 걸어간 발자국들!
뒤 따라 오는 후진들이 이정표로 삼고
따라오리라.'

믿음이 떨어진 사람, 자신의 행위 모두가 정당하게 보입니다. 지난 날 자신의 믿음이 충만할 때 요즘 자신과 같이 행동하는 사람을 심하게 비판할 때가 있었습니다. 그러나 이제 자신의 믿음이 비판 받을 행동을 하면서도 자신이 무슨 짓을 하고 있는지 모를 정도로 신앙이 변질되어 버린 성도가 계시지 않습니까? 다른 사람의 행동에는 인색하고 자신의 잘못된 행동에는 너무나 관대한 이중인격은 아닌지 돌아보아야 할 것입니다.

바울은 빌립보 교인들에게 빌립보서 4장5절에서 **'너희 관용을 모든 사람에게 알게 하라 주께서 가까우시니라.'** 말씀하시고 로마서 1장17절에 **'오직 의인은 믿음으로 말미암아 살리라'**고 교훈하고 있습니다. 어떤 교회 중진은 '교회는 뭐 하러 가느냐? 교회 가는 시간 있으면 한 푼이라도 더 벌어야지'라고 하는 듣기에도 민망한 말을 하는 사람이 있다고 합니다. 눈 덮인 들길이라도 함부로 걷지 말라. 뒤 따라 오는 후손이 그 길을 걷게 된다는 이 말의 깊은 뜻을 우리는 이 시간 새겨야 할 것입니다.

사랑하는 성도 여러분

신앙의 사람은 신앙의 말을 해야 합니다. 설령 그것이 부부끼리라도 말입니다. 이스라엘 백성들은 은혜받고 홍해라는 바다를 건너 구원을 받은 지가 얼마나 됐다고 주의 종 모세를 원망하고 하나님을 원망했습니다. 한 입에서 쓴물과 단물의 두 소리가 나와야 되겠느냐는 것입니다. 그 결과가 무엇입니까? 하나님은 불평과 원망에 가득차 하나님의 은혜를 쉬 잊어버린 이스라엘 백성에게 마라의 쓴물을 마시게 함으로 하나님을 대적하는 자들에게는 인생의 쓴 물 뿐이라는 교훈을 주신 것입니다. 당시 홍해바다를 둘로 쪼개어 갈라지게 한 강풍은 시속 384km라는 기록이 있습니다. 인류 역사상 가장 강력한 지진은 1960년 5월 22일 칠레 산티아고에서 700km 남쪽 지점에서 일어난 것으로 시속 300km, 높이25m의 쓰나미가 발생한 지진이라고 합니다. 여호와 하나님은 홍해에서 수장될 뻔 했던 이스라엘 백성들을 시속384Km의 무서운 광풍으로 홍해를 갈라지게 하여 이스라엘을 구원해 주셨습니다. 인생의 광야 같은 모래사막에서 길 잃고 헤매일 때 구원해 주신 한량없는 주님의 은혜를 잊어버리고 받은 그 은혜가 변질되어서는 결코 안 될 것입니다.

사랑하는 성도 여러분

하나님이 원하시는 것은 결코 변질된 믿음이 아닙니다. 얼마나 오래 믿었느냐가 아닙니다. 몇 대째 신앙생활 했느냐가 문제가 되는 것도 아닙니다. 우리 주님은 태풍이 몰아칠 때 네가 믿음이 있느냐고 우리를 향하여 묻고 계시고 절망에 빠져 위로받을 자가 없을 때 주님은 말씀합니다. 네가 얼마나 내게 의지하였느냐? 하고 주님은 묻습니다. 인생의 고달픈 길에서 쓰러지고 넘어져도 오직 처음 사랑을 잊어버리지 않고 주님을 찾는 그 사람을 찾고 계십니다.

하인스 워드라는 젊은 미식축구 챔피언 영웅이 있습니다. 그는 한국사람 어머니와 흑인아버지 사이에서 태어났습니다. 미국에 가자마자 어머니는 흑인 남편과 이혼을 하고 홀로 하인즈를 키우게 됐습니다. 자라면서 하인즈는 학대, 천대, 멸시, 조롱을 당해 수없이 자살시도를 하고 생을 포기하려고 했지만 어느 순간 그는 교회로 인도 받았고 예수님을 영접하게 됐습니다. 그러던 어느 날그는 성령의 음성을 듣게 됩니다. '언젠가는 고난의 끝이 올 것이다. 절망하지 말라 너도 성공 할 수 있어'라는 성령의 소리를 듣게 됩니다. 그 후 하인드 워드는 '주여 내게도 고난의 끝이 하루빨리 오게 하옵소서'하고 기도합니다. 그리고 참자, 생을 포기하지 말자, 하인즈는 외칩니다.'나는 할 수 없지만 내가 믿는 하나님은 나를 사용하실 것이다' 하고 도전정신을 가지고 하루도 포기하지 않고 최선을 다하였다고 합니다. 그는 드디어 미국 역사상 외국 선수로는 처음으로 미식축구 MVP로 선정되었고 기자들의 질문이 쏟아졌습니다. 하워드 당신은 어떻게 MVP가 될 수 있었는가? 그는 이렇게 답변을 합니다. '내가 믿는 나의 하나님 도우심 때문입니다.'라고 하자 기자가 다시 질문을 합니다. '하나님 말고 다른 말 없느냐?' '오늘 내가 이렇게 될 수 있었던 것은 오직 하나님 한 분의 은혜라, 열 번 나에게 물어봐도 답은 오직 하나님의 은혜입니다.'라고 하였습니다.

사랑하는 성도 여러분

우리는 언젠가 주님과의 첫사랑이 있었습니다. 성령의 은혜가 내게 철철 넘쳐 오직 하나님만 찾았을 때가 있었습니다.

오늘 이 시간 주님을 향한 잃어버린 여러분의 첫 사랑이 회복되는 시간 되시길 주님의 이름으로 축원 드립니다.

두 번째, 쓴 뿌리를 빼내야 기적이 일어납니다.

오늘 본문은 3일 만에 마라에 도착했다고 기록하고 있습니다. 마라의 뜻은 '쓴 맛' 또는 '상하고 슬프다'라는 뜻을 가지고 있습니다. 출애굽한 이스라엘 백성들은 스르 광야에 들어와 사흘 길을 걸었으나 물이 없어 갈증과 기갈에 시달려야만 했습니다. 견디기 힘들었던 이스라엘 백성들은 당장 모세를 원망하고 하나님을 원망하기 시작했습니다. 작심삼일이란 말이 있습니다. 결심이 삼일 이상 가기 힘들다는 것입니다. 또 사람이 3일 이상 굶으면 남의 집 담을 넘는다는 말도 있습니다. 3일 전 홍해가 갈라졌습니다. 천지개벽이 일어났다는 것입니다. 죽음에서 다시 살아나 구사일생으로 구원을 받았다는 것입니다. 그런데 3일 만에 기갈을 참지 못하여 모세에게 덤벼들었고 자신들을 구원해 주신 하나님의 은혜를 잊고 만 것이 약삭빠른 인간의 현주소입니다. 여호와 하나님은 한 나무를 꺾어 물에 던지매 쓴물이 단물로 변했다고 하였습니다.

사랑하는 성도 여러분

인생 노정에서 수없는 고난, 상처, 시련, 역경 같은 쓴물을 경험해 보지 못한 인생이 어디에 있겠위기에 처해보지 않습니까? 광야 같은 인생길에서 누구나 할 것 없이 만고풍상을 만나게 되어 있습니다. 내가 탄 인생호가 난데없이 돛대가 부러지기도 하고 원치 않는 일로 길을 잃어버리고 심한 파도에 선체가 파손되어 죽음의 위기에 처해보지 않은 인생이 어디에 있겠느냐는 것입니다. 왜 우리를 하나님의 자녀로 불러 주셨습니까? 왜 우리가 하나님을 아버지로 예수님을 구주로 성령님을 인도자로 섬기게 되었습니까? 난파와 같은 세상에서 인생의 쓴 파도가 닥칠 때마다 생명이 되신 예수님을 통해서 쓴 물을 단 물로 바꿀 수 있기에 우리가 주님께 매달려야만 된다는 것입니다. 구원 받은 지 3일 만에 변심한 이스라엘 백성들을 하나님은 사랑으로 보듬어 주시고 쓴물을 단물로 바꾸어주셨던 것처럼 이 시간 우리에게 쓴 뿌리가 무엇입니까? 때로는 사명 감당 하지 못한 것이 쓴 뿌리가 될 수 있습니다.

윗물이 맑아야 아랫물이 맑다는 말이 있습니다. 교회의 중진이요 지도자가 될수록 언행을 조심해야 하고 모든 일에 순종하고 앞장서야 하는 것입니다. 어떤 분이 홍성익 목사를 가리켜 '홍 목사, 홍 목사'하고 부르기에 '장로님! 홍 목사님하고 '님'자 하나 더 붙이면 입술이 터지나?'라고 했더니 고치겠다고 말하였습니다. 그 분이 의식적으로 한 말이 아니라 홍성익 목사님을 청년 때부터 봐와서 순간적으로 나온 말이라고 생각했으나 지도자는 언행에 각별히 유념하여야 된다는 것입니다.

그래서 바울은 디모데에게 이렇게 말합니다. 디모데전서 4장12절에 **'누 구든지 네 연소함을 업신여기지 못하게 하고 오직 말과 행실과 사랑과 믿음과 정 절에 대하여 믿는 자에게 본이 되어'**라고 말했고 또한 5장17절에서는 **'잘 다 스리는 장로들을 배나 존경할 자로 알되 말씀과 가르침에 수고하는 이들을 더할 것이니라'**고 말하였습니다. 이 말은 어린 디모데를 업신여기는 자를 바 르게 교훈하여 책망하고 믿음이 좋은 장로를 존경하고 더욱 존경하라 는 뜻입니다.

사랑하는 성도 여러분

내게 쓴 뿌리가 무엇입니까? 나를 복종시키지 않으면 쓴 뿌리를 뽑을 수 가 없습니다. 신앙의 성공자가 누구입니까? 날마다 쓴 뿌리를 빼고 주님 앞에 나아가는 자를 말합니다. 이시간 우리 배에서 생수의 강이 넘쳐나 기를 주의 이름으로 축원합니다.

세 번째, 율례와 법도를 지켜야 기적이 일어납니다.

기독교는 축복의 종교입니다. 성경에 35400가지의 약속과 응답이 나옵 니다. 이렇게 많은 축복, 누구나 신분 여하를 막론하고 하나님을 믿고 따르면 받을 수 있다는 것입니다. 그러나 법도와 율례를 지켜야 기적이 일어납니다.

사랑하는 성도 여러분

법도와 율례가 무엇입니까?

1. 하나님의 말씀에 귀 기울이는 것입니다.

2. 하나님의 의를 행하라는 것입니다.

3. 하나님 말씀을 지키라는 것입니다.

그러면 모든 질병도 내리지 아니하시고 치료해 주시겠다는 약속입니다.
귀를 기울이라는 것은 지나온 과거를 생각하라는 것입니다. 애굽의 노
예생활이며 바로의 군대가 쫓아올 때 그때그때 지켜주신 하나님의 은혜
를 생각하며 무서운 회오리 바람으로 홍해가 둘로 갈라질 때 바다 한 가
운데를 걸을 수 있었던 단 한 번의 전무후무한 구원의 은총을 기억하라
는 것입니다. 그리고 날마다 감사하는 생활을 하라는 것입니다. 그러면
나 여호와가 너를 치료하는 하나님이 될 것이라는 것입니다.

결론입니다.

네 번째, 대를 잇는 영원한 축복입니다.

**27절에 '엘림에 이르니 거기 물샘 열 둘과 종려 칠십주가 있는지라 거기서 그들
이 그 물 곁에 장막을 치니라'고 했습니다.**

사랑하는 성도 여러분

131

지금까지 우리의 삶을 돌아봅시다. 저는 이스라엘에 갔을 때 엘림에 물샘 열둘과 종려나무 일흔 그루가 3500년이 지난 역사 속에서도 그대로 보존 되어 있는 것을 보았습니다. 3500년 동안 말로 표현할 수 없는 사막의 뜨거운 열기와 가뭄에도 광야 언덕에 부는 비바람, 회오리와 광풍 속에서 단물을 낸 물샘 열둘은 변하지 않고 역사 속에서 도도히 흐르며 3500년 전의 그 맛을 간직하고 있었습니다.

사랑하는 성도 여러분

열둘 우물과 일흔 그루의 종려나무는 지금껏 죽지 않고 샘물이 솟아나고 있다는 것은 무엇을 의미하고 있습니까? 여기서 우리가 배워야 할 교훈이 무엇입니까? 율례와 법도를 지키라 말씀 앞에 순종하라 그리하면 어떤 질병도 내리지 아니 하리니 나는 너를 치료하는 네 하나님이 되리라 자자 손손 대대로 축복하시겠다는 하나님의 약속을 확인하는 순간입니다. 할렐루야

조선시대 명문장가인 신흠이란 분의 시를 소개하면서 말씀을 마치려 합니다.

오동나무는 천년이 되어도 항상 곡조를 간직하고 있고
매화는 일생 동안 춥게 살아도 향기를 포기하지 않고
달은 천년을 이지러져도 그 본질이 남아있고
버드나무는 백년 이상 꺾어도 새 가지가 올라온다

사랑하는 성도 여러분

그렇습니다. 성도의 삶은 어떤 것입니까? 오동나무처럼 성도의 입에서는 오직 주님만을 찬양하여야 하고 매화처럼 아무리 인생에 추위와 가뭄이 와도 예수의 향기를 품어야 하고 버드나무처럼 짓밟히고 핍박을 받아도 새 가지가 나와 7전8기 인생이 되어야 한다는 것입니다. 바울은 말씀합니다. 갈라디아서 6장17절에서 **'이 후로는 누구든지 나를 괴롭게 하지 말라 내가 내 몸에 예수의 흔적을 지니고 있노라.'**고 말씀하였습니다.

사랑하는 성도 여러분

이 시간 누가 우리의 생명을 지켜 주십니까? 예수 그리스도이십니다. 누가 우리를 악한 질병에서 구원하여 주십니까? 예수 그리스도이십니다. 우리를 푸른 초장으로 인도하신 분이 누구십니까? 예수 그리스도이십니다. 변하여 기적을 이루시는 사랑하는 저와 여러분 되시길 예수님의 이름으로 축원 드립니다.

새벽을
깨우자

(시편 46:5)

하나님이 그 성중에 거하시매 성이 요동치 아니할 것이라

새벽에 하나님이 도우시리로다

'새벽을 깨우자'라는 말씀으로 증거 할 때에 예수님께서 사랑하는 성도 여러분과 저의 가슴을 진리로 채우시는 축복의 시간이 되어 지시기를 주의 이름으로 축원 드립니다.

새벽기도의 창시자는 우리 주님이십니다. 성경은 마가복음 1장35절에서 **'새벽 오히려 미명에 예수께서 일어나 나가 한적한 곳으로 가사 거기서 기도하시더니 '**라고 말씀하고 계십니다. 우리나라는 1884년 기독교가 들어온 지 약 20년 후 1905년 평양 장대현교회 길선주 목사님이 최초로 새벽기도를 시작하셨습니다. 이와 같은 새벽기도회는 1907년 평양 장대현교회에서 길선주 목사님과 선교사 블레어(W. N. Blair,)에 의하여 부흥회가 열리게 되었습니다. 이때 한국교회 사상 미증유의 성령강림의 역사가 나타났으며 특별히 길선주 목사님의 새벽기도에 일어난 회개운

동은 성도들의 가슴에 불을 지피고 전국적으로 전개되었다고 합니다. 또한 길선주 목사님의 생애 사역에서 60여 명의 앉은뱅이가 일어났다고 합니다.

그 후 새벽기도는 130여 년 밖에 안 되는 한국교회의 성장에 획을 긋는 결정적 동기가 되었습니다. 곧 새벽기도를 열심히 하는 교회는 급속한 교회성장을 가져왔고 새벽기도의 불이 붙지 않는 교회는 제자리걸음 정도의 미미한 발전만을 가져온 것입니다. 오늘날에도 많은 신흥교회가 새벽기도를 열심히 하여 교회성장을 이루었다고 하는 것은 곧 새벽에 하나님이 함께 하셨다는 증거입니다. 새벽에 기적이 일어났다는 증거입니다. 새벽에 성도들이 복을 받는다는 것입니다. 그러기에 복을 받는 교회에 성도들이 몰리게 되어 있습니다. 성도들은 귀가 있으므로 복이 넘치는 교회를 듣고, 눈이 있으므로 보고, 가슴이 있으므로 열려서 가도록 되어 있습니다. 말하자면 기도를 많이 하는 교회는 삶에 기적이 일어나고 교회는 부흥이 되게 되어있다는 말입니다. 그래서 사무엘 선지자는 사무엘상 12장23절에서 **'나는 너희를 위하여 기도하기를 쉬는 죄를 여호와 앞에 결단코 범치 아니하고'**라고 말씀하셨습니다. 새벽기도는 한국 교회의 자랑이요, 상징이요, 그리고 세계적인 자랑으로 세계 교회사에 빛나는 역할을 하고 있습니다.

지금부터 33년 전 고강동에 경서교회를 개척할 당시 오정구에   약 200개 교회가 세워졌고 지금은 약 400개의 교회가 있습니다. 고강동, 원종동 지역에 교회가 가장 밀집된 지역이 이곳 부천입니다. 부천시교회연합회에 등록된 교회가 약 1300개가 된다고 합니다. 미등록된 교회 숫자까지 합하면 약 1500개의 교회가 될 것입니다. 저는 이곳에 교회를 개척하고 고강동, 원종동 지역의 교회를 새벽에 한 번씩 돌아보았더니 약 50%가 새벽기도를 하지 아니하고 약 30%가 비정기적으로 하고 전체의 20% 정도만이 매일 새벽기도를 하고 있었습니다. 이 사실을 알고 저는 새벽을 깨워야겠다고 생각하였습니다. 그리고 새벽기도와 철야예배에 불을 붙이기 시작했습니다.

33년이 지난 지금 그 결과가 나타나 은혜로운 교회로서 이 지역을 리드해가고 있지 않습니까? 돌이켜보면 우리 경서교회가 성장할 수 있었던 증거는 새벽기도회와 철야예배에 있었다고 해도 과언이 아닐 것입니다. 개척 당시부터 전 성도에게 새벽기도의 불을 붙이고 온 성도의 가정에 믿음의 활력소를 불어넣었습니다. 잠자던 신앙을 깨워줌으로 예수 그리스도를 만날 수 있는 좋은 계기와 동기를 만들어 주었습니다. 다니엘 40일 새벽기도, 홍해작전 100일 새벽기도, 40일 작정 새벽기도, 70일 여리고 대작전 등 수 많은 새벽기도에 이름을 붙여가며 새벽기도를 해 왔습니다. 기도를 쉬는 죄를 범하지 말라는 사무엘 선지자의 말씀대로 기도의 역사는 참으로 놀라웠습니다. 이루 말할 수 없는 이적과 기적이 일어났습니다.

내일부터 시작되는 고난주간 특별 새벽 기도회는 '영권, 물권, 인권을 주옵소서! 라는 주제로 시작하는 창립 이후 100번째 맞는 새벽기도입니다. 이번 새벽기도에 가정과 직장과 사업 그리고 자녀문제 등 만 가지의 질병과 삶의 문제를 놓고 결사적으로 드린 기도는 말로 다 표현할 수 없는 이적과 기적과 능력으로 응답받는 기도회가 될 줄로 믿습니다.

지난 새벽기도 때는 뇌 안의 혈관이 막혀 그 가운데 종양이 생겨 뇌수술을 받아야 하는 ooo 집사님이 새벽기도 하는 동안 안수 받고 병원에 가서 검진해 보니 막혔던 혈관이 다시 연결되고 종양은 깨끗이 없어져버렸습니다. 깨끗해져서 지금 건강하게 살고 계시질 않습니까? ooo자녀 oo이도 새벽기도 때 안수 받고 낳은 아이가 아닙니까? 결혼한 지 10여 년이 되었지만 아이가 없던 그 가정에 하나님의 축복으로 아이를 주셨습니다. 그 은혜로 부인 안oo 집사님과 더불어 우리 교회 1등 충성 봉사자가 되었습니다. 아이 이름도 제 이름의 '철'자를 따서 o철이라 하였습니다. 어떤 경우는 새벽기도회에 나와 기도했더니 바람이 나서 몇 년째 집을 떠나있던 남편이 회개하고 돌아왔고 중풍에 걸려 팔, 다리를 못 쓰던 분이 깨끗하게 치유함을 받았는가 하면 심장병, 당뇨, 고혈압 등 심지어는 악령을 받아 고통당하는 자까지도 치유해 주시지 않았습니까?

사랑하는 성도 여러분, 새벽기도는 영적으로 어떤 의미가 있습니까?

첫 번째, 새벽기도는 하루 일과 중에 첫 시간을 주님께 바친다는 영적 의미가 있습니다.

왜 우리가 새벽기도를 해야 합니까? 잠언 3장9절에 **'네 재물과 네 소산물의 처음 익은 열매로 여호와를 공경하라 그리하면 네 창고가 가득히 차고 네 즙**

틀에 새 포도즙이 넘치리라'고 말씀하셨습니다. 새벽기도는 이와 같이 시간의 첫 소산을 하나님께 드린다는 영적 의미가 있습니다. 새벽기도는 어느 누구와도 대화하기 전 예수님과 먼저 대화한다는 의미가 있습니다. 세상에는 많은 대화의 상대가 있습니다. 그 중에서 나의 첫 대화자가 예수님이라고 생각해 보십시오. 얼마나 귀하고 가슴이 울렁거리겠습니까? 하루 일과의 첫 시간에 예수 그리스도와 얼굴을 대면한다고 생각해 보십시오. 아마도 그날은 최고의 날이 될 것입니다.

여러분! 제자의 길이 어떤 길입니까? 스승을 따라가는 것이 제자의 길입니다. 예수 그리스도 그 분은 바로 우리의 구세주이시오, 스승이십니다. 우리 그리스도인들은 예수님이 가신 길을 따라가야 합니다. 그래서 우리 그리스도인들을 가리켜 순례자라고 하지 않습니까? 우리는 어디에서인가 와서 어디론가 가는 것입니다. 사람이 죽으면 돌아가신다고 합니다. 어디로 갔느냐? 왔던 길로 돌아갔다는 말입니다. 악한 이는 악한 길로, 선한 이는 선한 길로 가고, 예수님을 믿지 않는 사람은 믿지 않는 그곳으로 가고, 예수님을 잘 믿는 사람은 믿음자의 본향인 천국으로 돌아가는 길입니다. 도대체 인간은 죽으면 어디로 갈까요? 부귀영화를 누리던 왕도 항우장사도 젊은 날에 남부러울 것 없이 자기만 세상에서 존재하는 것 같지만 늙어 갈수록 인생의 무상함을 느끼게 되고 그리고 영원히 살고 싶다는 생각이 듭니다. 여러분, 중국의 진시황도 천하통일을 하고 나니 불로장생하고자 자신의 충신 서복에게 불로초를 찾아오라고 동남동녀 3천 명과 함께 동쪽으로 보냈다고 합니다. 세상에 부러운 것이 없는 왕이 왜 그렇게 했습니까? 인생의 늙음을 해결해 보려는 마지막 몸부림이었을 것입니다.

어떻게 하면 인간은 영원히 살 수 있을까? 어떻게 하면 인간은 죽지 아
니하고 영원히 살 수 있을까? 죽더라도 다시 살아날 길이 없나? 이것이
동서고금을 통하여 역사상 아직까지 풀리지 않은 수수께끼입니다. 이때
에 수수께끼를 풀어주시는 한 분이 계시니 그분이 바로 우리가 믿는 예
수 그리스도이심을 믿으시길 바랍니다. 그래서 우리는 성경을 믿습니
다. 성경 66권을 읽고 성경에 나오는 모든 것을 믿고 성경의 모든 기적
과 이적을 우리는 믿습니다. 성경 안에는 사업에 성공하는 비결, 훌륭한
정치의 비결, 건강의 비결, 모든 행복의 조건 등 그 어떤 일체의 비결도
다 들어있기 때문입니다.

인간은 편한 날이 없습니다. 쉴 날이 없습니다. 대통령도 고민이 많습니
다. 국회의원도 장관도 수천억 원을 가진 재벌도 고민이 많습니다. 삶의
현실에서 근심, 걱정, 염려가 없는 사람이 이 세상 어디에 있습니까? 여
러분! 평안의 안식처가 있으니 그곳이 바로 예수 그리스도의 품안인 것
을 믿으시기 바랍니다. 우리가 새벽기도를 한다고 하는 것은 고난 속에
서 유익을 얻어 보자는 데 그 목적이 있습니다. 천지만물을 창조하시고
인간의 모든 것을 주장하시는 여호와 하나님 앞에 새벽 미명에 누구와
도 대화하지 아니한 깨끗한 마음으로 주님과 대화해 보자는데 그 의미
가 있다고 하는 것입니다.

여러분! 새벽은 어떤 시간입니까?

두 번째, 새벽은 홍해가 갈라지는 시간, 갈라진 홍해가 다시 회복 되어지는 시간입니다.

출애굽기 14장27절에 보면 **'모세가 곧 손을 바다 위로 내어밀매 새벽에 미쳐 바다의 그 세력이 회복된지라'**고 말씀하고 있습니다. 애굽에서 400년 동안 종살이만 하고 살아온 이스라엘 백성들을 거느리고 가나안 땅으로 가 는 노정에서 바로가 뒤쫓아 옵니다. 모세와 이스라엘 백성들을 죽이려 고 합니다. 앞에는 홍해가 있고 뒤에는 바로의 군대가 쫓아옵니다. 이럴 때에 이스라엘 백성이 어떻게 했습니까? 더 이상 갈 수도 없거니와 후 퇴할 수도 없는 진퇴양난의 상황에서 뒤쫓아 온 바로의 군대를 대적할 수 있는 힘은 더더욱 없었습니다. 한마디로 사면초가의 상태인 것입니 다. 21절에 보면 **'모세가 바다 위로 손을 내어민대 여호와께서 큰 동풍으로 밤 새도록 바닷물을 물러가게 하시니 물이 갈라져 바다가 마른 땅이 된지라'**고 하 였습니다.

사랑하는 성도 여러분!

인간의 한계에 부딪친 절박하고 처절한 상황에서 모세와 이스라엘 백성 이 한 일이 무엇입니까? 그들은 하나님께 의지했습니다. 하나님의 역사 로 인간의 상상을 초월한 기적이 일어났습니다. 홍해는 갈라졌습니다. 이스라엘 백성들이 드디어 홍해를 건너기 시작했습니다. 출애굽기 14장 26절에 보니 **'여호와께서 모세에게 이르시되 네 손을 바다 위로 내어밀어 물이 애굽 사람들과 그 병거들과 마병들 위에 다시 흐르게 하라 모세가 곧 손을 바다 위**

로 내어밀매 새벽에 미쳐 바다의 그 세력이 회복된지라.' 할렐루야!

사랑하는 성도 여러분!

왜 이런 기적이, 어떻게 이런 역사가 일어났습니까? 모세에게 무슨 능력이 있었습니까? 결코 그렇지 않았습니다. 모세가 하나님의 능력의 장중에 붙잡히니 기적이 일어났던 것입니다. 오늘 이 시간 사랑하는 여러분의 삶에 무엇이 문제입니까? 여러분의 삶에 무엇이 사면초가이기에 길이 막혀 있습니까? 위대하신 주님의 능력의 손에 붙잡히십시다. 그리고 주님의 주권 앞에 전부를 맡기십시다. 그리하면 인생의 홍해가 갈라질 것이고 갈라진 홍해가 다시 회복될 것입니다.

생사의 갈림길 앞에서 처절한 기도가 시작되었습니다. 손을 들고 기도하기 시작하니 하나님의 음성이 모세에게 들려왔습니다. 모세야 네 손을 바다에 내밀라 모세가 새벽미명에 바다 위로 손을 내밀자 바다가 쩍 갈라졌습니다. 이것이 새벽에 일어난 기적입니다. 나는 감히 우리 사랑하는 경서교회 성도 여러분이 20일 새벽기도를 하다가 여러분의 영적인 문제들이 쩍하고 갈라지는 기적이 일어나기를 주의 이름으로 축원합니다. 육적인 문제들이 있습니다. 사업하는 사람은 더 크게 사업을 하고 싶고 가정을 이루면 행복해지고 싶습니다. 여러분, 우리는 누구나 영적, 육적 문제를 가지고 이 땅에 존재하고 있습니다. 육적인 문제가 해결되면 영혼의 문제가 해결되지 아니하고 영혼의 문제가 해결되면 육적인 문제가 해결되지 아니하는 문제들이 있습니다! 왜 그렇습니까? 이 땅은

142

천국이 아니기 때문입니다.

이 땅은 나그네 생활입니다. 원래가 골치 아픈 세상입니다!. 이런 세상 속에서 우리는 순례자의 길을 가고 있는 중입니다. 누구를 지도자로 삼고 순례자의 길을 가는 것인가? 우리는 예수 그리스도를 우리의 영적인 지도자로 삼고 그분을 앞세우고 가는 것입니다. 그분이 구름을 따라가시면 우리도 구름을 따라가고 불기둥으로 가시면 우리도 불기둥으로 가고 그분이 시킨 대로 명령한 대로 따라 가다보면 여러분, 우리는 천국에 도착하게 될 줄로 믿으시기를 바랍니다. 역사 이래로 성경을 믿고 따라 간 분들은 한 사람도 후회함이 없다고 말씀하고 있습니다. 성경말씀이 가라하면 가고 성경말씀이 멈추라 하면 멈춰 섰습니다. 어떤 일을 하든지 하나님의 은혜로 축복을 받았습니다.

여러분, 목회자가 된다고 하는 것은 상당히 괴로운 일인 것 같습니다. 잘되는 성도는 잘 되는대로 계속 잘 되어야 할 텐데 하는 염려가 생기고 갑자기 어려움이 닥쳐 병들어 있는 성도를 보게 되면 걱정이 태산입니다. 하나님! 어찌해야 좋을까요? 마음이 편할 날이 없어요! 걱정, 근심이 떠날 날이 없어요. 이것을 어떻게 해결합니까? 성도를 볼 때마다 하나님 앞에 엎드리는 것 밖에 없습니다. 엎드려서 기도하다 보면 한 사람 한 사람의 문제가 해결이 되고 그 기쁨과 소망으로 목회자의 길을 가는 것 같습니다.

저는 사랑하는 성도 여러분에게 감히 부탁드리기를 어쩌면 부족해 보일

143

지 모르나 저를 경서교회 영적 지도자로 세워주셨습니다. 그렇다면 제 신학관이 바르고 정당하다고 생각한다면 제가 하는 대로 따라 주는 것이 여러분의 도리입니다. 그래야 우리는 함께 인생의 요단을 건널 수가 있습니다. 우리 앞에 가로놓여 있는 인생의 홍해를 건널 수가 있다는 것입니다. 내 사명은 내게 맡겨진 양무리들이 이 땅의 나그네 길을 가는 동안 평안의 길, 축복된 삶을 살기를 원합니다. 그리고 축복을 받아서 정말로 영육 간에 구김살 없는 생활, 멋진 신앙생활 할 때에 하나님께서 내게 주신 상급이 클 것이고 사랑하는 성도 여러분에게는 후회 없는 삶이 되어 평화와 기쁨이 넘칠 것이기 때문입니다. 우리 모두는 절박한 인간의 한계에 부딪쳐 낙망할 때가 있습니다. 그럴 때 일수록 저를 전적으로 신뢰하고 순종하고 힘들고 어려워도 하나님을 의지하고 따르는 여러분이 되시기를 주의 이름으로 축원합니다!

새벽기도에 어떤 일이 일어났는가?

세 번째, 새벽시간은 인생의 여리고 성이 무너지는 시간입니다.

여호수아 6장15절 이하에 '제 칠일 새벽에 그들이 일찌기 일어나서 여전한 방식으로 성을 일곱번 도니.' 여호수아 6장20절에 '제사장들은 나팔을 불매 백성이 나팔 소리를 듣는 동시에 크게 소리질러 외치니 성벽이 무너져 내린지라'고 했습니다.

사랑하는 성도 여러분

한 명이 기도하는 것 보다 열 명이 기도하는 힘이 더 강합니다. 열 명보다 백 명의 기도가 더 강하고 백 명보다 천 명의 기도가 더 강합니다. 나 혼자 기도하는 것보다 가족 전체가 기도하면 능히 이겨 낼 수 있으며 교회 모든 성도가 기도하면 악마를 물리 칠 수 있습니다. 그러기에 전도서 4장12절에 '**한 사람이면 패하겠거니와 두 사람이면 능히 당하나니 삼겹 줄은 쉽게 끊어지지 아니하느니라**'고 말씀하였습니다. 여러분 혼자서 인생의 문제를 해결하려고 하면 마귀가 우리의 기도를 방해합니다. 기도하고 싶어도 방해를 받아서 기도하지 못합니다. 하기 싫어서 안 하는 것이 아닙니다. 못하게 방해해서 못합니다. 그러나 똑같은 새벽 미명에 온 성도가 합심해서 하나님 앞에 부르짖을 때에 기도가 막혔던 분도 기도의 문이 열리게 될 줄로 믿습니다.

이스라엘 백성 전체가 새벽미명에 기도하니 제 7일에 여호수아와 백성들의 기도의 함성으로 여리고성이 무너졌습니다. 여러분의 인생길에 오도 가도 못하는 홍해바다가 가로놓여 있습니까? 철벽같은 여리고성이 여러분 인생에 가로놓여 있습니까? 이번 새벽기도 동안에 주의 은혜로 인생의 여리고성이 무너지기를 예수님 이름으로 축원 드립니다.

네 번째, 새벽은 우리의 영혼상태가 가장 맑은 시간입니다.

이스라엘 백성들은 수많은 시간 중에 왜 새벽을 선택했습니까? 새벽은 깨끗한 시간입니다. 맑은 시간입니다. 정성이 담긴 시간이요, 피곤이 물러간 시간이요, 하루의 귀중한 첫 시간인 까닭에 그들은 새벽을 선택했

145

습니다. 그리하여 성벽이 갈라지고 여리고가 무너졌습니다. 홍해가 갈라졌습니다. 새벽에 우리가 부르짖는다고 하는 것은 지는 해를 따라가는 인생의 석양이 아니라 중천에 떠오를 아침 태양을 바라보는 희망의 아침이 될 것을 확신합니다.

지금 현재 생활의 문제, 사업의 문제, 자녀나 애정문제, 믿음의 문제 그리고 잘못된 습관적이고 관습적인 수많은 문제 때문에 하나님의 도우심을 필요로 하는 성도가 계십니까? 고달픈 인생의 문제, 나만이 알고 있는 인생의 약점들을 가지고 계십니까? **'내가 산을 향하여 눈을 들리라 나의 도움이 어디서 올까 나의 도움은 천지를 지으신 여호와에게서로다.'** (시편 121:1-2)하고 독백했던 시편 말씀처럼 이번 새벽 미명에 하나님 전에 나와 치료자이신 예수, 권능자이신 예수님께 우리의 남은 인생을 맡기지 않으시겠습니까? 그분 안에는 사업에 성공하는 비결이 있고 어떤 질병도 치료하시는 기적의 보약이 있고 만사형통의 행복의 비결이 있습니다.

그렇기에 출애굽기 15장26절에서는 나는 너희를 치료하는 여호와임이라고 말씀하셨고 주님의 사랑하는 제자들이 고독과 절망에 놓여 있을 때 부활의 주님을 다시 만나게 되었는데 요한복음 20장19절에 제자들에게 나타나셔서 너희에게 평강이 있을지어다라고 말씀하시고 연이어 22절에는 제자들을 향하여 숨을 내쉬시며 성령을 받으라고 하셨습니다. 새벽은 저와 여러분의 하루생활 중 가장 귀중한 시간입니다. 새벽은 권능과 이적이 나타나는 시간입니다. 새벽은 슬픔에 잠겨있는 제자들에게 용기를 주는 시간입니다. 슬픔과 절망에 빠진 사랑하는 제자들에게 희망을 주는 시간입니다. 먼동이 트는 새벽은 우리 모두의 잠자던 영혼을 영글게 할 것이고 승리를 알리는 신호가 될 것입니다.

저는 성도님들에게 이번 '특별 새벽기도'가 다시 한 번 거듭나는 축복의 날이 되고 기적의 날, 치료의 날, 구원의 날, 삶의 방법을 바꿔놓는 역사적인 날이 되어 지시길 주의 이름으로 축원 드립니다. 이번 특별 새벽기도 기간에 우리가 다시 한 번 거듭나는 축복을 받아 사랑하는 성도 여러분의 생애가 금년 한 해 동안 빛나는 생애 되시기를 주의 이름으로 축원합니다!

"

네가 물 가운데로 지날 때에 내가 함께할 것이라 강
을 건널 때에 물이 너를 침몰치 못할 것이며 네가 불
가운데로 행할 때에 타지도 아니할 것이요 불꽃이 너
를 사르지도 못하리니 장차 들짐승 곧 시랑과 및 타
조도 나를 존경할 것은 내가 광야에 물들을, 사막에
강들을 내어 내 백성,
나의 택한 자로 마시게 할 것임이라
이 백성은 내가 나를 위하여 지었나니 나의 찬송을
부르게 하려 함이니라
(이사야 43:2, 20, 21)

"

Going Together

주님과 함께 가는 길

주님과 함께 가는 길

함께

(이사야 43:2, 20, 21)

네가 물 가운데로 지날 때에 내가 함께할 것이라 강을 건널 때에 물이
너를 침몰치 못할 것이며 네가 불 가운데로 행할 때에 타지도 아니할 것이요
불꽃이 너를 사르지도 못하리니 장차 들짐승 곧 시랑과 및 타조도 나를 존경할
것은 내가 광야에 물들을, 사막에 강들을 내어 내 백성,
나의 택한 자로 마시게 할 것임이라
이 백성은 내가 나를 위하여 지었나니 나의 찬송을 부르게 하려 함이니라

주님과 함께 가는 길이라는 제목으로 말씀을 증거 하려고 합니다. 성령께서 저와 여러분의 마음을 감동시키는 축복과 응답의 시간이 되시기를 기원 드립니다.

고린도전서 11장1절에 **'내가 그리스도를 본받는 자 된 것 같이 너희는 나를 본받는 자 되라'**고 고린도 교회 성도들을 향하여 말씀하십니다. 바울은 여기서 성도가 하나님을 믿는 방법과 신앙생활의 지침을 말씀하고 있습

니다. 그러나 불행하게도 지금 고린도 교회를 위해 하는 설교가 모든 것이 바울의 뜻대로 되어서 성도들에게 설교한 것은 아닙니다. 바울은 고린도 교회 성도들에게 설교할 때가 어쩌면 바울 자신이 최고의 고난의 길을 가고 있을 때였습니다. 고린도후서 2장4절에서 성도들에게 보내는 설교에서 '**내가 큰 환난과 애통한 마음이 있어 많은 눈물로 너희에게 썼노니 이는 너희로 근심하게 하려 한것이 아니요 오직 내가 너희를 향하여 넘치는 사랑이 있음을 너희로 알게 하려 함이라**'고 말을 합니다. 다시 말씀 드리면 내가 이러한 환난과 고통이 따라 올 때에 오직 주님만 바라보았고 그로 말미암아 고통을 이겨낼 수 있었고 환난을 극복할 수 있었고 그리고 환난 중에도 주님의 음성을 듣고 위로를 받았으며 승리했노라는 것입니다.

그 후 바울은 로마감옥에 갇혀 있으면서 빌립보서 4장11절에 '**내가 궁핍하므로 말하는 것이 아니라 어떠한 형편에든지 내가 자족하기를 배웠노니**'라고 말씀합니다. 내가 비천에 처할 줄도 알고 풍부에 처할 줄도 알았고 모든 일에 배고픔과 풍부와 궁핍과 가난에도 승리할 수 있는 일체의 비밀을 그리스도를 믿는 믿음으로 말미암아 알게 되었다는 것입니다. 그리고 바울은 빌립보서 4장13절 '**내게 능력 주시는 자 안에서 내가 모든 것을 할 수 있느니라**'고 고백합니다. 다시 말하면 자신은 배설물과 같은 존재로서 아무것도 할 수 없는 사람이었으나 주님이 도와주셨기 때문에 할 수 있었다는 것입니다. 이와 같은 고난과 환난 가운데 있었지만 '**나를 본받는 자 되라**'고 고린도전서 11장1절에서 성도들에게 자신의 삶을 자랑스럽게 말씀하고 있는 것입니다.

그는 또한 이렇게 설교합니다. 빌립보서 4장6절에 **'아무 것도 염려하지 말고 오직 모든 일에 기도와 간구로, 너희 구할 것을 감사함으로 하나님께 아뢰라 그리하면 모든 지각에 뛰어난 하나님의 평강이 그리스도 예수 안에서 너희 마음과 생각을 지키시리라'**

이것이 바울의 목회였습니다. 바울은 또한 고통도 기쁨도 환난도 이겨낼 수 있었던 삶의 비결이 '주님과 함께 가는 길'이었다고 고백하고 있습니다.

사랑하는 성도 여러분

어찌 인생의 가는 길에 험산 준령이 없을 수가 있겠습니까? 어찌 인생의 가는 길에 고난과 역경의 길이 없겠느냐는 것입니다. 그래서 어떤 시인은 인생은 눈물이요 탄식이라고 했으며 이러한 인생길은 고해(고난의 바다)라고 표현했습니다. 눈물과 탄식, 절망과 좌절, 질고와 고통의 세상에 하나님은 하나님과 함께 세상을 다스릴 사람을 찾고 계시는 것입니다. 하나님의 사람, 주님을 닮아가는 사람에게 주시는 말씀이 오늘 여러분이 봉독한 말씀인 것입니다.

(우리 함께 따라 한번 해볼까요)

네가 물 가운데로 지날 때에 내가 함께할 것이라 강을 건널 때에 물이 너를 침몰치 못할 것이며 네가 불 가운데로 행할 때에 타지도 아니할 것이요 불꽃이 너를

사르지도 못하리니 장차 들짐승 곧 시랑과 및 타조도 나를 존경할 것은 내가 광야에 물들을, 사막에 강들을 내어 내 백성, 나의 택한 자로 마시게 할 것임이라 이 백성은 내가 나를 위하여 지었나니 나의 찬송을 부르게 하려 함이니라. 할렐루야!

또한 이사야 41장10절에 '두려워 말라 내가 너와 함께 함이니라 놀라지 말라 나는 네 하나님이 됨이니라 내가 너를 굳세게 하리라 참으로 너를 도와 주리라 참으로 나의 의로운 오른손으로 너를 붙들리라.' 위대한 이 말씀을 도대체 누가 누구에게 주신 말씀입니까?

하나님의 사람 성령의 사람 예수의 사람인 바로 저와 여러분에게 주신 말씀인 줄 확실하게 믿으시기를 예수의 이름으로 축원 드립니다.

사랑하는 성도 여러분

이스라엘 백성들이 애굽에서 400년 동안 종살이를 하였습니다. 하나님은 모세를 통해 가나안 복지로 갈 것을 명령합니다. 그곳은 젖과 꿀이 흐르는 그야말로 천국이요 낙원이라는 것입니다. 모세는 하나님 말씀을 의지합니다. 모세는 이스라엘 백성 약 200만 명을 이끌고 애굽을 탈출합니다. 야곱의 가족 70인이 400년이 지나 200만 명의 나라를 만들었습니다. 말씀 믿고 나선 이스라엘 민족에게 과연 어떤 일이 일어났습니까? 낯설고 물설었습니다. 동서사방 적들에게 우겨싸임을 당합니다. 가는 곳마다 그곳 부족들과 싸워야 했습니다. 싸워서 이기면 가나안 복지에 갈 수가 있고 싸움에서 지면 광야사막에 묻히고 말게 됩니다. 하나님을 의지하고 나온 이스라엘 백성들에게 그때그때마다 싸우는 방법, 전투하는 방법을 가르쳐 주셨습니다. 무려 40년이 걸렸습니다. 수많은 전쟁을 치르면서 하나님을 의지할 때는 대승으로 여리고성을 물리칠 수가 있었고 말씀에 의지할 때 홍해바다가 갈라져 이스라엘 200만 명이 무사히 건널 수가 있었습니다. 여리고성을 칠 때도 홍해가 갈라 질 때도 아침 일찍 일어나 모세와 더불어 온 백성이 기도로 시작 하였습니다.

여호수아 6장12절에서는 그때 상황을 이렇게 기록하고 있습니다. **'여호수아가 아침에 일찌기 일어나니라 제사장들이 여호와의 궤를 메고 일곱 제사장은 일곱 양각나팔을 잡고 여호와의 궤 앞에서 계속 진행하며 나팔을 불고 무장한 자들은 그 앞에 행하며 후군은 여호와의 궤 뒤에 행하고 제사장들은 나팔을 불며 행하니라'**고 기록하고 있습니다.

사랑하는 성도 여러분

이러한 절차가 무엇을 의미하고 있습니까? 하나님 방법에 의하여 철저하게 준비한 모습을 볼 수가 있습니다. 그리고 여호수아가 대승을 이룬 것을 볼 수가 있습니다.

그런데 여호수아 7장에서 아이성 싸움이 시작됩니다. 아이성을 정탐하고 돌아온 정탐꾼의 보고를 이렇게 기록하고 있습니다. 여호수아 7장3절에 그들은 소수이니 번거롭게 하지 말고 2, 3천 명만 올라가서 치자는 것입니다. 그리고 싸우러 갔다가 아이성 전쟁에서 완패를 당합니다. 그들은 기도하지 않았습니다. 잠시 잠깐 방심하고 하나님 말씀보다 자신의 지략에 의존하고 교만해졌을 때는 아주 작은 아이성 같은 곳에서도 패배의 쓴 맛을 봐야했습니다.

사랑하는 성도 여러분

주님과 함께 가는 길은 어떤 길입니까?

첫 번째, 위험이 도사리고 있는 길(Risky Road)입니다.

사람들은 누구 할 것 없이 행복하길 원합니다. 사람들은 누구나 할 것 없이 성공하길 원합니다. 그러나 위험한 길(risky road)을 가기는 싫어합니다. 그러나 분명한 것은 하나님은 진취적이고 진보적인 사람들을 사용하시고 그들과 하나님의 역사를 만드시고자 하신다는 말씀입니다. 생각해보면 저의 목회도 마찬가지였습니다. 지금부터 40여 년 전 제가 목회자의 길을 선택할 때도 많은 사람들은 이 길을 싫어했습니다. 지게를 지고 날품팔이를 할 망정 목회자의 길은 죽음과도 같은 길이라고 모두가 생각했습니다. 왜냐고요? 인생의 성공이 보장되지 않은 위험한 길이었기 때문입니다. 저도 그 당시는 어머니의 기도에 의해 이 길을 가지 않고는 다른 길이 없었습니다. 당시 저는 폐병으로 죽음의 길을 걷고 있었기 때문입니다. 아마 제가 건강하게 잘 자라 주었더라면 막내인 제가 이 길을 가게 하시지는 않았을 것이라고 생각합니다. 어머님은 비가 오나 눈이 오나 저를 안고 교회에 나와 기도하신 것이 일과였습니다. 내 아들을 살려주면 목사가 되게 하겠으니 살려만 달라는 것이 어머니의 기도였습니다. 뼈와 가죽만 남아있는 저를 안고 교회 강대상 밑으로 가셔서 기도를 하십니다. 어머니의 기도하시는 눈에서 눈물이 펑펑 쏟아집니다. 나를 안고 기도하시는 어머니의 눈물이 내 눈에 떨어집니다. 그러면 저는 엄마 울지마 울지마 합니다. 어쩌면 제 어머니의 일생은 폐결핵에 걸려 각혈하는 아들을 위해 기도하시다가 주님 곁으로 가신 일생이었습니다.

사랑하는 성도 여러분

주님과 함께 가는 길은 위험이 뒤따르는 길이기에 애굽에서 나온 이스라엘 백성들은 홍해 바다에 부딪쳐야만 했고 길을 잃고 40년 광야를 헤매야 했던 것입니다. 가나안 족속과 때로는 아말렉 대군에게 죽을 뻔도 하고 이스라엘 전체가 애굽 군대에 쫓기다가 앞에 나타난 홍해바다의 물속에 수장될 뻔 했던 일, 아주 위험한 목숨을 건 행진 등 이 모두가 주님과 함께하는 길이었습니다. 가나안 땅은 축복의 땅입니다. 그러나 상상만 할 수 있지 보이지는 않았습니다. 다만 믿고 가는 길입니다. 그러나 그 길은 매우 험난하고 고통의 길이고 때로는 생명을 담보로 하는 길이기에 위험이 도사리고 있다는 것입니다.

어렸을 때 저는 수영장에 자주 갔습니다. 아버지와 형님들이 수영하는 모습을 보면서 저는 폐가 안 좋으니 모래 위에서 쉬어야 했습니다. 그때

ㄷ자로 생긴 자석을 가지고 모래 위에서 이리저리 굴리고 다녔는데 한참 굴리다보니 자석에 온통 새까맣게 쇠붙이가 붙어 있었습니다. 겉으로 보기에는 하얀 모래사장이었는데 어디서 숨었다가 자석에게 발견되었는지 눈으로는 셀 수 없는 수많은 쇠붙이가 붙어 있었습니다.

사랑하는 성도 여러분

하얀 모래위에 자석이 가는 곳마다 파묻혀 있던 쇠붙이가 자석의 힘에 의해 붙어 있었습니다. 모래 속에 박혀 전혀 알 수 없는 쓸모없는 쇠붙이들, 수년 아니 수십 년이 지나고 자석이 붙지 않으면 모래 속 깊이 박혀 묻혀버릴 쇠붙이들이 자석의 힘에 의하여 발견된 것입니다.

사랑하는 성도 여러분

별것도 아닌 평범한 일상에서 놀라운 진리를 발견하게 되었습니다. 제가 목사가 될 수 있었던 것 자체가 주님과 함께하는 길이었습니다. 저는 모래에 파묻힌 진주도 아니고 다이아몬드도 아니었습니다. 깊이 묻히고 이리저리 굴러다니던 한낱 쇠붙이에 불과했던 제가 어느 날 강한 자석에 붙어 버렸던 것입니다. 한번 붙으면 절대로 떨어질 수 없는 쇠붙이, 스스로 떨어져 나갈 수가 없는 아주 강력한 자석에 붙어버린 것입니다. 그 자석이 나를 택하시고 먼 미래를 향해 함께 가자고 하신 예수 그리스도였습니다. 한번 붙드신 그분은 저를 40년 동안 놓지 않았습니다. 곁길로 갈 때마다 시도 때도 없이 쫓아 오시기도 하고 어느 때는 우레와 같은 소리로 저를 도망하지 못하게도 하셨습니다. 저는 제 스스로 절대로 예수님을 따라 붙을 사람이 아니었습니다. 주님은 저에게 폐병이라는 질병을 통하여 주님이라는 자석에 달라붙게 만들어 버렸습니다.

사랑하는 성도 여러분

저를 달라붙게 하여 함께 하신 주님의 강한 자석은 여러분 한 사람 한사람 필연적인 이유를 들어 주님의 자석에 붙게 해버린 것입니다. 사람들은 되도록 이 길을 가려하지 않고 곧게 뻗은 길을 가려고합니다. 예수님과 함께 가는 길은 좁은 길이요 사람들이 잘 선택하지 않는 굴곡이 있는 위험이 뒤따르는 길이기에 중도에 포기하고 가지 않으려고 합니다.

저는 미래가 보장되지 않는 불확실한 미래에 대한 도전을 40년 전에 하였습니다. 참으로 어린 30대에 갈 바를 알지 못하고 주님이 타고 계신 천국열차에 몸을 실었던 것입니다. 어찌 보면 도박이요 무한한 위험과 도전이 기다리고 있었습니다. 제가 탄 인생천국열차가 종착역까지 가는 동안 중간 기착지나 쉬는 역이 없었습니다. 한번 타면 끝이 날 때까지 가야하는 것이 목사라는 직임이기에 항상 주님의 손을 꼭 붙잡았고 놓치면 죽는다는 생각에 밤이나 낮이나 주님의 손만을 꼭 붙잡았습니다. 조금만 힘이 들어도 주님만 찾았습니다. 40년 동안 곧은 길, 굽은 길, 때론 낭떠러지에서도 받쳐 든 우산이 바람에 휘날리는 인생의 광풍과 소낙비가 퍼부을 때도 결코 이 길은 믿음이 없이는 못하는 길이기에 히브리서 11장1절의 말씀과 같이 '**믿음은 바라는 것들의 실상이요 보지 못하는 것**

159

들의 증거'라고 하신 말씀 붙들고 저는 주님에 손만을 꼭 붙잡았습니다. 히브리서 12장1절에 오직 여호와 하나님만을 의지하고 믿음으로 나아간 '우리에게 구름같이 둘러싼 허다한 증인들'이 있기에 무조건 주님만을 의지 하였습니다.

아벨은 가인보다 더 나은 제사를 드려 의인의 칭호를 받았고 에녹은 죽음을 보지 않고 하늘로 옮겨졌고 노아는 믿음으로 아직 보이지 않은 미래에 주님 말씀만 믿고 120년 방주를 지었으며 갈 바를 알지 못하고 오직 믿음으로만 주님과 동행했던 아브라함은 오늘 저와 여러분의 믿음의 조상, 축복의 조상이 되었습니다.

사랑하는 성도 여러분

이 분들의 공통점이 무엇입니까? Risky Road(위험한 길)이었으나 오직 천지만물의 대주재가 되시는 전능자 하나님 말씀을 믿었기 때문에 주님과 함께 갈 수가 있었던 것입니다.

오늘 저와 사랑하는 여러분

생애 동안 지나온 곳에 얼마나 위험한 일이 많았습니까? 생각해 보면 인생 굽이굽이 마다 슬픔과 애통과 좌절과 고통과 휘몰아치는 애환의 눈물이 있었지만 인생의 거대한 풍랑 속에서도 우리가 믿는 하나님이 우리를 지켜주시지 않았더라면 어찌 여기까지 올 수가 있었겠습니까? 믿어지시면 우리 한번 아멘 합시다. 이 모두가 어찌 하나님의 은혜가 아니 겠느냐는 말씀입니다. 우리가 사는 세상에 동서사방 우겨싸임을 당하고 있다 할지라도 주님과 함께 믿음으로 동행하시어 하나님이 주시는 귀한 축복을 받는 우리 모두가 되기를 주님의 이름으로 축원 드립니다.

두 번째, 주님과 함께 가는 길은 Long Road(먼 길)입니다.

인디언 속담에 '가까운 길을 가려면 혼자 가고 먼 길을 가려면 함께 가라'는 말이 있습니다.

사랑하는 성도 여러분

'인생은 짧고 예술은 길다'라는 말과 같이 아무리 고되고 힘든 인생살이지만 우리가 가는 길 지나놓고 보면 '세월이 여삼추'란 말이 있지 않습니까? 그럼에도 앞으로 가야 할 길고도 멀고 먼 길이 아직 많이 남았습니다. 간구하옵기는 부디 주님과 함께 가시길 주님의 이름으로 축원 드립니다.

사하라 사막 길을 걷는 두 여행자가 있었습니다. 두 사람은 구두끈을 야무지게 매고 길고도 먼 사막 길을 걷기 시작 하였습니다. 얼마 가지 못하여 한 사람이 더 이상 못 가겠다고 하면서 주저 앉았습니다. 이유를 찾으니 한 사람은 구두끈을 단단히 매었는데 한 사람은 구두끈을 허름히 매었습니다. 그런데 그 구두 속으로 모래가 들어갔습니다. 떠날 때는 아무것도 아닌 것처럼 보였으나 아주 작은 모래 때문에 온 발이 다 부르트고 더 이상 갈 수가 없었다는 것입니다. 아무것도 아닌 모래가 신발에 들어가니 온 몸 전체에 고통이 찾아왔습니다. 사랑하는 성도 여러분 별 것도 아니겠지 하는 하찮은 일 하나로 내 인생이 망가지는 경우는 없었는지 이 시간 자신에게 물어야 할 것입니다.

사랑하는 성도 여러분

우리 인생길 아직도 많이 남았습니다. 특히 자라나는 우리 청년들, 꿈은 많고 갈 길은 멀고 현실은 고달프고 세상 유혹이 너무나 많습니다. 하찮은 모래가 더 이상 사막길을 가지 못하게 하여 사막 한 가운데서 주저앉아 죽어야 되는 실패자, 인생의 낙오자가 되지 말고 끈기와 인내로, 모래알이 구두 속으로 들어오지 못하도록 구두끈을 아주 단단히 매고 오직 주님과 함께 완주하는 성공자가 되시기를 예수님 이름으로 축원 드립니다.

사랑하는 성도 여러분

혹시라도 인생의 구두끈이 풀어져 있는 성도가 계십니까? 바울은 외칩니다. **'결박과 환난이 나를 기다린다 하시나 나의 달려갈 길과 주 예수께 받은 사명 곧 하나님의 은혜의 복음 증거하는 일을 마치려 함에는 나의 생명을 조금도 귀한 것으로 여기지 아니하노라'**는 사도행전 20장23절 이하에서의 바울의 말씀과 같이 이제라도 믿음의 구두끈을 단단히 졸라맵시다. 허기진 배를 굳건히 움켜잡으십시오. 에베소서 6장11절 이하에 **'마귀의 궤계를 능히 대적하기 위하여 주님의 전신갑주를 입으라. 그런즉 서서 진리로 너희 허리 띠를 띠고 의의 흉배를 붙이고 평안의 복음의 예비한 것으로 신을 신고 모든 것 위에 믿음의 방패를 가지고 이로써 능히 악한 자의 모든 화전을 소멸하고 구원의 투구와 성령의 검 곧 하나님의 말씀을 가지라'**고 하였습니다. 주님과 함께 가게 되면 **'네가 물 가운데로 지날 때에 내가 함께할 것이라 강을 건널 때에 물이 너를 침몰치 못할 것이며 네가 불 가운데로 행할 때에 타지도 아니할 것이요 불꽃이 너를 사르지도 못하리니.' '광야에 길을 사막에 강을 내주시며 바다 가운데 길을 큰 물 가운데 첩경을 내주신다'**고 이사야 43장16절에서 말씀 하시지 않았습니까?

사랑하는 성도 여러분

우리 인생에 아직도 많이 남은 Long Road(먼 길)을 주님의 피 묻은 손 꼭 잡고 가시기를 예수님 이름으로 축원 드립니다.

세 번째, 주님과 가는 길은 거친 길(Rough Road)입니다.

울퉁불퉁한 길입니다. 우리가 가는 미래의 길은 길이, 넓이, 깊이, 높이, 웅덩이가 있는지, 험산준령인지, 천길만길 낭떠러지인지, 한 치도 알 수 없는 길입니다. 그럼에도 불구하고 멈추지 말고 가야하는 것이 우리 인생 나그네 길입니다. 왜냐하면 뒤돌아설 수가 없기 때문입니다. 그러나 강력한 자석인 예수 그리스도에게 붙어 있는 쇠붙이인 저와 여러분을 책임져 주신다는 약속입니다. 이사야 43장20절에 **'내가 광야에 물**

들을, 사막에 강들을 내어 내 백성, 나의 택한 자로 마시게 할 것임이라 이 백성은 내가 나를 위하여 지었나니 나의 찬송을 부르게 하려 함이니라 '고 말씀하셨기 때문입니다.

사랑하는 성도 여러분

이 길은 아무나 갈 수 없는 길입니다. 진취적이고 긍정적인 사람들만이 갈 수가 있기 때문입니다.

네 번째, 외로운 길(Lonely Road)입니다.

이 길은 한번 발을 들여놓으면 피할 수 없는 길이기 때문입니다. 결코 포기할 수 없는 길(Never give up)이기에 주님의 손을 꼭 잡고 가야만 된다는 것입니다.

다섯 번째, 상급이 기다리는 길(Rewarding Road)입니다.

바울은 외칩니다. 디모데후서 4장7절에 '내가 선한 싸움을 싸우고 나의 달려갈 길을 마치고 믿음을 지켰으니 이제 후로는 나를 위하여 의의 면류관이 예비되었으므로 주 곧 의로우신 재판장이 그 날에 내게 주실 것이니 내게만 아니라 주의 나타나심을 사모하는 모든 자에게니라.' 끝까지 포기하지 않는 사람에게 주어진 의의 면류관인 것입니다.

여섯 번째, 거룩한 길 (Holy Road)이기 때문입니다.

위대한 생애를 마감하는 위대한 길이기 때문에 주님과 함께 가야 합니다. 위험이 도사리고 있는 길이요, 긴 터널이 있는 길이요, 거칠고 황망한 길이요, 외롭고 고독한 길이지만 하나님의 의의 면류관 상급이 기다리고 있는 거룩한 길이기 때문에 하나님의 사람, 성령의 사람, 예수의 사람인 우리 크리스천들은 꼭 가야만 하는 것입니다. 이 길은 누가 가는가? 예수님과 함께 믿음으로 가는 자들입니다. 이 길은 거룩한 길이요 축복의 길이요, 인생의 행복이 보장된 길입니다. 주님과 함께 가시는 여러분의 생애가 거룩한 기적의 생애가 되시기를 예수님의 이름으로 축원 드립니다.

166

선 택

(창세기 13:10~18)

이에 롯이 눈을 들어 요단 들을 바라본즉 소알까지 온 땅에 물이 넉넉하니
여호와께서 소돔과 고모라를 멸하시기 전이었는고로 여호와의
동산 같고 애굽 땅과 같았더라
그러므로 롯이 요단 온 들을 택하고 동으로 옮기니 그들이 서로 떠난지라
아브람은 가나안 땅에 거하였고 롯은 평지 성읍들에 머무르며
그 장막을 옮겨 소돔까지 이르렀더라
소돔 사람은 악하여 여호와 앞에 큰 죄인이었더라
롯이 아브람을 떠난 후에 여호와께서 아브람에게 이르시되
너는 눈을 들어 너 있는 곳에서 동서남북을 바라보라
보이는 땅을 내가 너와 네 자손에게 주리니 영원히 이르리라
내가 네 자손으로 땅의 티끌 같게 하리니 사람이 땅의 티끌을
능히 셀 수 있을찐대 네 자손도 세리라
너는 일어나 그 땅을 종과 횡으로 행하여 보라 내가 그것을 네게 주리라
이에 아브람이 장막을 옮겨 헤브론에 있는 마므레 상수리 수풀에 이르러 거하며
거기서 여호와를 위하여 단을 쌓았더라

연중 가장 춥다는 소한과 대한 도 물러가고 다음 주에는 입춘이 돌아옵니다. 입춘은 24절기 중 첫 번째 찾아오는 절기인데 봄이 찾아온다고 하여 설 립, 봄 춘, 큰 대, 길 할 길을 써서 봄과 더불어 크고 좋은 일이 생긴다 하여 입춘대길이라고 대문에 붙여 놓는다고 합니다. 그러나 지금은 그런 샤머니즘적인 글은 시대의 발전과 더불어 없어져 가

고 있습니다. 이것 역시 기독교의 복음의 영향이라고 봐야 할 것입니다.

사랑하는 성도 여러분

서원과 결단의 달이라고 하는 1월의 마지막 주일입니다. 그래서 오늘 본문을 선택이라고 하였습니다. 주신 말씀을 통해 하나님의 크신 은혜와 은총이 저와 여러분에게 함께 하시길 예수님 이름으로 축원 드립니다.

사랑하는 성도 여러분

어쩌면 우리인생은 선택의 연속인지도 모릅니다. 한 번의 선택이 일생을 좌우하게 된다는 것입니다. 상급학교 진학의 선택, 무엇을 할 것인가 하는 전공의 선택, 그 다음은 직장의 선택, 배우자의 선택, 신앙의 선택, 교회의 선택, 심지어는 길을 가는 나그네의 선택 등 이루 말 할 수 없는 선택의 순간들이 있습니다. 특히 우리 그리스도인들에게는 선택 자체가 하나님 방법이냐, 사람의 생각이냐에 따라서 결과는 상상할 수 없을 정도로 다르게 나타난다는 것입니다. 오늘 본문은 아브람과 롯의 선택을 보면서 그들의 마지막 생애를 조명해 보려고 합니다. 창세기 12장은 하나님께서 아브람을 부르시고 가나안 땅에 정착 하도록 하였습니다. 그리고 창세기 12장7절에 여호와 하나님은 아브람에게 나타나시어 내가 이 땅을 네 자손과 네게 주리라 하시니 아브라함은 그곳에 단을 쌓고 벧엘 동편 산으로 옮겨 단을 쌓았다고 하였습니다. 여기서 '단'이라는 말은 히브리어의 미즈베아(mizbeach)라는 말인데 하나님 앞에 헌신적인 제

물을 드려 여호와 하나님을 찬양하고 여호와의 이름을 불렀더라고 하였습니다. 그리고 여호와 하나님께 감사와 찬송과 도고의 기도를 드림으로 아브람에게 있어서는 특별히 가나안 땅에서 공식적인 첫 번째 예배를 드렸다는 절대적 의미가 있는 장소입니다.

아브람이 공식적으로 하나님을 만나고 드린 이 행위는 자신의 모든 일거수 일투족을 이제부터 하나님께 온전히 맡기겠다는 신앙의 행위였습니다. 그리고 벧엘에서 장막을 치고 예배를 드렸다는 벧엘은 우리가 잘 알려진 야곱의 돌 베개 사건이 있었던 장소로서 하나님의 집이란 뜻입니다. 이곳은 예루살렘에서 북쪽으로 약 20km 에 있는 곳으로서 아브람 당시에는 루스(창 28:10)로 부르다가 야곱이 하나님을 만나고 벧엘로 바뀐 장소로써 앞으로 전개될 인류역사의 구속사적 면에서 중요한 지역이 됩니다.

사랑하는 성도 여러분

이와 같이 중요한 구속사적 장소에서 하나님의 넘치는 은혜에 대한 감사의 희생 재물로 단을 쌓고 여호와의 이름을 부르고 예배를 드린 것은 여호와의 신앙의 첫 출발을 의미하는 것이었습니다. 그러나 하나님의 은혜를 입은 아브람에게 갑작스런 시련이 찾아 왔습니다. 가나안 땅에 기근이 찾아온 것입니다. 나이 75세에 하나님의 명령으로 갈대아 우르를 떠나 가나안 땅으로 나왔지만 난데없는 기근으로 삶의 터전을 잃게 되었습니다. 여기서 아브람의 신앙은 흔들리기 시작하고 그는 식솔들과 함께 애굽으로 내려갔습니다. 하나님은 창세기 12장1절 이하에서 가나안 땅에 정착하여 살 때 너와 네 후손에게 축복 하시겠다는 약속을 받았음에도 배고픔과 가난을 탈피하고자 애굽으로 내려간 것입니다. 본문 10절에 보면 애굽에 우거 하였다고 하는 것은 잠깐만 머무르려 했다는 뜻일 것입니다.

사랑하는 성도 여러분

아브람의 잠깐 동안이지만 한 번의 잘못된 선택은 자칫하면 애굽의 바로 왕에게 자신의 아내 사라를 빼앗겨 가정파탄이 되고 말게 될 텐데 다행히도 하나님이 개입하셔서 위기를 모면하고 다시 애굽을 빠져나오게 됐습니다. 믿음의 사람이라고 하는 아브람이 기도하지 않고 선택한 한 번의 실수는 재앙 뿐이라는 교훈을 얻게 되는 일로써 앞으로 전개될 하나님의 구속사에 아브람의 삶에 중요한 이정표가 될 교훈이라고 봐야 할 것입니다.

오늘 본문은 아브람과 조카 롯이 애굽을 빠져 나와 다시 벧엘로 올라왔습니다. 창세기 13장6절에 처음 장막을 쳤던 벧엘로 올라와 장막을 치고 여호와를 섬기니 6절에 아브람과 롯의 소유가 많아져 함께 동거 할 수가 없었다고 한 말을 보더라도 그들이 하나님의 축복을 얼마나 많이 받았는가를 가히 짐작케 하고 있습니다.

사랑하는 성도 여러분

아브라함의 삶은 히브리서 11장8절에 갈 바를 알지 못하였으나 하나님의 부르심에 믿음으로 순종하여 나아갔다고 하였습니다. 창세기 12장 10절에 애굽으로 내려가는 한 번의 실수가 전화위복이 되어 창세기 22장13절에 보면 아브라함이 모리아 산에 가서 독자 아들 이삭을 하나님께 바칠 때에도 오직 믿음, 오직 순종으로 행하였습니다. 이렇게 최고의 믿음의 소유자임에도 잠깐 동안의 시험을 못 참고 애굽, 즉 세상으로 내려가는 인생의 허점이 있었으니 평범한 신앙인들인 우리에게 시사하는 바가 크다고 하여야 할것입니다.

애굽으로 내려갔다는 뜻의 히브리어 '야라드'라는 말은 위에서 밑으로 내려가는 것 또는 염려와 두려움에 사로잡혔다는 것입니다. 아브람이 창세기 12장에서는 갈데아 우르를 떠날 때는 올라가는 뜻의 히브리어 '아라'를 사용 하였습니다. '아라'라는 뜻은 승리하다, 도약하다, 싹이 나다, 솟아나다, 잠에서 깨어나다 등의 뜻이 있습니다. 우상이 득실거리는 갈데아 우르의 삶을 청산하고 약속의 땅인 가나안을 향해 하나님과 함께 올라가는 늠름한 모습을 '아라'라는 말로 표현하고 있습니다. 어찌보면 갈 바를 알지 못하고 떠났지만 하나님과 함께 하는 길은 '아라' 즉 승리의 길입니다. 새로운 희망이 솟아나는 길입니다. 사랑하는 성도여러분 아브람은 고향을 떠날 때가 두려움이 더 컸을 지도 모릅니다. 그러나 그때는 분명 하나님의 음성을 듣고 하나님과 함께 동행하는 길이기에 승리라는 '아라'를 사용하였을 것입니다. 그러나 애굽으로 내려갈 때는 하나님이 함께 하는 길이 아니고 순간적으로 기근에 못 이겨 떠나기에 염려와 두려움이라는 즉 '야라드' 란 말을 사용하였던 것입니다.

사랑하는 성도 여러분

성도는 신앙으로 살려고 할 때 하나님의 음성을 듣습니다. 모리아 정상에 오른 아브라함에게 하나님의 음성이 들립니다. 아브라함아, 아브라함아, 이제야 네 믿음을 알았다. 네 독자 이삭에게 손대지 말라 아브라함은 외칩니다. '여호와 이레' 믿음으로 살려고 하는 자 에게는 하나님이 친히 준비하신다는 걸 깨달았습니다.

사랑하는 성도 여러분

아브라함과 롯의 신앙 앞에서 오늘 우리에게 주는 교훈이 무엇입니까?

첫 번째, 육의 선택을 한 롯입니다.

창세기 13장8~9절에 **'아브람이 롯에게 이르되 우리는 한 골육이라 나나 너나 내 목자나 네 목자나 서로 다투게 말자 네 앞에 온 땅이 있지 아니하냐 나를 떠나라 네가 좌하면 나는 우하고 네가 우하면 나는 좌하리라.'**

사랑하는 성도 여러분

이때 롯의 선택입니다. 왜 아브람이 선택권을 조카 롯에게 먼저 주었습니까? 아브람은 애굽땅에서 경험 하였습니다. 하나님의 뜻대로 아니하고 자신의 욕망에 사로 잡혀 하는 계획은 모든 것이 헛된 것이라는 것을 애굽의 쓰라린 경험을 통해 깨달았기 때문입니다. 그래서 조카 롯에게 먼저 선택권을 준 것입니다. 조카 롯은 10절에 롯이 눈을 들어 요단 들을 바라본 즉 소알까지 온 들에 물이 넉넉하니 삼촌 나는 소돔과 고모라로 가겠소 하는 것이었습니다. 당시 하나님은 퇴폐한 소돔과 고모라를 멸하시기 전이었으므로 여호와의 동산 같고 물이 넉넉한 곳이었습니다. 롯은 삼촌 아브람을 뒤로 하고 동으로 옮겨서 각자 헤어지게 되었습니다. .

사랑하는 성도 여러분

두 번째, 롯의 선택은 현실적이었습니다.

아마 지금 우리들이라 할지라도 10명 중 아홉은 롯의 선택이 합리적인 생각이라고 하였을 것입니다. 왜냐하면 지난 날 가뭄으로 흉년년이 들어 배고픈 서러움이 있었기에 푸른 초장은 어쩌면 너무나 합당하고 당연한 선택이었을 것입니다. 아브람과 롯은 두 눈이 있어도 사물을 바라보는 법칙이 상반되었고 귀가 있어도 정반대의 소리를 들었습니다. 롯은 세상의 방법으로 바라보았고 세상의 소리를 들었습니다. 겉으로 보기에 여호와의 동산 같았다고 했으니 하나님이 자신을 통해 계획하시는 위대한 비전을 보지 못했다고 하는 것입니다. 참으로 불행한 선택이었고 경솔한 선택이었습니다. 삼촌인 아브람이 롯에게 선택권을 주었을 때 롯은 삼촌 아브람에게 선택권을 양보했어야 했던 것입니다. 왜냐하면 갈대아 우르에서 나올 때 하나님은 롯을 부른 것이 아니라 아브람을 선택하시고 부르셨던 것입니다. 그러므로 앞으로 미래를 향해 가야 할 방향도 하나님의 음성을 듣고 아브람이 결정해야 될 일이었습니다. 지금까지 소떼와 양떼를 많이 얻어 거부가 된 것도 모두가 삼촌 아브람 덕분이었습니다. 그러기에 앞으로 갈 길도 당연히 삼촌에게 물었어야 합당한 일이었습니다. 그러나 순간적인 이익만을 생각하는 롯의 선택은 하나님과의 관계마저 끊어지는 결과가 되었습니다.

세 번째, 롯의 선택은 불신앙이었습니다.

소돔과 고모라 성으로 간 롯의 결말은 어떻게 되었습니까?

롯은 일의 시작부터 일의 끝까지 믿음으로 행하지 않았습니다. 하나님께도 묻지 아니하였고 아브람에게도 묻지 아니하였습니다. 신앙과는 상관없는 세속적인 방법으로 모든 것을 선택하였습니다. 불신앙의 선택의 결과는 무엇이 기다리고 있었습니까? 소돔과 고모라성은 망하고 아내는 소금기둥이 되어 버렸습니다. 불의 심판을 피하여 산 속으로 도망간 롯은 자식을 낳고 모압 족속과 암몬 족속의 조상이 되어 종국에는 이스라엘의 총회에서까지 제명당하여 하나님께 버림받은 자가 되어버리고 말았습니다.

네 번째, 영적인 선택을 한 아브라함입니다.

그는 신앙의 방법을 선택하였습니다. 그는 자신의 의지나 생각으로 선택하지 않았습니다. 그는 하나님께서 떠나라 하시면 떠나고 머무르라

하시면 머물렀습니다. 하나님은 아브람에게 축복을 주시고 은혜를 주시고 평강을 주셨습니다. 그런 그에게 환난이 찾아온 것은 아무리 좋은 땅이라도 가뭄이 오니 먹을 양식이 없어 흉년으로 말미암아 가난과 기근으로 더 이상 살 수 없는 환경에 처했습니다. 한 번 실수는 '병가지상사' 라 실패는 흔히 있는 일이기에 너무 걱정 할 것 없다는 그는 잠시 우거하러 애굽으로 내려갔다가 하나님의 뜻을 깨닫고 벧엘로 돌아 왔습니다. 애굽으로 갈 때도 조카 롯과 함께 갔습니다. 그리고 함께 애굽에서 고난과 시련을 겪고 벧엘로 올라 왔는데 롯은 깨닫지를 못했으나 아브라함은 깨달았습니다. '야라드' 즉 불순종으로 시련이 왔다는 것을 즉시 깨달은 아브람은 이제 다시는 하나님의 뜻을 거역 하지 않고 '아라(히)' 즉 잠에서 깨어난 것입니다. 그리고 믿음으로 새롭게 도전하는 생수가 솟아나고 하나님의 방법으로 하기를 결심한 아브람에게 새로운 믿음의 새싹이 나기 시작한 것입니다.

다섯 번째, 하나님의 음성을 듣고 동서남북을 바라보았습니다.

창세기 13장14절에 조카 롯을 떠나보낸 후 하나님에 음성이 아브람에게 들립니다. **'너는 눈을 들어 너 있는 곳에서 동서남북을 바라보라 보이는 땅을 내가 너와 네 자손에게 주리니 영원히 이르리라 내가 네 자손으로 땅의 티끌 같게 하리니 사람이 땅의 티끌을 능히 셀 수 있을찐대 네 자손도 세리라 너는 일어나 그 땅을 종과 횡으로 행하여 보라 내가 그것을 네게 주리라 이에 아브람이 장막을 옮겨 헤브론에 있는 마므레 상수리 수풀에 이르러 거하며 거기서 여호와를 위하여 단을 쌓았더라.'** 예배를 드렸다는 것입니다.

사랑하는 성도 여러분

아브람은 하나님의 방법으로 선택하였습니다. 왜 아브람은 하나님에 명령이 떨어지면 무조건 순종했을까요? 그는 하나님의 능력을 눈으로 보았습니다. 하나님의 소리를 들을 수 있는 영적인 귀를 가졌습니다. 그는 하나님의 약속을 믿었습니다. 그러기에 그는 매사에 하나님에 부르심에 순종 하였습니다.

여섯 번째, 그는 믿음을 선택 하였습니다.

히브리서 11장1절에 **'믿음은 바라는 것들의 실상이요 보지 못하는 것들의 증거니'**라고 하였습니다. 신앙의 선친들도 이로서 증거를 얻었다고 하였습니다. 창세기 22장1절 이하에 아브라함의 신앙의 열매가 나옵니다. 하나님이 아브라함에게 축복을 약속 하신 후로 약 4200년 동안 지금껏 아브라함의 후손인 우리를 외면하신 적이 없으신 하나님 이십니다. 아브라함의 축복이 바로 우리의 축복이었기에 우리는 아브라함의 축복을 이어 받을 권리가 있는 믿음에 후손이 되었습니다.

바울은 갈라디아서 3장5-9절에서 말씀합니다. **'너희에게 성령을 주시고 너희 가운데서 능력을 행하시는 이의 일이 율법의 행위에서냐 듣고 믿음에서냐 아브라함이 하나님을 믿으매 이것을 그에게 의로 정하셨다 함과 같으니라 그런즉 믿음으로 말미암은 자들은 아브라함의 아들인줄 알찌어다 또 하나님이 이방을 믿음으로 말미암아 의로 정하실 것을 성경이 미리 알고 먼저 아브라함에게 복**

음을 전하되 모든 이방이 너를 인하여 복을 받으리라 하였으니 그러므로 믿음으로 말미암은 자는 믿음이 있는 아브라함과 함께 복을 받느니라'고 말씀하시므로 우리는 하나님에 특별한 자녀로서의 권리가 있다는 것을 믿어지시면 아멘 합시다.

일곱 번째, 가나안을 향하여 올라가는 신앙입니다.

사랑하는 성도여러분 우리의 신앙생활이 어떻게 해야 될까요? 날마다 날마다 저높은 곳을 향하여 올라가야 되겠습니다.

1. 내려가는 신앙이 되어서는 안 되겠습니다. 아브라함이 애굽으로 내려갈 때 시련은 찾아 왔습니다.야라드(히)는 불 순종의 신앙을 말한다고 하였습니다.

2. 머무는 신앙입니다. 구르(히)는 길 옆으로 벗어났다. 염려하다, 두려워 하다는 뜻으로 창세기 12장에서 하나님께서 말씀하시길 너는 복의 근원이 될 것이라 하셨는데 하나님의 약속보다 현실에 염려와 배고픔을 이기지 못한 것입니다. 두려움과 배고픔, 인간적인 염려, 이런 것들이 아브라함으로 하여금 하나님 말씀을 저버리게 하는 동기가 됐을 것입니다. 그리하여 애굽으로 내려간 아브라함은 위기를 벗어나 현실에 안주하여 편했을지 모르지만 결국은 더 큰 고난을 받고 돌아오는 결과로 아브라함은 잠깐 동안의 어려움에 자신의 육신의 생각이 얼마나 어리석은 사단의 유혹이었는가를 깨닫게 되고 이것이 오히려 전화위복이 되어 신

177

앙의 경지에 도달하고 모리아 산의 기적의 역사가 일어났던 것입니다.

3. 올라가는 신앙입니다. 히브리어 '아라'라는 단어는 '잠에서 깨어나다'라는 뜻이라고 하였습니다. 아브라함은 애굽에서의 실패의 경험을 체험하고 약속의 땅인 가나안을 향해 여호와 하나님과 함께 신앙의 경지로 올라가는 신앙을 말합니다.

사랑하는 성도 여러분

금년 한 해 동안 우리의 신앙이 내려가지 맙시다. 머무르지도 맙시다. 믿음으로 올라갑시다. 누가복음 19장8절에 삭개오도 예수님을 만나러 뽕나무에 올라갔다가 주님을 만났습니다. 좌절과 절망을 딛고 날마다 저 높은 곳을 향하여 올라가는 신앙생활로 승리하는 우리 모두 되시기를 예수님 이름으로 축원 드립니다.

브엘세바에서 받은
은혜

(창세기 26:23-33)

이삭이 거기서부터 브엘세바로 올라갔더니
그 밤에 여호와께서 그에게 나타나 가라사대 나는 네 아비
아브라함의 하나님이니 두려워 말라 내 종 아브라함을 위하여 내가
너와 함께 있어 네게 복을 주어 네 자손으로 번성케 하리라 하신지라
이삭이 그곳에 단을 쌓아 여호와의 이름을 부르고 거기 장막을 쳤더니
그 종들이 거기서도 우물을 팠더라
아비멜렉이 그 친구 아훗삿과 군대장관 비골로 더불어 그랄에서부터
이삭에게로 온지라
이삭이 그들에게 이르되 너희가 나를 미워하여
나로 너희를 떠나가게 하였거늘 어찌하여 내게 왔느냐
그들이 가로되 여호와께서 너와 함께 계심을 우리가 분명히 보았으므로 우리의
사이 곧 우리와 너의 사이에 맹세를 세워 너와 계약을 맺으리라 말하였노라
너는 우리를 해하지 말라 이는 우리가 너를 범하지 아니하고 선한 일만 네게
행하며 너로 평안히 가게 하였음이니라 이제 너는 여호와께 복을 받은 자니라
이삭이 그들을 위하여 잔치를 베풀매 그들이 먹고 마시고
아침에 일찍이 일어나 서로 맹세한 후에 이삭이 그들을 보내매
그들이 평안히 갔더라
그 날에 이삭의 종들이 자기들의 판 우물에 대하여 이삭에게 와서
고하여 가로되 우리가 물을 얻었나이다 하매
그가 그 이름을 세바라 한지라 그러므로 그 성읍 이름이 오늘까지 브엘세바더라

브엘세바에서 받은 백 배의 축복이란 제목으로 말씀 드리려
고 합니다. 성령의 인도와 축복하심이 저와 여러분 모두에게 2019년 한

179

해 하나님의 축복이 함께 하시길 축원 드립니다.

창세기 25장7절에 보면 아브라함이 175세에 죽습니다. 그리고 이삭은 창세기 25장11절에 보면 아비 아브라함이 죽은 후 하나님이 이삭에게 복을 주었다고 하였습니다. 하나님이 이삭에게 복을 주었다고 하는 것은 물질적인 축복을 말하는 것이라기보다 창세기 15장6절에 하나님과 아브라함과의 언약의 약속에 대한 영적 축복을 의미하는 것이고 물질적 축복은 보너스로 봐야 할 것입니다. 이때 이삭이 살고 있는 브엘 라헤로이는 오늘 본문에서 은혜를 받으려고 하는 브엘세바 들 곁에 있는 하갈의 우물 곁인데 이삭이 거주했던 브엘 라헤로이에 아브라함 때 (BC 2090년)보다 1세기 후에 더 큰 흉년 (BC 1990)이 들었습니다. 이삭은 흉년을 견디다 못해 아버지 아브라함과 함께 살았던 브엘 라헤로이를 떠나 풍년이 든 애굽으로 이사를 가려고 하였습니다. 이때 창세기 26장 2-5절에 여호와 하나님이 이삭에게 나타나십니다. 그리고 하신 말씀이 **'애굽으로 내려가지말고 내가 네게 지시하는 땅에 거하라 이 땅에 유하면 내가 너와 함께 있어 네게 복을 주고 내가 이 모든 땅을 너와 네 자손에게 주리라 내가 네 아비 아브라함에게 맹세한 것을 이루어 네 자손을 하늘의 별과 같이 번성케 하며 이 모든 땅을 네 자손에게 주리니 네 자손을 인하여 천하 만민이 복을 받으리라 이는 아브라함이 내 말을 순종하고 내 명령과 내 계명과 내 율례와 내 법도를 지켰음이니라 하시니라.'**

사랑하는 성도 여러분

하나님은 이삭에게 명령을 하면서 네 아비 아브라함도 내 말에 순종하였으니 너도 순종하라는 것입니다. 어떻게 보면 이삭에게는 상당히 압력이 될 수도 있는 말씀이었습니다.

사랑하는 성도 여러분

때로는 인간이 조변석개 일 때가 많습니다. 생각이 아침 저녁으로 바뀐다는 말입니다. 하나님은 이러한 이삭의 생각을 먼저 아셨기에 쐐기를 박은 것이라 생각됩니다. 왜냐하면 창세기 12장10~20절에 보면 아브라함 때에 흉년이 들어 아브라함이 애굽으로 내려가려고 했을 때 여호와 하나님이 나타나셔서 애굽으로 이사를 가지 말라고 하였습니다. 이때는 아브라함이 이삭을 낳기 전이었습니다. 아브라함은 하나님의 말씀을 듣지 않고 애굽으로 내려갔습니다. 결과가 어떻게 되었습니까? 세속과 우상의 도시 애굽으로 가서 엄청난 실패로 패가망신하고 심지어 아내 사라를 빼앗길 뻔(창세기 12:13-16) 했다가 간신이 목숨을 건져 돌아온 적이 있습니다.

이삭은 어떠했습니까?

첫 번째, 아버지 유산을 믿음으로 상속받은 순종의 사람이었습니다.

이삭이 아버지의 실패의 전철을 밟으려고 할 때 하나님의 현현이 아브

181

라함 때와 같이 나타나 주신 것입니다. 아브라함도 아들 이삭도 애굽으로 가려고 했던 중요한 이유 중 하나가 애굽이 당시 잘 살고 풍요로운 땅이었습니다. 사람은 누구나 유혹을 받기 마련입니다.

사랑하는 성도 여러분

바로 이때입니다. 하나님의 사랑을 받는 사람 즉 하나님이 지키는 사람은 절망과 좌절이나 생각이 잘못된 판단을 하려고 할 때 하나님은 반드시 현현하셔서 직접 말씀하시고 우리가 이해할 수 없다 할지라도 하나님의 방법으로 인도하십니다. 현현하신 하나님 말씀은 이삭에게 무엇이라 하셨습니까? 창세기 26장5절에 네 아비 아브라함도 내 말을 순종하고 내 명령과 내 계명과 내 율례와 내 법도를 지켰음이라 여기서 하나님은 이삭의 아버지 아브라함을 상기시키면서 말씀을 지킬 것을 명령합니다. 이렇게 하여 이삭은 애굽으로 가지 않고 그랄에 거하게 됩니다. 창세기 26장12절에 보면 **'이삭이 그 땅에서 농사하여 그 해에 백배나 얻었고 여호와께서 복을 주시므로 그 사람이 창대하고 왕성하여 마침내 거부가 되어 양과 소가 떼를 이루고 노복이 심히 많으므로 블레셋 사람이 그를 시기하여 그 아비 아브라함 때에 그 아비의 종들이 판 모든 우물을 막고 흙으로 메웠더라'** 고 하였습니다.

사랑하는 성도 여러분

우리는 하나님 앞에서 아브라함의 신앙을 상속받은 믿음의 사람입니다.

믿음의 유산을 상속받은 이삭과 함께 저와 여러분도 축복 받은 믿음의 유산으로 금년 한해 동안 100배의 소출이 넘쳐 나시길 예수님 이름으로 축원 드립니다.

이삭은 어떤 사람이었습니까?

두 번째, 끈기와 굳은 신념이 있는 사람이었습니다.

어느 시대나 어느 곳이나 어느 국가나 가정이나 성공한 사람들의 역사의 뒤안길을 보면 사람 사는 곳에는 시기와 질투 모함과 중상이 뒤따르게 마련인가 봅니다. 우리나라 속담에도 사촌이 땅을 사면 배가 아프다는 말이 있습니다. 어쩌면 이와 같은 풍조는 세상 어디를 가도 똑같은 것 같습니다. 이삭이 농사를 지어 백배의 소출을 얻어 부자가 되니 블레셋 사람들의 시기와 질투, 모함을 받게 됩니다. 블레셋 사람들이 누구입니까? 하나님을 믿지 않고 우상과 바알신을 믿는 이방인들입니다. 본문 26장15~16절에 보면 아브라함 때 파서 먹었던 우물을 흙으로 메우고 자신들의 동네를 떠나라는 것입니다. 당시 이스라엘 사회는 소떼와 양떼를 길러 먹고 사는 목축 사회였습니다. 특히 팔레스타인에서는 건조한 우기와 메마른 사막같은 기후조건이기에 사람도 동물도 살아남기 위해서는 물과 푸른 초장이 필수 조건이었습니다. 그래서 너도 나도 우물을 파서 물이 나오면 인생의 반은 성공한 것이었습니다.

팔레스타인에서는 물샘을 얻기가 하늘의 별 따기라서 우물은 곧 하나님의 축복의 통로였습니다. 이삭은 많은 사람들이 잠잘 때 일했고 많은 사람들이 불가능하다고 할 때 그는 밤이 맞도록 우물을 팠습니다. 이삭이 우물을 파놓으면 블레셋 사람들은 밤중에 몰래 우물을 묻어 버립니다. 18절에도 보면 이삭이 판 우물을 블레셋 사람이 메꿔 버리면 이삭은 그 자리에 또 다시 팝니다. 이렇게 파면 묻고 묻으면 다시 파기를 4번씩이나 반복합니다.

사랑하는 성도 여러분

생명의 위험을 느껴가면서 4번씩이나 우물을 팠다고 하는 것은 무엇을 의미합니까? 이것은 아버지 아브라함으로부터 내려온 열정과 끈기 그리고 해내고야 말겠다는 인내와 끈기있는 도전정신으로 나에게는 조상 때부터 믿어 온 전능자이신 하나님이 계시기에 반드시 성공할 수 있다는 믿음의 신념이 있었다는 것입니다.

네덜란드는 국토의 약 25%가 해면보다 낮은 나라라고 합니다. 전국 어디를 가 보아도 산이 없습니다. 바다의 물이 육지로 들어와 국토 대부분이 물에 잠겨 사람 살기에 어려움이 많습니다. 그들은 살기 위한 생존의 몸부림으로 정부기구 안에 '수로청'이라는 기구를 만들고 바다를 메꿔 육지를 만드는 공사를 시작했습니다. 산이 없으니 외국에서 돌과 흙을 사다가 육지를 바다 보다 더 높게 만들기 시작했습니다. 그들은 '하들렘(Hearlem)'이라는 호수를 메꿔 육지를 만드는데 성공하였습니다. 네덜란드 격언 중에 '하나님은 바다를 만들고 네덜란드인은 육지를 만들었다'는 말이 있다고 합니다.

네덜란드에 가보니 반듯하게 지어진 집이 별로 없어요. 육지가 조금씩 침수되니 집이 조금씩 침하되어 집과 집이 비스듬히 누워 집 꼭대기와 꼭대기가 기대어 있는 것을 많이 보았습니다. 집을 지을 때 갯벌에 말 뚝을 박아 기초공사를 한다고 합니다. 오랜 세월이 지나니 집들이 침하 되어 5도 각도로 기울어져 있었는데 그들은 하나같이 생존하겠다는 일 념과 해내고야 말겠다는 굳은 신념은 조국 네덜란드를 사랑하고 있었 습니다.

사랑하는 성도 여러분

'성공하려면 한 우물을 파라'는 격언이 있습니다. 이삭은 블레셋의 계속 적인 위협과 협박 속에서도 포기하지 않고 우물을 팠습니다. 해내고야 말겠다는 집념의 사나이 이삭은 믿음으로 어떠한 장애물도 극복하려고 노력하였고 그런 이삭을 하나님은 도우셨습니다. '일하기 싫거든 먹지 도 말라'는 성경말씀은 믿음의 사람들이 얼마나 부지런해야 하는가를 우회적으로 말씀하신 것입니다.

사랑하는 성도 여러분

미국의 이민 개척사를 'New Frontier History'라고 합니다. 오늘의 미국 이 왜 존재 합니까? 미국인들에게 땅을 빼앗긴 인디언들의 절반 이상이

185

빈곤층이고 그 중 80% 이상이 실업자들이라고 합니다. 그 때문에 마약과 범죄문제도 심각하다고 합니다.

저는 이번 미국 선교 여행 중에 102명의 청교도들이 대서양을 횡단하여 얼어 죽고 굶어 죽고 거센 파도에 휩쓸려 겨우 52명이 살아 신앙의 자유를 찾아 첫 발을 내디딘 플리머스 항구를 가보았습니다. 몇 년 전 갔을 때는 수박 겉핥기식으로 가 보았다면 이번에는 청교도들이 영국에서 미국으로 건너와 처음 생활했던 모든 것을 볼 수 있는 기회가 있었습니다. 당시 미국전역에 인디언들만 살고 있을 때 플리머스 항구에 도착하자마자 인디언들의 공격에 시달여야만 했으나 그들에게 복음을 전하고 그리스도의 사랑을 전하자 그들은 어린애처럼 달라져 갔습니다. 미국전역에서 인디언들과 전쟁이 일어나도 플리머스 만큼은 서로 사랑하고 함께 동거동락 했다고 합니다.

청교도들은 열심히 일하여 인디언들과 함께 추수감사절(Thanks Giving Day)을 지냈습니다. 미국서부의 개척사를 보면 말로 할 수 없는 고난과 역경의 시간 속에서도 난국을 극복하고 오늘날 미국을 만들지 않았습니까? 이렇게 축복을 받기까지 그 배경이 어디에 있습니까? 그것은 바로 청교도의 신앙에 있었다는 사실입니다. 신앙의 자유를 찾아 갈 바를 알지 못하고 떠났던 아브라함처럼 대서양을 항해하여 처음 닿은 곳이 플리머스 항구였고 그들은 그때부터 길고 긴 고난의 행군을 시작했습니다. 그들이 비록 처음 출발할 때는 신앙의 자유라는 딱 한가지 이유에서 떠났지만 50여 명은 심한 파도와 싸우다가 죽고 남은 52명에게 하나님은 그들을 신령한 영적 축복을 하여 주시고 다음에는 신앙에 걸맞은 육적 축복도 해 주셨습니다. 그들이 신앙으로 일구워 낸 역사가 오늘날 세계 최대 강대국으로 세계를 지배하고 있는 것입니다.

사랑하는 성도 여러분

창세기 15장5절에 **'그를 이끌고 밖으로 나가 가라사대 하늘을 우러러 뭇별을 셀 수 있나 보라 또 그에게 이르시되 네 자손이 이와 같으리라'**는 말씀은 하나님께서 아브라함에게 주시는 아브라함과 언약의 약속인 신령한 영적 축복이었습니다. 그 다음으로 영적 축복에 걸맞은 육적 축복을 아브라함과 그 아들 이삭에게 주시고 그 후 모든 후손들에게 축복을 하신 것입니다.

사랑하신 성도 여러분

영육 간에 100배의 축복을 받고자 한다면 그만큼의 믿음을 하나님께 드려야 되겠습니다. 고난과 희생, 노력과 헌신도 아끼지 말고 주님께 드려 해내고야 말겠다는 믿음의 신념으로 나아가 2019년에 영육 간에 100배의 소출을 받으시는 저와 여러분 되시기를 예수님에 이름으로 축원 드립니다.

세 번째, 부지런하고 근면 성실한 사람이었습니다.

오늘날 사회를 모방사회라고 합니다. 행동도 언어도 기술도 패션도 특

허도 심지어 김정은의 헤어스타일도 모두가 모방입니다. 심지어는 가수도 영화도 소설도 조금만 다르게 하면 진짜보다도 가짜가 더 큰 돈을 벌 수가 있다고 합니다. 이유 불문하고 좋은 것을 모방하면 더욱 발전하고 좋습니다. 그러나 나쁜 것을 모방하면 타락과 방종이 됩니다. 나쁜 것, 좋은 것 모조리 모방함으로 지금 지구촌은 몸살을 앓고 있습니다.

미국의 좋은 것을 일본이 모방하여 결국 세계 선진국이 되었고 일본의 좋은 것은 한국이 모방하여 역시 세계적인 나라가 되었고 한국의 좋은 것은 중국이 모방하여 세계 패권을 잡는 꿈을 꾸고 있고 그런 중국을 북한이 따라가려는 움직임이 있어 지금 세계 주목을 받고 있어 향후 10년 내에 큰 변화가 있으리라 예상이 되고 있습니다. 중동에서도 수 천년 동안 이슬람 여성들의 얼굴을 가리는 히잡을 쓰지 않고 여러 가지로 본인들의 목소리를 내는 활동을 하고 있습니다. 얼마 전 아랍에 여성 운전사가 생겼다고 합니다. 이렇듯 전 세계가 모방의 시대에 살고 있습니다. 왜 이런 일들이 일어나고 있습니까? 고정관념을 가지고는 안 되겠다는 것입니다. 개방된 세계로 나와야 자신들이 살 수 있다는 것입니다.

사랑하는 성도 여러분

본문의 이삭을 보십시오. 블레셋의 방해로 우물을 4번씩이나 팠습니다. 똑같은 장소에 묻어 버리면 또 다시 파고 파면 묻고 묻으면 또 다시 파고 4번씩 했다고 하는 것은 만일 블레셋이 방해를 멈추지 않으면 10번 아니 20번이라도 블레셋을 굴복시킬 때까지 우물을 팠을 것입니다. 이삭의 그런 용기와 기백이 어디서 나왔겠습니까? 이것은 오직 아버지 아브라함으로 올라가는 영적 축복인 신앙의 힘이었다는 것입니다. 어려서부터 보고 배운 것이 믿음이었습니다. 그는 아버지 아브라함이 행한 수많은 기적과 이적, 하나님과 동행하는 믿음을 보았을 것입니다.

아브라함 때 흉년이 BC 2090년 경으로 추정된다고 하니 지금 이삭이 당하는 흉년은 BC 1990년 경이라고 합니다. 아브라함은 이곳에서 약 70-80년간 살았던 것으로 추정된다고 역사가들은 말하고 있습니다. 아브라함이 100세에 이삭을 낳아 175세에 죽었으니 지금 이삭의 나이 75세이니 아버지 아브라함에게 75년 동안 신앙의 교육으로 아브라함의 믿음과 하나님을 섬기는 오직 유일 신앙으로 살아가는 모습을 지켜보았던 산 증인이었습니다. 그간 아버지 아브라함의 고귀한 신앙을 눈으로 얼마나 많이 보아 왔겠느냐는 것입니다.

모리아 산에 가서 자신을 바치는 아버지 아브라함의 애끓는 모습, 하나님의 명령이라면 목숨까지도 가차 없이 드리려고 하는 오직 하나님 신본주의 신앙, 40세에 리브가와 결혼하여(창25:20) 오직 하나님만을 향한 아버지의 고귀한 신앙만을 유산으로 받은 이삭, 아들을 지극히 사랑하여 아브라함 말년에 하나님의 일 즉 믿음에 상속자인 이삭에게 자신에 모든 소유를 상속합니다. (창25:5)

창세기 15장4절 말씀대로 하나님이 아브라함과 약속한 언약의 약속대로 언약의 후손인 이삭에게 미지의 가나안 땅에 대한 약속과 언약의 축복권인 영적 상속권까지 물려주었습니다. 이러한 축복을 이어받은 이삭은 게으르지 않았습니다. 근면, 성실하였습니다. 부지런하였습니다. 해내고야 말겠다는 굳은 신념이 있었습니다. 무엇보다 겸손하였습니다. 블레셋 사람들이 네번씩이나 우물을 메꿔도 그들과 싸우지 않았습니다. 이삭은 블레셋 사람들이 우물을 메꿀 때마다 하나님 아버지! 방해꾼을 없애주세요, 나를 공격하는 자들을 물리쳐 주세요, 하고 하나님 앞에 얼마나 많은 기도를 했겠습니까? 이러한 지혜와 결단 용기가 도대체 어디서 나왔습니까? 이것이 바로 인간의 지혜와 그 어떤 것으로도 이해할 수 없는 신앙의 힘이었다는 사실입니다.

사랑하는 성도 여러분

1월을 가리켜 신앙의 결단과 서원의 달이라고 합니다. 금년 한 해는 애타는 마음으로 축복받기를 주님의 이름으로 축원 드립니다.

네 번째, 포기하지 말자

사랑하는 성도 여러분

금년 한 해도 수많은 도전이 우리에게 찾아 올 것입니다. 중간에 포기하거나 낙심하지 맙시다. 주님은 이렇게 말씀하십니다. 요한복음 14장 1~2절에 **'너희는 마음에 근심하지 말라 하나님을 믿으니 또 나를 믿으라 내 아버지 집에 거할 곳이 많도다'**라고 말씀하시거니와 요한복음 14장27절에는

'**평안을 너희에게 끼치노니 곧 나의 평안을 너희에게 주노라 내가 너희에게 주는 것은 세상이 주는 것 같지 아니하니라 너희는 마음에 근심도 말고 두려워하지도 말라**'고 말씀 하십니다. 또한 베드로전서 5장7~8절에 '**너희 염려를 다 주께 맡겨 버리라 이는 저가 너희를 권고하심이니라 근신하라 깨어라 너희 대적 마귀가 우는 사자 같이 두루 다니며 삼킬 자를 찾나니 너희는 믿음을 굳게 하여 저를 대적하라**'는 것입니다.

마귀는 우리에게 할 수만 있다면 포기하라고 유혹할 것입니다. 마귀는 때로는 공갈 협박도 하고 할 수만 있다면 우리를 매사에 슬럼프에 빠지게 할 것입니다. 뱀같이 지혜롭고 비둘기같이 순결한 이삭을 보십시오. 다툼의 소용돌이 속에서도 이기고 종국에 백배의 축복의 근원이 어디서 나왔습니까? 핍박과 도전을 지혜롭게 넘길 수 있는 하나님을 의지하는 신앙의 힘을 배웠습니다.

영국의 수상이였던 처칠은 세계 제2차 대전 말기에 영국 런던이 불바다가 되고 국민들이 지하 벙커로 숨고 나라가 망하기 직전이었습니다. 처칠은 전국 라디오 방송을 통해 영국 국민들에게 외칩니다. 국민 여러분 결코 포기 하지 맙시다! (Never give up!) 처칠의 이 한마디에 영국은 도버 해협을 건너오는 적을 물리 칠 수 있었다고 합니다.

오늘 우리에게는 아브라함이라고 하는 최고의 믿음의 조상을 주었습니다. 포기하지 말고 어떠한 난관이 와도 주의 손을 붙잡고 일어나시기를 축원 드립니다.

191

결론입니다.

다섯 번째, 우물을 더 깊이 파라는 것입니다.

본문에 브엘세바는 '맹세의 우물'이란 뜻입니다. 여기서 세바는 7이란 완전수를 의미합니다. 본문 26장25절에 브엘세바에서 드디어 여호와의 이름을 부르고 단을 쌓았다고 하였습니다. 이삭은 여기서 얼마나 많은 맹세를 하나님께 드렸겠습니까? 이삭이 이제야 하나님의 응답을 받고 공식적으로 하나님께 예배를 드렸다는 것입니다. 이삭이 드린 예배는 무엇을 의미 합니까?

1. 에벤에셀의 하나님이시란 것입니다. 여기까지 인도하신 하나님 아버지 은혜에 대한 감사의 예배입니다.

2. 여호와 닛시의 하나님이시라는 것입니다. 구속사적인 면에서 아버지 아브라함과 맺은 언약의 성취에 대한 승리요 영적 축복의 약속이 이루어졌다는 은혜에 대한 감사의 예배입니다.

3, 브엘세바에서 나타나신 하나님의 현현의 장소라는 것에 대한 은총으로 온 가족과 함께 여호와 이름을 부르고 예배를 드렸습니다.

창세기 26장24절에 밤에 여호와 하나님께서 이삭에게 나타나십니다. 그리고 **'나는 네 아비 아브라함의 하나님이니 두려워 말라 내 종 아브라함을 위하여 내가 너와 함께 있어 네게 복을 주어 네 자손으로 번성케 하리라 하신지라.'**

여기서 보면 하나님은 끝까지 이삭을 축복하신 것이 아브라함과의 언약의 약속의 성취라는 사실을 강조하고 있는 것입니다.

이삭의 아들인 야곱도 훗날 벧엘에서 하나님을 만나고 그곳에 서원했던 것도 어찌 보면 모두가 하나님의 현현과 구속사의 언약의 약속이였다는 사실을 잊어서는 안 된다는 것입니다. 이삭은 우물을 팠습니다. 더욱 깊게 팠습니다. 브엘세바에서 그는 맹세합니다. 세바는 7, 완전수이고 브엘세바는 맹세의 우물입니다. 오늘 현대에 브 엘 세바 즉 맹세의 우물이 어디입니까? 지금 여러분이 앉아 하나님 말씀을 듣고 계시는 이곳 경서교회가 맹세의 우물 브엘세바 인줄을 믿으시면 큰소리로 우리 한번 아멘 합시다.

이 시간 우리 모두 맹세합시다. 이삭이 맹세한 맹세의 우물에서 반드시 이삭과 같은 백배의 축복을 받기 위해 금년에는 믿음의 우물, 순종의 우물, 감사의 우물, 은혜의 우물을 더욱 깊게 파서 이삭이 받았던 100배의 축복을 받으시는 2019년이 되시기를 예수님 이름으로 축원 드립니다.

광풍 속에서 만난 하나님

(요나서 1:4 - 8)

여호와께서 대풍을 바다 위에 내리시매 바다 가운데 폭풍이 대작하여
배가 거의 깨어지게 된지라
사공이 두려워하여 각각 자기의 신을 부르고 또 배를 가볍게 하려고
그 가운데 물건을 바다에 던지니라
그러나 요나는 배 밑층에 내려가서 누워 깊이 잠이 든지라
선장이 나아가서 그에게 이르되 자는 자여 어찜이뇨
일어나서 네 하나님께 구하라
혹시 하나님이 우리를 생각하사 망하지 않게 하시리라 하니라
그들이 서로 이르되 자 우리가 제비를 뽑아 이 재앙이 누구로 인하여
우리에게 임하였나 알자 하고
곧 제비를 뽑으니 제비가 요나에게 당한지라
무리가 그에게 이르되 청컨대 이 재앙이 무슨 연고로 우리에게 임하였는가
고하라 네 생업이 무엇이며 어디서 왔으며 고국이 어디며
어느 민족에 속하였느냐

광풍 속에서 만난 하나님이란 말씀으로 증거 할 때에 성령께서 저와 여러분의 가슴을 진리로 채워주는 시간 되시길 기원 드립니다. 본문의 주인공은 요나입니다. 요나라는 이름은 '비둘기'라는 뜻이며 북

이스라엘 갈릴리 출신의 선지자로서 본문의 1절에 '아밋대'의 아들이라고 소개하고 있습니다. 소개한 본문은 BC 793~753년 경에 일어난 사건으로 당시 이스라엘과 앗수르와는 적대 관계에 있었습니다. 니느웨는 당시 앗수르의 수도로서 팔레스타인으로부터 약700km 떨어져 있고 BC700년 무렵 산헤림 왕이 이 도시를 점령하여 앗수르의 수도가 된 이후 바벨론에 함락될 때까지(BC,612)앗수르의 수도였습니다.

당시 북이스라엘의 왕 여로보암 2세는 다윗과 솔로몬 시대 이후 정치적, 경제적 최전성기를 맞이하고 있었습니다. 북이스라엘의 가장 큰 적이었던 수리아가 앗수르의 공격을 받아 곤경에 처해 있었습니다. 앗수르도 북방의 신흥국가인 아라랏과의 전쟁 때문에 당시 수리아의 수도인 다메섹에서 철수할 수밖에 없는 형편에 놓여 있었습니다. 당시 나라와 나라의 전쟁을 하는 동안 이스라엘의 왕 여로보암 2세로서는 옛날 이스라엘의 전성기인 다윗과 솔로몬의 시대의 영토를 대부분 회복할 수가 있었던 때였습니다. 그럼에도 불구하고 앗수르는 역시 이스라엘 최대의 강력한 라이벌 국가로 위험이 상존해 있던 때에 하나님은 요나를 앗수르의 수도인 니느웨에 가서 심판경고의 메시지를 전하라는 하나님의 명령을 받게 되었습니다.

그러나 요나는 그 사명을 거역하고 여호와의 낯을 피하여 니느웨와는 정반대의 방향인 다시스로 가기 위해 배를 타고 가다가 바다 한가운데서 풍랑을 만나게 됩니다. 여기서 여호와 낯을 피하여라는 말에서 여호와의 낯이란 뜻은 '페네이 여호와'라는 뜻으로 '하나님의 통치 영역으로

부터 벗어나 도망갔다'는 것을 의미합니다. 다시스는 팔레스타인으로부터 약 3200Km 떨어진 스페인 서남쪽에 있는 곳으로 니느웨는 다시스에 비해 4.5배나 가까운 약 700Km 떨어진 곳에 불과한 곳인데 하나님의 명령인 선교사역지 니느웨를 버리고 이탈하여 오히려 하나님의 통치 구역을 벗어났다는 것입니다. 다시 말하면 하나님의 간섭을 받지 않는 통치권 밖에서 살겠다는 것이었습니다. 하나님의 낯을 피해 도망가다 망망대해에서 큰 물고기 뱃속에 들어가 하나님의 구원의 은총을 받고 삼 일 만에 살아서 나가게 된 사건입니다. 삼킬 듯한 무서운 광풍이 요나를 삼켜 죽이는 것처럼 보여졌지만 오히려 광풍 때문에 하나님을 만나게 되고 광풍 때문에 잃어버린 소명을 다시 찾게 되고 하나님의 은총을 입게 된 이야기입니다.

사랑하는 성도 여러분

오늘 본문을 통하여 현대를 살아가는 저와 여러분에게 주는 교훈은 무엇입니까?

첫 번째, 하나님의 뜻을 거역해서는 안 된다는 것입니다.

이스라엘과 대적관계에 있는 앗수르에 복음을 전하러 간다는 것은 어찌 보면 모험에 가까운 것이었습니다. 평화를 이루는 것이 필수적인 하나님의 계획이셨고 이 거대한 일을 위하여 하나님은 요나를 선택하신 것입니다. 요나서 4장11절에 보면 당시 니느웨 성읍에는 좌우를 분별치 못하는 어린아이들만도 12만 명이나 되었고 전체 인구는 약 60만 명에 달한 것으로 알려져 있었습니다. 니느웨로 가서 복음을 전하라는 하나님의 계획은 이스라엘과 전쟁을 막기 위한 뜻이었으며 전쟁을 막는 유일한 길은 복음 전파였습니다. 그러나 요나는 하나님의 절대주권과 위대한 구속사역의 계획을 알리 없었던 요나는 하나님의 의도와 정반대의 길을 선택하게 됩니다.

사랑하는 성도 여러분

까마귀 날자 배 떨어진다는 말이 있듯이 마침 욥바항에 가보니 다시스로 가는 배가 있었고 날씨는 쾌청하고 순한 바람이 불어 항해하기 아주 좋은 날씨였습니다. 여러 가지 징조로 보아 자신의 판단이 옳다고 결론을 내리게 되었고 요나가 탄 배는 망망대해를 항해하기 시작하였던 것입니다. 요나는 자신의 판단이 옳다고 생각했지만 하나님 편에서는 무서운 불순종이 될 줄이야 누가 감히 상상이나 했겠습니까? 요나의 단 한 번의 잘못된 판단과 선택은 하나님의 무서운 진노를 불러왔고 순풍에 돛단배처럼 항해하던 요나가 탄 배는 난데없는 광풍으로 뒤집혀지고 물고기가 요나를 삼켜버리는 참혹한 일이 벌어진 것입니다.

사랑하는 성도 여러분

단 한 번의 인간적인 판단으로 하나님의 말씀을 경하게 여겼던 요나는 바다 한가운데서 무서운 광풍을 만나게 되었습니다. 자신만 곤경에 처한 것이 아니라 요나와 함께한 수많은 사람이 망망대해에서 죽어가게 되었습니다. 그것도 모르고 배 밑창에서 깊은 잠에 취해 있던 요나를 사공들이 깨웁니다.

'자는 자여 어찜이뇨 일어나서 네 하나님께 구하라 혹시 하나님이 우리를 생각하사 망하지 않게 하시리라.' (요나서 1장6절)

사공들이 제비를 뽑기 시작합니다. 도대체 난데없는 풍랑이 어디서 왔는고? 갑자기 조용하던 바다에 웬 풍랑인가? 우리가 무슨 죄를 지었단 말인가? 도대체 누구의 실수로, 누구의 죄로 이런 변을 당하게 되었단 말이냐? 갑판에서는 난리가 났습니다. 서로가 서로에게 내 책임이 아니라고 변명하기 시작합니다. 난리가 난 광풍 속에서 드디어 제비를 뽑았습니다. 깊이 잠든 요나에게 돌아갔습니다. 성난 사공들이 요나에게 외칩니다. 요나서 1장6절에 요나를 깨웁니다. **'자는 자여 어찜이뇨 일어나서 네 하나님께 구하라 자는 자여 어찌함이냐 일어나서 네 하나님께 구하라.'** 요나서 1장8절에 **'무리가 그에게 이르되 청컨대 이 재앙이 무슨 연고로 우리에게 임하였는가 고하라 네 생업이 무엇이며 네가 어디서 왔으며 고국이 어디며 어느 민족에 속하였느냐.'**

사랑하는 성도 여러분

풍랑이 요나를 깨닫게 해주셨습니다. 풍랑이 부흥사가 되었고 풍랑이 선지자가 되었습니다. 깨닫지 못한 어리석은 요나에게 하나님은 광풍을 동원하셔서 깨닫게 해주신 것입니다. 본문 1장9절에 **'나는 히브리 사람이요 바다와 육지를 지으신 하늘의 하나님 여호와를 경외하는 자로라.'** 아! 그는 성난 파도와 사공들 앞에서 깨닫기 시작합니다. 하나님의 말씀을 무시하고 자신의 판단이 얼마나 잘못인가를 깨닫기 시작합니다. 본문 1장 10절에 **'네가 어찌하여 이렇게 행하였느냐.'** 바다가 점점 흉흉하여 갈 때 요나에게 책임을 묻습니다. 그때 사공들이 외칩니다. 너를 어떻게 하여야 바다가 잔잔해지겠느냐? 아, 그때 요나가 외칩니다. **'나를 들어 바다에 던지라 너희가 이 큰 폭풍을 만난 것이 나의 연고인줄을 내가 아노라 나는 히브리 사람이요 바다와 육지를 지으신 하늘의 하나님 여호와를 경외하는 자로라.'** 하나님 말씀을 거역하고 내 방법을 선택하였노라. 요나는 깨닫기 시작합니다. 풍랑이 일어난 원인이 자신의 불순종이라는 것을 이제야 깨달았습니다. 이 시간 우리의 믿음을 돌이켜보는 시간이 되시길 바랍니다.

일 년의 반을 살았습니다. 지난 6개월 동안 얻은 것이 무엇이며 잃어버린 것이 무엇입니까? 우리가 하나님 말씀에 얼마나 순종했습니까? 아니면 내 고집 내 마음대로 자행자제하며 살아왔습니까? 천금같이 귀하게 여겨야 될 하나님의 말씀을 경히 여긴 성도가 계십니까? 성경은 이렇게 말씀합니다. 로마서 8장5절-7절에 **'육신을 좇는 자는 육신의 일을, 영을 좇는 자는 영의 일을 생각하나니 육신의 생각은 사망이요 영의 생각은 생명과 평안이니라 육신의 생각은 하나님과 원수가 되나니 이는 하나님의 법에 굴복치 아니할뿐 아니라 할 수도 없음이라'**고 말씀 하셨습니다. 이 시간 혹연 내 지식과 순간적인 내 판단이 하나님 말씀 앞에 어긋났다면 회개하고 순종하는 삶으로 바꿔지기를 주의 이름으로 축원 드립니다.

두 번째, 회개 할 때 풍랑이 잔잔해집니다.

사랑하는 성도 여러분

요나는 평범한 시간에는 하나님의 음성을 외면하고 요나가 잘 나갔을 때는 하나님 음성을 듣지 아니 하였습니다. 왜 하필이면 인생의 광풍이 몰아치는 망망대해에서 하나님의 음성을 들었습니까? 하나님의 음성이 어떻게 들려 왔습니까? 배에 탄 선원들에 의해 들려옵니다. 도망자여 회개하라는 것입니다. 두 마음을 품은 것을 깨닫고 회개 하라는 것입니다. 오늘 우리의 가정에, 우리의 믿음호에, 우리 인생호에, 우리의 사업에, 우리의 건강에, 어떻게 하여야 인생의 풍랑이 멈출수 있겠느냐는 말씀입니다. 요나에게 물었던 질문을 이 시간 저와 여러분에게 묻고 계십니다. 요나는 대답합니다. 본문 12절에 **'나를 들어 바다에 던지라 그리하면 바다가 너희를 위하여 잔잔하리라 너희가 이 큰 폭풍을 만난 것이 나의 연고인줄 을 내가 아노라.'** 요나는 자신이 누구인지를 깨닫기 시작했습니다. 고요한 바다에 난데없는 광풍이 일어난 이유가 자신 때문이라는 사실을 깨닫게 된 것입니다.

사랑하는 성도 여러분

가정이 어려웠던 것, 사업이 문제가 있었던 것, 저 사람 때문이 아니라 모든 것이 나 때문이요 남편도 자녀도 친구 때문이 아니라 먼저 예수 믿고 이해해 주지 못한 나 때문이요 좀 더 사랑해 주지 못한 나 때문인 것

201

입니다. 잔잔하게 하지 못한 내 책임이고 인내하지 못한 내 책임이요, 오 리를 가자고 한 형제에게 십 리를 가지 못 한 내 책임이며, 겉옷을 달라하는 형제에게 속옷까지 주지 못한 내 책임이고 왼쪽 뺨을 때린 형제에게 오른쪽 뺨까지 내주지 못한 나 때문이라고 생각되어질 때 사랑이 넘치는 가정, 축복받은 교회, 은혜가 넘치는 교회, 건강한 사회가 될 줄로 믿습니다.

사랑하는 성도여

요나는 분명 사명자였습니다. 때로는 우리에게 하나님의 일을 성령님이 영감을 통해 직접 명령한 때도 있고 영적 지도자를 통해 명령 할 때도 있다는 것입니다.

사랑하는 성도여

하나님이 원하시는 길이 아니라 자신이 옳다고 판단하는 길로 간 요나에게 찾아온 것은 오도 가도 못하는 망망대해에서 만난 대 광풍 뿐이었습니다. 요나의 생각은 영영 돌이킬 수 없는 실수였습니다. 세상을 살아가다 보면 일반적인 실수는 있을 수 있습니다. 그러나 하나님의 명령을 어긴 것은 잠깐의 실수가 아니라 두고두고 후회로 남는 교훈이 된다는 사실을 우리는 이 시간 요나의 교훈을 통해 깊이 새겨야 할 것입니다.

사랑하는 성도 여러분

본문 12절에 그는 참회와 더불어 **'나를 들어 바다에 던지라 그리하면 바다가 너희를 위하여 잔잔하리라 너희가 이 큰 폭풍을 만난 것이 나의 연고인줄을 내가 아노라.'** 선원들은 요나가 믿는 창조주 하나님께 부르짖습니다. 14절에 **'여호와께 부르짖어 가로되 여호와여 구하고 구하오니 이 사람의 생명 까닭에 우리를 멸망시키지 마옵소서'**하고 선원들은 외칩니다. 배 사람들은 원래 바다 신을 믿고 바다 신에게 그날의 일기와 파도 등 수많은 것을 묻고 출항하였습니다. 그러기에 요나가 믿는 하나님은 어떤 신인지도 알 리가 없습니다. 그런 그들이 물결이 흉흉하고 거센 풍랑으로 인해 배가 파선되고 죽게 된 것입니다. 요나의 고백으로 자신들이 의지하는 바다신이 아니라 하나님의 뜻을 거역한 요나 때문이라는 것을 알게 된 사공들은 요나를 들어 만경창파에 던졌습니다.

사랑하는 성도 여러분 웬일입니까?

요나를 들어 바다에 던지고 나니 그렇게도 잔혹하게 불던 풍랑과 세찬 파도는 온데간데없고 그쳤더라고 15절에서 말하고 있습니다. 사공들은 하나님을 크게 두려워하였고 여호와 하나님께 제물을 드리고 서원 기도를 하였다고 기록하고 있습니다. 우리 모두는 각자의 맡은 크고 작은 사명이 있습니다. 이러한 사명을 때로는 귀찮아서 피곤해서 힘들다고 자신도 모르게 포기해버려 하나님의 노여움을 사게 될 때가 있다는 것입니다.

사랑하는 성도여

우리가 추후에 일어날 일을 조금이라도 생각해 본다면 어느 누구도 하나님 말씀에 불순종할 이유가 없을 것입니다. 요나는 사명을 잃어버릴 때 풍랑을 만나게 된 것입니다. 본문 15절에 요나를 들어 바다에 던지니 그때서야 풍랑이 잔잔해졌다고 하였습니다.

여러분의 가정에 요나는 누구입니까? 망경창파 푸른 물에 던지십시오. 나를 들어 던지면 가정이 달라집니다. 교회가 달라집니다. 내 삶이 180도로 달라집니다. 이 시간 나를 들어 바다에 던져 우리 앞에 놓인 태산준령 같은 산도 넘고 광풍의 바다도 잠잠해지는 기적이 일어나시기를 주의 이름으로 축원합니다.

세 번째, 신분을 소중히 여기라는 것입니다.

요나는 신분을 망각할 때 풍랑을 만나게 되었습니다. 말이 아니면 탓하지 말고 길이 아니면 가지 말라는 옛 말이 있습니다. 요나는 자신의 신분을 망각한 채 자신의 고집과 아집으로 하나님의 원치 않는 길을 간 것입니다. 우리에게 목사의 신분이 있습니다. 장로, 권사, 안수집사의 신분이 있습니다. 평신도, 성가대원, 교회학교 교사 등 신분을 주셨습니다. 이 신분을 망각하면 하나님도 우리를 잊어버리게 되실 것입니다.

제가 미국 캘리포니아에 교회에 부흥회 갔을 때 일입니다. 부흥회 기간 중 그 교회 권사님이 상담을 할 일이 있다고 하여 저에게 찾아 왔습니다. 젊었을 때 이 여인은 한국에서 교회를 다녔는데 육군 장교인 남편이

순직하게 되어 유복자 아들을 낳았습니다. 이 여인은 남편 없이 낳은 아들을 남편 성을 따라 안모세라고 이름을 짓고 남편을 사랑하는 만큼 남편이상으로 훌륭한 아들로 키우기로 결심하고 어린 아들을 데리고 미국으로 이민을 갔습니다. 그러나 어린 아들은 중학교, 고등학교를 다니면서 술도 먹고 담배도 피우고 도박도 하며 마리화나 같은 환각제를 피우고 탈선하기 시작했습니다.

어머니는 그 동안 신앙생활을 잘하여 그 교회 권사가 되었는데 아들 때문에 잠 못 이루고 있었습니다. 이와 같은 전후사정을 저에게 상담하고 어떻게 하면 내 아들을 바로잡을 수 있느냐는 것이었습니다. 그러나 저는 뾰족한 방법이 없어서 권사님에게 간절히 기도해드리고 한국으로 돌아왔습니다.

그 후 미국에 있는 권사님으로부터 눈물어린 편지 한 통이 왔습니다. 내용은 이렇습니다. 미국에 있는 훌륭한 목사님들에게 아들을 데리고 가서 수없이 안수도 받고 그랬지만 아들이 전혀 변화되지 않고 갈수록 미국 불량배 청소년들과 어울려 다니면서 세상길로 빠졌다는 것이었습니다. 그런데 목사님 부흥회 때 제가 은혜를 받고 응답을 받았다고 말씀하면서 그 아들을 한국에 보내려고 하니 아들을 지도해서 미국으로 보내주시면 안되겠느냐 하는 것이었습니다. 그래서 저는 기도 끝에 그 권사님의 아들 모세를 한국에 오도록 하였습니다. 그리고 공항에 가서 그 아들을 맞이하고 사랑으로 잘 대했습니다. 그리고 교회를 데리고 와서 기도해 주고 상담을 시작했습니다. 모세야 너희 아버지 어머니가 모세보다 훌륭한 사람이 되라고 모세라는 이름을 지어주었다. 모세는 이스라엘의 영도자인데 네 어머니가 얼마나 신앙이 좋았으면 네 이름을 모세라고 지워 주셨겠니? 그런데 너는 술독과 마약에 빠져 모세가 아닌 안모세가 되어 버렸다. 그러니 지금이라도 이름답게 살 수가 없는가? 네가 술집에 가서 네 친구들이 모세야 모세야 이름을 부를 때 너는 부끄럽지 않았는가? 그러니 계속 술 먹고 마약을 하려면 모세라는 이름을 버려라. 그리고 다른 이름을 써라. 아니면 술과 마약을 끊고 어머니 아버지 기도대로 성경에 나오는 훌륭한 모세가 되라. 하고 상담을 하였습니다.

이 청년은 다시 미국으로 돌아갔습니다. 그런데 편지 한통이 왔습니다. 비행기 안에서 쓴 편지라고 하는데 편지에 눈물이 뚝뚝 떨어진 자국이 여러군 데 있었습니다. 그는 편지에 목사님 저는 이제야 뒤늦게 깨닫고 참회하는 눈물을 흘리며 이 편지를 씁니다. 내 결심이 미국 도착하면 혹시나 또 무너질까 봐 지금 비행기 안에서 목사님에게 이 글을 씁니다. 미국에서 만난 많은 목사님들은 나에게 목사님처럼 폐부에 와 닿는 충고를 해 주신 목사님이 한 분도 안 계셨습니다. 나에게 깨닫게 해 주시는 훌륭한 목사님을 만나게 된 것을 감사합니다. 미국에 돌아가면 목사님 말씀대로 이름답게 살겠습니다. 기도해 주십시오. 목사님의 말씀 한 마디 한 마디가 내 삶을 송두리째 바꿔 놓았습니다. 목사님 존경하고 사랑합니다. 하나님 자녀답게 살겠습니다. 천국 가신 아버지와 어머니의 소원을 들어 드리는 아들이 되겠습니다. 이것이 그 젊은 청년의 편지였습니다. 아마 지금도 세계 어느 곳에서 훌륭한 신앙인으로 이름답게 살아갈 줄로 믿습니다.

사랑하는 성도 여러분

요나는 뒤늦게 자신의 신분을 깨달았습니다. 그리고 다시스로 가던 길을 돌려 니느웨로 갔습니다. 다시스는 평안이었고 니느웨는 죽음이 기다리고 있었습니다. 그러나 평안의 길은 자신이 선택하려고 했고 죽음의 길인 니느웨는 하나님이 명령한 길이었습니다. 그리고 니느웨에 가서 하나님의 사명을 감당함으로 하나님이 주신 신분을 소중히 생각하고 복음의 진리를 외친 선지가자 되었던 것입니다. 요나는 외칩니다. **'나를 들어 바다에 던지라 그리하면 바다가 너희를 위하여 잔잔하리라 너희가 이 큰 폭풍을 만난 것이 나의 연고인줄을 내가 아노라.'**

사랑하는 성도 여러분

요나와 같은 이가 있습니까? 하나님의 자녀라는 신분을 소중히 여깁시다. 만경창파 푸른 물에 나를 들어 바다에 던져버립시다. 그리하면 하나님 말씀이 내 귀에 내 심장에 들리게 될 줄로 믿습니다. 광풍이 일어나지 않는 인생이 어디에 있겠습니까? 인생은 광풍입니다. 인생은 수수께끼입니다. 아버지라는 신분이 있고 어머니라는 신분이 있습니다. 앞에서도 언급했듯이 교회에서는 목사라는 신분이 있고 장로라는 신분이 있습니다. 권사, 안수 집사라는 신분이 있는가 하면 어떤 이는 성가대로 어떤 이는 교사로 수많은 봉사의 신분이 있습니다. 그러나 교회의 신분을 내가 원하여 받은 직분자가 얼마나 있겠습니까? 모두가 나는 못합니다 나는 할 수가 없습니다. 나는 시간이 없습니다. 라고 하였지만 하나님은 나에게 강권적으로 직분을 주시고 감당할 능력을 줄 터이니 하라는 명령이었습니다. 신분을 소중히 여기고 말씀만 믿고 죽을 각오를 하고 따라 가시다가 하나님이 주시는 귀한 축복을 사는 날 동안 누리시기를 주의 이름으로 축원 드립니다.

결론입니다. 사명 감당하려 할 때 하나님이 도우십니다.

이제 말씀을 마치겠습니다. 하나님은 사명자 요나를 위해 큰 물고기를 예비해 요나를 삼키게 하였고 17절에 밤낮 3일을 물고기 배 속에 들어 갔습니다. 캄캄합니다. 칠흑같이 어둡습니다. 아무것도 분별할 수 없는 무아지경입니다. 생명이 아직 남아있다는 사실 외에는 그가 할 수 있는 것이라고는 오직 전능하신 하나님께 기도하는 것 뿐이었습니다.

사랑하는 성도 여러분

요나는 물고기 뱃속에서 하나님 여호와께 기도하기 시작 합니다. 요나서 2장1절 이하에 **'요나가 물고기 뱃속에서 그 하나님 여호와께 기도하여 가로되 내가 받는 고난을 인하여 여호와께 불러 아뢰었삽더니 주께서 내게 대답하셨고 내가 스올의 뱃속에서 부르짖었삽더니 주께서 나의 음성을 들으셨나이다.'** 여기서 스올이라는 말은 음부 즉 지옥을 의미합니다. 주께서 나를 깊은 속 바다가운데 즉 지옥에 던지셨으므로 큰 물이 나를 둘렀고 주의 파도와 큰 물결이 내 위에 넘쳤나이다. 내가 말하기를 내가 주의 목전에서 쫓겨 났을 지라도 다시 주의 성전을 바라보겠다 하였나이다. 물이 나를 둘렀으되 영혼까지 하였사오며 깊음이 나를 애웠고 바닷물이 내 머리를 쌌나이다 내 기도가 주께 이르렀사오며 주의성전에 미쳤나이다 나는 감사하는 목소리로 주께 제사를 드리며 나의 서원을 주께 갚겠나이다 구원은 여호와께로서 말미암나이다.

칠흑 같은 어두움의 지옥에서의 부르짖음은 또 한 번 하나님의 인증, 확인을 받았고 여호와께서는 그 물고기에게 명하시매 요나를 육지에 토하니 요나는 3일 길을 걸어 니느웨에 도착합니다. 성에 들어간 요나는 하루 동안 외칩니다. 40일이 지나면 니느웨성이 무너지리라고 하나님의 심판을 예언합니다. 요나의 외침에 니느웨성 사람들은 베옷을 뒤집어 쓰고 회개합니다. 왕은 조서를 내립니다. 사람이나 짐승이나 먹지도 말고 마시지도 말고 여호와 하나님께 부르짖어 기도 할 것을 명합니다. 금식을 선포합니다. 니느웨 사람들이 하나님을 믿기 시작하는 기적이 일어납니다.

사랑하는 성도 여러분

요나는 사명을 감당하기 시작합니다. 할렐루야!

본문을 통하여 우리가 얻은 교훈은 무엇입니까? 한번 선택한 사람, 하나님은 끝까지 포기하지 않으시고 찾으셔서 사용하신다는 것입니다. 사명을 포기하고 수천 리 길로 도망하려 했던 요나, 풍랑을 만나 죽음에 이른 요나, 물고기 뱃속에 들어간 요나. 나는 이제 소망이 끊겼구나 하고 인생을 포기하려는 순간순간마다 하나님은 요나에게 끝까지 사명의 기회를 주셨습니다. 하나님은 오늘도 인생의 풍랑 속에서 잃어버린 은혜를 회복시키시고 나는 끝장이다 나는 이젠 틀렸어하고 포기한 성도가 계십니까? 인생의 막장이라고 생각한 그 시간에 하나님의 크신 손을 붙잡으셔서 새로운 인생의 출발이 되시길 예수님 이름으로 축원 드립니다.

사순절을 보내는
성도의 자세

(로마서 14:8~9)

우리가 살아도 주를 위하여 살고 죽어도 주를 위하여 죽나니
그러므로 사나 죽으나 우리가 주의 것이로라
이를 위하여 그리스도께서 죽었다가 다시 살으셨으니
곧 죽은 자와 산 자의 주가 되려 하심이니라

'사순절을 보내는 성도의 자세'란 제목으로 말씀드릴 때에 성령께서 이 시간 저와 여러분의 가슴을 진리로 채워주시길 기원 드립니다.

사순절(四旬節: lent)은 나를 위해 십자가에 달려 고난당하신 예수님을 생각하며 근신하고 자숙하는 마음으로 동참하는 기간을 의미합니다. 많은 그리스도인들은 부활절이나 추수감사절, 성탄절은 다 알고 설명도

211

그런대로 할 줄 압니다. 그러나 사순절에 대해서는 잘 모르는 사람들이 너무 많고 설명을 한다고 할지라도 사순절을 어떻게 지내야 하는지 잘 모르는 사람이 많습니다. 사순절은 그 기간 동안 영적 대각성을 하면서 지난 일 년 동안 어떻게 믿음생활을 해 왔는지를 돌아보면서 기도하고 금식하며 스스로 자신을 돌아보는 기간입니다.

사순절 기간 동안에는 공적인 일이 아니면 절대 여행을 해서도 안 되고 교회의 프로그램을 계획할 때도 교회 밖에서의 친목을 위한 어떠한 행사도 해서는 안 되는 것입니다. 우리 교회는 복음주의 교회로써 한국 교회의 모범이 되어야 할 것입니다. 사실상 장로님들과 안수집사님들이 운동장에서 축구를 하는 것도 이 기간만큼은 삼가했으면 합니다. 또한 어떤 시험을 당했다 하더라도 사순절 기간 동안에 문제를 해결해야만 하는데 이 문제는 주님의 고난에 비하면 나는 아무것도 아니라는 것을 깨닫고 자신의 방법으로가 아니라 예수님의 고난에 동참하여 영적 대각성의 회개운동을 통하여 자신을 깨닫고 용서와 화해의 정신으로 다시 한번 날 구원하여 주신 주님의 은혜에 감사하는 기간입니다. 이 사순절이라는 말은 40일이라는 뜻으로서 부활절 40일전 수요일부터 예수님의 부활하시기 전인 토요일까지인데 이 기간 중 주일을 뺀 40일 동안 모든 교회가 지키는 교회 절기를 말합니다. 금년에는 3월 6일부터 4월 20일 토요일까지 지키게 됩니다.

이 사순절은 사도시대부터 지켜왔는데 교회는 교회대로, 가정은 가정대로, 성도는 성도대로 영적인 새로운 각성으로 새 삶을 결단하였던 것입니다. 특히 교회의 전통에 따르면 사순절이 시작되는 첫 수요일에는 교회 마당에 거적을 깔고 머리에 재를 뿌리며 '나 같은 죄인 살리신 주님 앞에 참회합니다.'하고 참회기도를 드림으로써 사순절을 시작했는데 이 날은 '성회수요일(聖灰水曜日 : ASH Wednesday)'이라고 하여 '거룩한 잿더미를 덮어쓰는 날', '잿더미를 뒤집어 썼다'는 말로 부르기도 했던 것입니다.

잿더미를 뒤집어 썼다고 하는 것은 나를 밑바닥까지 낮춰 겸손해지므로 예수님의 사랑을 다시 한 번 체험해 보고 나를 돌이켜 지금 내가 어디까지 왔으며 어디에 서 있는가를 확인해 주는 회개의 기간이라고도 할 것입니다. 예수님께서 나를 구원해 주신 구원의 은총에 감사하여 이 기간은 되도록 말을 하지 않고 말을 아끼고 마음을 하나님께 드리는 묵언생활을 하며 선행에 동참함으로써 주님의 사랑을 몸소 실천하는 것을 사순절이라고 합니다.

사랑하는 성도 여러분

우리는 이 거룩한 사순절 기간 동안 몸가짐을 어떻게 하여야만 십자가에 달리신 우리 주님의 고난과 영광에 동참할 수 있을까요?

첫 번째, 참회하는 마음을 가져야 되겠습니다.

사순절은 한마디로 우리 기독교가 부활절을 준비하는 기간이라 할 것

213

입니다. 이 기간 중에 서방 교회에서는 잿더미를 뒤 집어 쓰는 수요일에 시작하여 부활절 전까지 6주 반 동안 참회의 기도를 드렸습니다. 예수 그리스도가 광야에서 금식한 것을 본받아서 주일을 제외한 40일을 금식기간으로 정하여 금식하면서 참회의 기도를 드렸던 것입니다. 이 예식은 사도 시대부터 이루어져 지금까지 전해져 오고 있으며 이 기간 동안 세례를 받고자 하는 사람은 경건한 마음으로 준비하는 시기였고 일반 성도들에게는 뼈를 깎는 참회의 기간이었습니다.

사랑하는 성도 여러분

누가 예수님을 십자가에 못 박았습니까? 배반한 제자였고 유대 정병들이었고 로마 군인들이었으며 서기관, 바리세인 그렇게도 믿고 따랐던 제사장들 그리고 오늘 예수를 믿는 '나'라고 하는 존재입니다.

사랑하는 성도 여러분, 무엇을 참회 하여야겠습니까?

두 번째, 주일을 지키지 못하는 것을 참회하여야겠습니다.

출애굽기 31장14절에 '너희는 안식일을 지킬찌니 이는 너희에게 성일이 됨이라 무릇 그 날을 더럽히는 자는 죽일찌며 무릇 그 날에 일하는 자는 그 백성 중에서 그 생명이 끊쳐지리라 .' 출애굽기 35장2절에 '여호와께 특별한 안식일이라 무릇 이날에 일하는 자를 죽일지니' 느헤미야 8장9절에 '오늘은 너희 하나님 여호와의 성일이니 슬퍼하지 말며 울지 말라 .' 이사야 58장13절에 '내 성일에 오락을 행치 아니하고 안식일을 일컬어 즐거운 날이라, 여호와의 성일을 존귀한 날이라 하여 이를 존귀히 여기고 네 길로 행치 아니하며 네 오락을 구치 아니하며 사사로운 말을 하지 아니하면 '이라고 사사로운 말을 하지 아니하면 이라고 하였습니다.

세 번째, 감사하지 못한 것을 참회하여야 되겠습니다.

골로새서 3장15절에 '너희는 감사하는 자가 되라.' 데살로니가전서 5장18절에 '범사에 감사하라 이는 그리스도 예수 안에서 너희를 향하신 하나님의 뜻이니라'라고 하였습니다. 여러분! 여러분은 감사를 잊어버리지는 않았습니까?

사랑하는 성도 여러분

우리는 감사를 어느 때에 표현합니까? 내게 만족할 만한 일이 있을 때 감사는 당연하지만 설령 내게 손해가 왔다고 할지라도 깨달음을 주시는 하나님께 감사하여야 하고 슬픈 일이나 고통의 날이 왔다고 할지라도 감사해야 한다고 하는 것입니다. 왜냐하면 감사는 또 다른 감사를 만들어 내기 때문입니다.

1950. 9. 28 수복 후 이화여자대학교를 졸업한 최이순과 김세영이라는 사람이 이화여자대학교 재건을 위해 모금운동을 벌이고 있었습니다. 그런데 어떤 미국 부인이 모금함에 1센트를 넣는 것을 보고 불쾌해 했습

215

니다. 이때 이화여자대학교에서 가정학을 가르치다가 한국에서 돌아온 모리스 선교사가 최이순에게 이렇게 이야기 했다고 합니다. '1센트도 감사하시오. 우체국에 가서 1센트가 부족해서 물건을 부치지 못할 때 어떤 사람이 1센트를 준다면 얼마나 감사하겠소?' '당신은 진정한 감사가 무엇인지 모르는 사람이군요.' 이 말을 들은 그녀는 자신이 진정한 감사가 무엇인지 모르는 것을 부끄럽게 여기고 일생 동안 아주 작은 일에도 하나님께 감사하며 살았다고 합니다.

저도 어느 날 비천한 가운데 처해 있을 때 감사를 깨닫고 그날부터 하루에 20번씩 감사하기로 하고 내 인생의 삶에 비가 오나 눈이 오나 험산준령이 찾아와도 하루에 20번 감사하기 시작했습니다. 이것을 통해 슬픔과 고통이 사라지고 분노와 시험을 이겨낼 수 있는 능력이 나타나 진정한 기쁨과 승리의 감사로 나타나는 것을 체험하고 우리 성도들에게도 하루 20번 감사하도록 권면이 아닌 명령을 하고 있는 것입니다.

사랑하는 성도 여러분

작은 것에도 하나님께 감사합시다. 여러분의 인생길에 험산준령이 막아설 때 하나님을 아버지라고 부르는 우리를 그냥 내버려 두지 아니하실 것입니다. 고난이 올 때, 시련이 올 때 분노와 시험이 찾아올 때 감사하십시오. 하루에 20번 감사하는 것을 잊지 맙시다. 이번 사순절을 통해 하나님을 대적하고 하나님의 뜻을 거스른 적이 있습니까? 철저한 회개와 자복 그리고 감사를 통해 사순절의 의미 속에서 응답받는 저와 여러분 되시길 축원 드립니다.

장미나무에는 아름다운 꽃도 있고 날카로운 가시도 있습니다. 어떤 사람은 꽃나무의 찌르는 가시를 보고 '이렇게 아름다운 꽃에 하필이면 가시가 있담'하고 불평 하였고 어떤 사람은 '가시나무에 이렇게 아름다운 장미가 피었네?'하고 기뻐했습니다. 한 사람은 가시를, 한 사람은 꽃을 본 것입니다. 한 사람은 나쁜 환경을 보고 고통안에서 좌절하기도 하고 세상을 한탄하기도 하며 부모형제와 자신의 처지를 비관하기도 합니다. 한 사람은 좋은 것을 발견하고 감사하고 기뻐합니다.

사랑하는 성도 여러분

감사는 행복과 불행의 분기점입니다. 장미의 가시와 아름다운 꽃 중 한 사람은 어두움을 보았습니다. 한 사람은 밝은 부분을 보았습니다. 한 사람은 긍정적인 모습을 보았고 한 사람은 부정적인 모습을 보았습니다. 매사를 어떤 시각으로 보느냐는 우리 인생에서 대단히 중요한 이정표가 될 것입니다. 사도 바울은 말합니다. '세상의 영이 아닌 하나님의 영으로만이 하나님이 우리에게 은혜로 주신 것임을 알 수 있다'고 말씀합니다.

사랑하는 성도 여러분

하나님 말씀대로 살지 못한 것을 회개해야겠습니다. 형제가 겉옷을 달라면 속옷까지 주지 못하고, 오 리를 가자면 십 리까지 가지 못하고 원

217

쪽 뺨을 때리면 오른쪽 뺨까지 내주지 못하고 사랑하지 못한 것을 참회해야겠습니다.

네 번째, 새로운 기도운동이 일어나야겠습니다.

사순절에는 한국 교회가 기도운동을 일으킵니다. 특히 이 기간 중 새벽기도회는 전국적으로 행해지고 있습니다. 우리 교회도 초창기에는 40일 동안 새벽기도회를 온전히 가졌으나 어느 순간 20일로 줄어들더니 이제는 아예 고난주간 한 주만 지키게 되었습니다. 그래서 일주일 동안 총동원 새벽기도회가 시작됩니다.

사랑하는 성도 여러분

지금이 어느 때입니까? 민족이 처한 현실을 보십시오. 경제가 IMF 때로 다시 회귀하는 현실입니다. 어쩌면 그때보다 더 무서운 환난의 때가 올 지도 모릅니다. 북한이 하는 짓을 보십시오. 내일을 예측할 수가 없습니다. 민심이 천심이라는 말이 있습니다. 날이 새면 무슨 일이 일어날지 아무도 모릅니다. 오직 전능하신 하나님만이 그날을 계수하고 계신다는 것입니다.

사랑하는 성도 여러분

마지막 환난 때 우리가 의지할 분이 누구입니까? 오직 예수 그리스도,

절망과 좌절의 때 우리가 의지해야할 분이 누구십니까? 예수 그리스도 이십니다. 그렇습니다. 오직 우리의 구세주가 되시는 예수그리스도 밖에는 없는 줄 믿으시면 아멘 합시다.

유구한 역사와 전통을 가진 우리 한민족의 최근 50년 동안의 기간이 현대사에서 세계가 주목하는 가장 찬란한 성장시대였다고 합니다. 그러나 어느 날인가부터 세계인의 비웃음의 대상이 되고 있으며 급속한 근대화 과정을 통해 원칙과 규범을 무시한 황금만능주의로 인해 가진 자와 못 가진 자의 골은 더욱 깊어지며 심한 빈부의 격차는 지역 간, 계층 간의 갈등의 골은 깊어지면서 총체적으로 국가경영에 위기를 맞고 있습니다. 이러한 위기는 아직 끝이 보이지 않습니다. 워싱턴포스트지 등 미국 신문들은 한국이 또다시 국가위기에 들어섰다고 보도하고 있습니다. 그러면 우리 그리스도인들이 해야 할 일이 무엇입니까? 하나님 앞에 기도를 드리는 길 밖에 없다는 것입니다. 우리는 이번 사순절을 통하여 국가를 위해 위정자를 위해 국민들의 행복을 위해 고난을 딛고 일어나 사랑이 넘치는 우리 조국이 되게 해달라고 하나님께 기도하여야 한다는 것입니다. 기도는 만사를 해결합니다. 병든 자를 살리시며 낙심과 절망으로 놓인 자를 살리시며 도탄에 빠진 가정과 사회와 민족을 구원하십니다. 히스기야의 기도는 죽음에서 일으키셨고, 다윗의 기도는 죄악에서 일으키셨고 야곱의 기도는 인생의 절망 앞에서도 우리 모두에게 희망을 주었습니다. 모세의 기도로 아말렉 대군이 물러갔으며 홍해가 갈라지고 여호수아의 기도로 요단강이 갈라지고 여리고가 무너지지 않았습니까? 물에 빠져 '주여! 내가 죽게 되나이다'하고 절규한 베드로에게 주님

219

은 사랑의 손을 내밀어 주시지 않았습니까? 모세가 마른 막대기로 내리쳤다고 하는 것은 참으로 지체없는 순종을 의미하고 행동으로 옮긴 믿음을 의미합니다. 모세의 순종의 결과는 어떠했습니까? 바다가 갈라지는 기적이 일어났습니다.

사랑하는 성도 여러분

주님은 살아계십니다. 아무리 어두운 권세가 지금 한반도를 뒤덮고 있다고 할지라도 악의 세력은 결코 오래 가지는 못할 것입니다. 왜냐하면 이 우주를 지배하시는 전능하신 분이 우리 민족을 지켜주실 것이기 때문입니다. 지금 우리가 얼마나 하나님께 기도했습니까? 지금껏 우리 1200만 성도가 드린 기도가 이 민족을 위함이 아니겠습니까?

사랑하는 성도 여러분

하나님은 살아계십니다. 이번 사순절 새벽기도는 얼어붙은 우리 마음도 소생시키는 기도회가 될 것이며 절망에 빠진 성도에게는 새로운 희망을 주실 것입니다. 얍복강 나루에서 환도뼈가 부러지도록 기도했던 야곱처럼 우리 모두 이번 새벽기도회에 주님을 만나는 역사가 일어나시길 축원 드립니다.

다섯 번째, 새로운 결단입니다.

사랑하는 성도 여러분

보람 있는 삶이 무엇일까요? 지금껏 내가 한 일을 돌아봅시다. 주님을 위해 바친 시간과 세상을 향해 바친 시간은 얼마나 차이가 있습니까? 세상을 위해 바친 시간은 탕자와 같은 시간이라면 주님을 위해 바친 시간은 이와는 다른 고귀한 시간으로 은혜와 기쁨의 삶이 기다리고 있을 것입니다.

집안 달력에 O, X를 표시한 어떤 분의 고백입니다. 내가 사랑으로 기쁨과 감사의 생활을 하였다면 당연히 O표입니다. 전도를 했거나 교회 봉사를 했거나 즐겁고 좋은 일을 했다면 O표를 했습니다. 그러나 오늘 내가 불평과 원망, 분노, 시험, 짜증, 다툼 등으로 유쾌한 날이 아니었다면 그리고 세상을 위하여 시간을 탕진했지만 주님을 위해서 시간을 드리지 못 했다면 X를 쳤습니다. 그런데 한 달 동안 O, X를 표시하고 나니 O는 없고 거의가 X밖에 없었습니다. 그 다음 달은 결심하고 살다보니 그 전달보다 X는 줄어들고 O가 많았습니다. 그는 가면 갈수록 O가 많아지는 자신의 달력을 보았습니다. 그리고 삶의 보람과 기쁨이 넘치고 하는 일마저 감사가 넘쳤다는 아름다운 간증입니다.

우리 모두 하루 일과의 삶을 집안의 달력에 표시해 봅시다. 복된 삶을 살고 주님을 위해 살았다면 O를, 솔직히 그렇지 못 하고 신경질, 원망, 미움, 불화로 살았다면 X를 하세요. 그리고 X가 많아도 O표가 많아도 무조건 하루 20번 감사하십시오. 한 달, 두 달 지나고 나면 반드시 내가

그런 달력에는 O표가 많아질 것이고 내 신앙의 변화와 삶의 질이 달라질 것입니다

사랑하는 성도 여러분

사순절은 받은 은혜를 다시 생각하며 잃어버렸던 은혜를 다시 회복하는 기간입니다. 주님은 말씀합니다. **'너를 책망할 것이 있나니 너의 처음 사랑을 버렸느니라 그러므로 어디서 떨어진 것을 생각하고 회개하여 처음 행위를 가지라 만일 그리하지 아니하고 회개치 아니하면 내가 네게 임하여 네 촛대를 그 자리에서 옮기리라'** (계 2:4-5). 그리고 주님을 위하여 다시 충성하기로 결단하는 것입니다. 우리가 살아도 주를 위하여 살고 죽어도 주를 위하여 죽나니 그러므로 사나 죽으나 우리가 주의 것이로다라고 고백했던 지난 날 뜨거웠던 믿음으로 새 출발하자는 것입니다. 언제부터인지 우리의 신앙이 미지근하여 덥지도 아니하고 차지도 아니하다는 것입니다. 그런 신앙을 주님은 토하여 버리리라고 요한계시록 3장16절에서 말씀하고 계십니다.

사랑하는 성도 여러분

거룩한 사순절에 우리 모두 경건하게 지나온 길을 더듬어 봅시다. 그리고 고난과 수난의 역사를 통하여 예수 그리스도께서 부활하셨듯이 우리의 믿음도 이 사순절 기간 동안 참회와 새로운 결단으로 세상 것을 버리고 예수님과 함께 부활의 아침을 맞으시길 축원 드립니다.

> "
> 선지자의 생도 오십인이 가서 멀리 서서
> 바라보매 그 두 사람이 요단가에 섰더니
> 엘리야가 겉옷을 취하여 말아 물을 치매 물
> 이 이리 저리 갈라지고 두 사람이 육지 위로
> 건너더라
> 건너매 엘리야가 엘리사에게 이르되 나를
> 네게서 취하시기 전에 내가 네게 어떻게 할
> 것을 구하라 엘리사가 가로되 당신의 영감
> 이
> 갑절이나 내게 있기를 구하나이다
> 가로되 네가 어려운 일을 구하는도다 그러
> 나 나를 네게서 취하시는 것을 네가 보면
> 그 일이 네게 이루려니와 그렇지 않으면 이
> 루지
> 아니하리라 하고
> 두 사람이 행하며 말하더니 홀연히
> 불수레와 불말들이 두 사람을 격하고
> 엘리야가 회리바람을 타고 승천하더라 "
>
> (열왕기하 2:7-11)

Double Inspiration

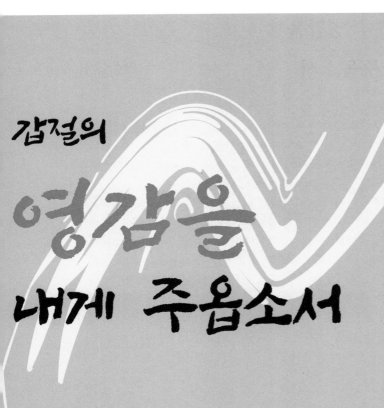

갑절의 영감을 내게 주옵소서

갑절의 영감을 내게 주옵소서

허리에 띠를 띠고

하나님께서 베푸신 은총

연단 속에서 만난 하나님

그때 그 사람들과 지금 나의 모습

갑절의 영감을
내게 주옵소서

선지자의 생도 오십인이 가서 멀리 서서 바라보매
그 두 사람이 요단가에 섰더니
엘리야가 겉옷을 취하여 말아 물을 치매 물이 이리 저리 갈라지고
두 사람이 육지 위로 건너더라
건너매 엘리야가 엘리사에게 이르되 나를 네게서 취하시기 전에
내가 네게 어떻게 할 것을 구하라 엘리사가 가로되
당신의 영감이 갑절이나 내게 있기를 구하나이다
가로되 네가 어려운 일을 구하는도다
그러나 나를 네게서 취하시는 것을 네가 보면
그 일이 네게 이루려니와 그렇지 않으면 이루지 아니하리라 하고
두 사람이 행하며 말하더니 홀연히 불수레와 불말들이 두 사람을 격하고
엘리야가 회리바람을 타고 승천하더라

갑절의 영감을 받으라 란 제목으로 말씀을 증거 하려고 합니다.
성령님의 인도하심이 저와 여러분의 심령을 감동시키는 시간 되시길 축
원 드립니다.

225

봉독한 본문을 이해하기 위하여 앞에 있는 열왕기하 1장과 2장을 설명 드리면서 본문에 이해를 돕고자 합니다. 1장은 당대 이스라엘의 최고 지도자인 아하시아 왕이 죽는 장면을 기록하고 있습니다. 그는 이스라엘의 제 8대 왕(853-852)으로서 이스라엘 역대에 가장 악랄한 왕이었던 이스라엘의 7대 아합왕의 아들이었습니다. 아합왕은 열왕기상 18장에 갈멜산에서 바알선지자 450명과 아세라 선지자 400명을 갈멜산으로 불러 하나님의 종 엘리야 선지자와 대결케 한 자인데 그의 아들이 아하시아 왕입니다.

아버지 아합왕은 종교다원주의와 혼합주의를 백성들에게 강요하고 우상 섬기는 것을 반대한 선지자들을 탄압하여 하나님의 진노로 아람왕의 활에 맞아 죽어 개들이 그 피를 핥으니 죽은 장소가 창기들이 목욕하는 장소였다고 합니다. (열왕기상 22:37-40). 선지자를 핍박하고 바알신과 아세라신 등 우상을 섬기다가 이렇게 비참하게 죽은 아버지 아합의 뒤를 이어 왕이 된 자가 아하시아 왕입니다. 자식 역시 하나님을 대적하고 에그론의 바알세불 신을 숭상하고 백성들에게도 강요하다가 어느 날 왕궁 난간에서 떨어져 죽게 되었을 때 아하시아는 바알신에게 사람을 보내어 왕이 어떻게 하면 죽지 않고 살겠는가를 물어오도록 하였는데 그 소식을 들은 엘리아가 대노하여 열왕기하 1장3절에 이렇게 말합니다.

'이스라엘에 하나님이 없어서 너희가 에그론의 신 바알세붑에게 물으러 가느냐 그러므로 여호와의 말씀이 네가 올라간 침상에서 내려오지 못할찌라 네가 반드시

죽으리라 하셨다 하라 엘리야가 이에 가니라.'

엘리야의 말대로 그 시로 아하시아는 죽고 말았습니다. 여기까지가 1 장에 나오는 내용이고 2장에는 당대 최고의 영적 지도자인 엘리야 선지자의 죽음이 나옵니다. 2장1-11절에 보면 여호와 하나님께서 엘리야를 하늘로 올리시고자 회오리바람을 불어 불수레와 불말들을 보내시어 회리바람을 타고 엘리야가 하늘로 승천 하더라고 기록하고 있습니다.

사랑하는 성도 여러분

1장과 2장에서 아하시아와 엘리야 두 지도자의 죽음을 보았습니다. 왕과 선지자의 죽음 앞에서 이 시간 우리가 받아야 할 교훈은 무엇입니까?

갑절의 영감이 어떤 사람에게 임합니까?

첫 번째, 성령의 사람에게 임합니다.

하나님을 배반하고 살다 죽은 한 가문의 비참한 최후를 맞는 아하시아 왕과 일생을 하나님을 위해 살다가 최후의 순간 하나님의 부르심으로 승천하는 엘리야의 모습은 너무나 대조적인 것입니다. 똑같은 세상에 태어나 서로 각자의 삶을 살다간 인생의 종말을 보겠습니다. 분명한 것은 인간은 모두가 죽는다는 것입니다. 다만 어떻게 살았느냐는 것입니다.

아하시아는 부와 재물과 권력으로 살았습니다. 엘리야는 가난하고 청빈한 삶으로 많은 사람의 삶에 표상이었습니다. 아하시아는 하나님을 대적하는 삶을 살다간 우상 숭배자였습니다. 엘리야는 먹든지 마시든지 오직 하나님의 영광을 위해 살다간 하나님의 사람이었습니다. 아하시아는 세상의 방법으로 살다간 육의 사람이요. 엘리야는 오직 하나님만을 찬양하는 성령의 사람이었습니다. 아하시아의 삶의 결과는 궁전 난간에서 떨어져 수명을 다하지 못하고 비참한 생을 마감 하였습니다. 엘리야는 일생을 하나님 말씀으로 살다가 회오리바람을 타고 하늘로 승천 하였습니다. 승천하는 모습을 본 엘리야의 제자 엘리사는 2장9절에서 '주여 당신의 영감이 갑절이나 내게 있기를 구하나이다.'라고 외쳤습니다.

사랑하는 성도여러분 영감(inspiration)이 무슨 뜻 입니까?

1. 신성한 예감이나 능력이 내게 온다는 뜻이며

2, 영감에 의한 창조적인 예감 또는 신령한 영으로부터 받은 은사

3. 하나님의 삼위가 되시는 성령으로 부터 나온 창조적인 영적 계시의 능력이 인간에게 직접 들어가 신령한 것을 말하게 하는 성령의 사역을 말합니다.

그런데 이와 같은 성령의 역사가 승천하는 엘리아 앞에 선 제자 엘리사에게 순간적으로 육의 생각은 사라지고 영적 깊은 통찰력에 사로잡히는

순간 '당신이 받은 영감이 갑절이나 내게 있게 하옵소서'라고 외쳤던 것입니다. 엘리야는 엘리사의 부르짖는 외침에 '네가 사모하는 것을 보니 그 일이 네게 이루어 지려나 보다'라고 말씀한 다음 회오리바람을 타고 승천 하였던 것입니다.

사랑하는 성도 여러분

이 모든 것이 한순간에 나타난 징조였습니다. 바라옵기는 이 시간 우리 모두가 말씀 듣다가 육의 생각이 일순간에 사라져 버리고 말씀에 사로 잡혀 성령님이 임재하는 역사가 저와 여러분 위에 갑절로 임하시기를 예수님 이름으로 축원 드립니다.

갑절의 영감은

두 번째, 사모하는 자에게만 임합니다.

엘리야를 향해 부르짖는 엘리사의 외침은 과히 절규였습니다. 주여 당신이 받은 영감을 내게 갑절로 부어 주옵소서. 주여 당신이 받은 성령의 은사를 내게 갑절로 부어 주옵소서. 주여 당신이 받은 축복이 내게 갑절로 임하게 하옵소서. 하고 이 시간 간절한 마음으로 외치시기를 주의 이름으로 축원 드립니다.

사랑하는 성도 여러분

우리 신앙의 성장을 방해하는 장애물이 무엇입니까? 헬라어에 '옹코스'라는 단어인데 '막힌 담'을 의미합니다. 막힌 담이 있으면 상대방의 진심을 이해 할 수가 없습니다. 친구와의 사이, 형제와의 사이, 부모와 자식사이, 부부 사이, 목자와 성도사이, 비즈니스의 관계까지도 진심이 오갈수가 없는 것입니다. 지금 보십시오. 우리 대한민국과 북한 사이에는 3.8선이 있습니다. 장애물입니다. 무서운 장애물입니다. 무려 반세기가 넘도록 철조망이 가로 놓여 있습니다. 서로 오지도 가지도 못 하도록 셀 수 없는 지뢰가 매설 되어 있습니다. 함부로 넘어오면 총살입니다. 남과 북, 미국과 북한 모두가 막힌 담을 헐기 위해 부단히도 노력하고 있습니다. 지금은 대낮같은 위장된 평화로 어두움을 가리고 있지만 어느 것이 진리고 어느 것이 불의인지 머지않아 아침의 동이 틀 때 불의는 백일하에 드러나게 될 것입니다. 하물며 천지만물의 주인이 되시는 전능하신 하나님을 속일 수는 없는 것입니다.

사랑하는 성도 여러분

나와 하나님 사이를 가로막고 있는 옹코스, 즉 장애물이 무엇입니까? 오스트리아의 유대계 소설가이며 화가인 '프란츠카프카'가 그린 그림 중에 문안으로 들어가지 못하고 문 앞에서 일생동안 서성거린 사람의 그림이 나옵니다. 그 사람은 문안으로 들어가기 위해 문 앞에서 일생동안 서성 거리다가 죽기 직전에야 자기 앞을 가로 막고 있는 문지기에게 항의합니다. 그는 너무너무 화가 치밀어 '나를 일생동안 못 들어가게 막고 있는 당신은 도대체 누구냐? 그리고 나를 못 들어가게 내 앞길을 일생

동안 가로막고 있는 이유가 무엇인가'하고 물었습니다. 그러자 이 문지기는 '이 문은 당신에게 들어가라고 만들어 놓은 문입니다. 나는 지금껏 당신이 문을 열어달라고 요청하기를 기다리고 있었습니다. 나는 당신의 훼방꾼이 아니라 당신을 돕기 위해 여기 있었습니다. 그러나 당신은 지금껏 단 한 번도 이문을 열어달라고 나에게 요청한 적이 없었습니다.' 이렇게 말한 것이었습니다.

사랑하는 성도 여러분

그 사람은 일생동안 문 앞에서 서성거렸지 문을 열어 달라고 요청한 사실이 없었다는 것입니다. 그는 용기도 모험심도 열정도 없었습니다. 문을 열어주지 않는 문지기를 향해 원망과 저주, 미움 뿐이었을 것입니다. 문밖에 서성거리다가 일생을 후회와 번민으로 죽어간 한 사람의 삶을 통해 내 삶을 조명해 보아야 할 것입니다.

사랑하는 성도 여러분

우리의 삶에 기회의 문은 한없이, 수없이 열려 있었습니다. 우리의 삶에 축복의 문은 그 동안 수도 없이 열려 있었습니다. 그러나 과연 그 문을 열려고 얼마나 많이 노력해 보았느냐는 것입니다. 인간의 지혜와 자신의 힘에만 의존 했지 정녕 마스터키를 가지고 계신 그 분 예수 그리스도에게 얼마나 부르짖었느냐는 것입니다. 기회의 문, 축복의 문을 열리게 하신 분이 누구십니까? 예수 그리스도 이십니다. 우리의 질병을 치

231

료하고 화를 복으로 바꿔 주신분이 누구십니까? 예수 그리스도 이십니다. 우리의 기도에 응답해 주신 이가 누구십니까? 예수 그리스도이십니다. 절망과 좌절의 생의 기로에서 우리를 구원해주신 이가 누구십니까? 예수 그리스도 이십니다. 그렇습니다. 예수 그리스도 그 분만이 우리의 생명이요 구원자이심을 믿으시면 큰소리로 아멘 합시다. 그럼에도 우리는 두드려 보지도 않고 열려고 시도조차 해 보지도 않고 두려운 마음으로 문 앞에서 서성거리다가 인생의 귀중하고 소중한 세월에서 축복을 받을 수 있는 기회를 놓치지는 않았었는지 생각해 보아야 될 것입니다.

사랑하는 성도 여러분

일생동안 교회 문턱에서 서성거리고 아직도 나오지 못하고 결단하지 못한 우리 주위의 너무나 많은 사람을 찾아 나서야겠습니다. 혹 이 시간 내가 은혜의 강에 깊이 들어오지 못하고 서성거리는 주인공은 아닙니까? 깊이 들어 와야 은혜의 강이 넘친다는 것을 알면서도 적당히, 적당히, 하면서 한 발은 교회, 한 발은 세상, 이러한 사람이 바로 내가 아닌지 이 시간 내 심장 속에 계시는 성령님께 물어야 할 것입니다. 아무리 교회에 오래 다닌다 할지라도 하나님의 방법이 아닌 내 방법대로라면 축복의 문은 닫혀있다는 사실을 기억하여야 할 것입니다. 주님은 마태복음 7장7절에서 말씀하십니다.

'구하라 그러면 너희에게 주실 것이요 찾으라 그러면 찾을 것이요 두드리라 그러면 너희에게 열릴 것이니 구하는 이마다 얻을 것이요 찾는 이가 찾을 것이요 두드

리는 이에게 열릴 것이니라'

신앙의 사람, 믿음의 사람, 성령의 사람, 기도의 사람, 성공의 비결이 무엇입니까? 나를 향한 하나님의 의도가 무엇인지 빨리 발견할 때 갑절의 영감을 받게 될 줄로 믿습니다. 갑절의 영감이 없이는 하나님의 깊고 오묘한 섭리를 알 길이 없으며, 성령님을 통한 기쁨도 평안도 감사도 사랑도 이적도 기적도 능력도 체험도 바랄수가 없을 것입니다. 그러므로 오늘 본문의 엘리사는 엘리야가 받았던 능력의 영감을 갑절로 부어달라고 외쳤던 것처럼 우리 모두 창조주 하나님께 갑절의 영감을 달라고 외치는 성도 여러분들이 되시기를 예수님 이름으로 축원 드립니다.

갑절의 영감은

세 번째, 기도하는 사람에게 임합니다.

신앙생활은 기회와 시간이 매우 중요한 관계가 있습니다. 헬라어에 두 가지 시간적 개념이 있습니다. 첫 번째, 크로로스(Kronos)라는 단어입니다. 1.가만이 있어도 흘러가는 자연적인 시간입니다. 2.그냥 지나가는 객관적인 시간입니다. 3.육의 시간을 의미합니다. 20대, 30대, 40대, 60대, 80대 등 인생에서 자연적으로 흘러가는 흐름을 말합니다. 감옥에서 풀려날 시간을 기다리는 시간입니다. 밤이 되고 아침이 오는 시간입니다. 교통체증으로 지체된 목적지에 도착하기를 기다리는 시간입니다. 두 번째, 카이로스(kairos)라는 단어입니다. 하나님과 함께하는 1.질적인 시간을 말합니다. 하나님과 수직적인 관계를 갖는 시간을 의미합니다. 2.영원한 시간입니다. 3.영적인 시간입니다. 내 의지보다 하나님의 뜻을 따르는 시간입니다. 나를 통한 하나님의 계획에 가치를 두는 시간입니다. 카이로스는 성령의 사람을 의미 합니다. 성령의 사람이 어떤 사람입니까? 매일 매시간 하나님과 동행하는 사람을 말합니다. 먼저 어떤 일을 결정하기에 앞서 하나님과의 관계를 생각합니다. 만일 내가 하는 일이 주님이 보시기에는 어떠할까? 그리고 내 생각보다는 주님이 기뻐하시는 방법으로 결정을 합니다. 흘러가는 시간을 시간 자체로 그냥 둘 수가 없다는 것입니다. 그러기에 성령의 사람의 시간을 카이로스라고 합니다.

사랑하는 성도 여러분, 말이 쉽지 이와 같은 결정을 행동으로 옮긴다는 것은 참으로 어려운 일이 아닐 수 없습니다. 그러기에 기도하지 않고는 말로만 성령의 사람이라고 하여서는 불가능하다는 것입니다. 그렇기에 카이로스는 질적인 시간을 말합니다. 얼마나 살았느냐도 중요하고 언제까지 살았느냐도 중요합니다. 하지만 어떻게 살았느냐가 더욱 중요합니다. 시간, 시간 얼마나 값지고 소중하게 살고 있느냐는 것입니다. 내게 맡겨진 영원한 영적인 시간을 하나님과 함께 얼마나 동행하면서 값있게 영적으로 살았느냐는 것입니다. 이것이 영적인 성령의 사람 카이로스입니다. 순간의 기회를 놓친 사람, 다시 올 수 없는 귀중하고 천금 같은 시간을 놓쳐 버린 후에 후회의 삶을 사는 사람을 육적인 사람, 즉 크로로스라고 합니다.

사랑하는 성도 여러분

엘리사는 엘리야에게 어떤 제자였습니까? 엘리야는 아하시야의 아버지 아합 때문에 고난을 당하고 광야로 굴속으로 피하여 다니다가 더 이상 피할 곳이 없게 되자 로뎀나무 그늘에 앉아 차라리 죽음을 달라고 하나님께 기도 하였을 때 엘리야에게 천사를 보내어 먹을 떡과 고기, 마실 물을 주고 40주 40야를 걸어 갈 수 있는 성령의 능력을 주어 아합에게 승리할 수 있게 하셨습니다. 그리고 마지막 생애가 끝나 하나님의 부르심을 받기 위해 벧엘로 가려고 엘리사를 불러 너는 여기 머물라 하니 이때 엘리사가 무엇이라 대답합니까? 열왕기하 2장4절과 6절에 3번씩 여호와의 사심과 당신의 혼의 삶을 가리켜 맹세하노니 내가 당신을 떠나지 않겠나이다라고 하는 엘리사의 이 말 한마디는 어떠한 고난이 와도 스승인 엘리야와 함께 하겠다는 엘리사의 대답은 참으로 엘리야에게 엘리사는 어떤 제자였는가를 우리는 직감 할 수가 있는 것입니다.

두 사람은 지체 없이 벧엘로 내려갔다고 하였습니다. 벧엘로 간 엘리야는 또 다시 엘리사에게 너는 여기 있으라 여호와께서 나를 여리고로 보내시느니라고 말하자 엘리사는 여호와의 사심과 당신의 혼의 삶을 가리켜 맹세하노니 내가 당신을 떠나지 아니하겠나이다 이 말을 들은 엘리야는 엘리사와 함께 여리고로 내려갔습니다. 그러나 세번째 또 다시 엘리야가 엘리사에게 말합니다. 여호와께서 나를 요단으로 보내시니 그리로 가야하니 너는 여기 머물라 하십니다. 이때 엘리사는 말합니다. 당신의 혼의 삶을 가리켜 맹세하노니 내가 당신의 곁을 떠나지 않겠나이

235

다 두 사람이 요단으로 내려가 요단강가에 서니 그때 엘리야가 엘리사에게 묻습니다. 9절에 나를 네게서 취하시기 전에 내가 네게 어떻게 할 것을 구하라 이때 엘리사가 말합니다. 당신의 영감이 내게 갑절이나 있기를 구하나이다 엘리야가 말합니다. 네가 어려운 일을 구하는도다 그러나 나를 네게서 취하는 것을 네가 보면 그 일이 네게 이루려니와 그렇지 아니하면 이루지 아니 하리라 하고 두 사람이 행하여 말하더니 홀연히 불수레와 불말들이 두 사람을 격하고 엘리야가 회리바람을 타고 승천 하더라 고 하였습니다.

이때 승천하는 엘리야의 몸에서 떨어진 겉옷을 주워가지고 요단물을 치며 엘리야의 하나님은 어디 계시니이까 하고 외치니 물이 이리 저리 갈라졌다고 하였습니다. 2장 2절, 4절, 6절에서 세 번씩이나 내가 당신의 혼의 삶을 가리켜 맹세하노니 내가 당신을 떠나지 않겠나이다 스승 엘리야 앞에서 엘리사는 결단합니다. 내가 차라리 죽을지언정 당신을 떠나지 않겠다는 말로 결단하였을 때 엘리야는 이에 두 사람이 동행하였더라고 하였습니다. 엘리사는 인생의 남은 모든 시간을 성령님과 동행하겠다는 카이로스라는 영원한 시간을 맹세하므로 갑절의 영감을 받았습니다. 이때 엘리야는 엘리사를 믿게 됩니다.

사랑하는 성도 여러분

두 사람이 동행하였다는 말은 무슨 의미가 있습니까?

1.엘리야와 엘리사는 일치 즉 하나가 되었다는 것입니다.
2.목적지(가는 곳)가 같았다는 것입니다.
3.같은 길(방향)을 갔다는 것입니다.
4.마음과 생각이 일치되어야 한다는 것입니다.
5.속도도 같았다는 것입니다.

이 모든 행사가 갑절의 영감을 받는데서 이루어졌다는 사실입니다. 내가 네게 무엇을 하여 주기를 원하느냐 엘리야의 물음에 엘리사의 아주 간결한 대답이었습니다. 내가 갑절의 영감 받기를 원하나이다. 갑절의 영감을 주옵소서. 기도하지 않는 성도는 갑절의 영감을 결코 누릴 수가 없는 것입니다. 시대가 악한 때입니다. 이럴 때 일수록 기도하는 삶으로 영감있는 성도들이 되어 마귀의 간계를 물리쳐 이적과 기적과 능력이 나타나 세상도 죄악도 질병도 마귀도 물리치실 수 있는 저와 여러분 되시길 예수님 이름으로 축원 드립니다.

결론입니다. 성령의 은사를 포기하지 말라는 것입니다.

포기하지 말라는 말은 현재 진행형입니다. 우리가 누구입니까? 하나님의 사람, 예수의 사람, 성령의 사람입니다. 우리를 왜 부르셨습니까? 주의 일을 하면서 축복받아 멋지게 살고 세상을 이길 힘을 주셔서 귀한 직분 감당케 하시려고 불러주신 줄 믿으시면 우리 한 번 아멘 합시다. 주님은 승천하시기 직전 제자들에게 예루살렘을 떠나지 말고 아버지의 약속하신 것 성령을 기다리라고 하시지 않았습니까? 요한복음 16장 13-14

절에 **'진리의 성령이 오시면 그가 너희를 모든 진리 가운데로 인도하시리니'**라고 말씀 하시고 요한복음 14장26절에서 **'보혜사 곧 아버지께서 내 이름으로 보내실 성령 그가 너희에게 모든 것을 가르치시고 내가 너희에게 말한 모든 것을 생각나게 하시리라'**고 말씀하셨습니다. 이 말씀은 부탁이나 권면이 아니요 명령인 것입니다. 이와 같은 명령을 Never give up!(포기 하지 말라)는 것입니다.

사랑하는 성도 여러분

믿음이 무엇입니까? 바다크(Ba dark)라는 히브리어는 하나님과 나 사이에 틈새를 주지 말라. 확 달라 붙으라는 뜻입니다.다시 말하면 하나님 품에서 틈새를 주지 말고 확 달라붙어 있으라는 뜻입니다. 그러므로 성령의 사람에게 신체적 장애가 온다고 할지라도 물질적 피해, 육체적 고통, 질병이 찾아온다 할지라도 항상 오직 예수만 바라보라는 것입니다. 그래야 마귀가 틈을 타지 못하고 세상을 이길 수가 있다는 것입니다.

이제 말씀을 마치겠습니다. 결론입니다.

성령의 사람, 사모하는 사람, 기도하는 사람에게는 여호와의 능력이 나타납니다. 우리가 기도할 때 성령님은 활동하십니다. 우리가 기도할 때 성령님은 우리를 위해 전투할 준비를 하고 전투를 해 주십니다. 우리가 기도할 때 성령님은 능력을 나타내 주십니다. 제 오른쪽 귀가 약 15년 전부터 잘 들리지 않고 귀 울림이 계속 되었습니다. 병원에 가서 종합진

단을 받으니 오른쪽 청각이 둔하니 심하면 보청기를 달아야 된다는 것이었습니다. 아, 이제 나도 나이가 들었나 보다 하고 아직은 심하지 않으니 그러려니 하고 포기하고 있었는데 갈수록 귀가 먹먹하고 귀울림이 강하게 나타나기 시작하였습니다.

어느 날 어떤 성도님이 내게 찾아와 목사님 내 귀에서 귀 울림이 심하게 나서 잠을 설치고 일하기 힘들어 기도 받으러 왔다는 것입니다. 나는 '나도 귀 울림이 있어서 고통스러운데 기도 받으려고 하네'라고 속으로 생각 하면서도 성도님의 귀에 손을 대고 간절히 기도 해 드렸습니다. 그리고 며칠 뒤에 전화가 왔습니다. '목사님 귀 울림이 깨끗이 나아 버렸습니다.'하는 것이었습니다. 할렐루야! 그 때야 정신이 번쩍 났습니다. 자신의 병을 위해 주의 종에게 안수기도 받기를 사모하고 기도 받은 성도는 깨끗이 치료 받았는데 정작 내 귀에서 나는 소리를 위해서는 기도 하지 않았구나 하고 그때부터 나는 시도 때도 없이 내 귀에 손을 대고 기도하기 시작 하였습니다. 예전과 다름없이 교회에서 간절히 귀에 손을 얹고 기도합니다. '나사렛 예수의 이름으로 명령한다.' 귀 울림을 가져다 준 이 더러운 귀신아 하나님의 종 말씀 전하는데 어지러움을 주지 말고 지금 당장 나가라'고 외쳤습니다. 이렇게 한 참을 기도하고 나니 당시 닛시 성가대 지휘자 이덕영 안수집사님이 내가 기도하는 소리를 듣고 목사님 지금 뭐 하세요 귀 울림이 있으세요? 하고 묻는 것이었습니다. 그래 내가 귀 울림이 있어서 기도하는 중이야 하였습니다. 그리고 난 후 그날 밤 꿈을 꾸었습니다. 귀 속에서 거머리들이 계속적으로 귀 속에 있는 귀지를 파먹는 것이었습니다. 잡아당기면 당길수록 많이 나오고 귀가 시원 했습니다. 꿈을 깨고 나니 귀가 뻥 뚫린 것처럼 시원했습니다. 그 후 지금까지 귀 울림은 완전히 사라졌습니다. 할렐루야!

기도하는 성령의 사람들에게는 능력이 나타납니다. 이적도 기적도 능력도 만 가지 은사도 모두가 하나님의 사람들이 사용하게 해 주십니다. 성령의 사람으로 갑절의 능력 받아 성공적인 삶을 사시기를 예수님 이름으로 축원 드립니다.

허리에 띠를 띠고

허리에 띠를 띠고 등불을 켜고 서 있으라
너희는 마치 그 주인이 혼인 집에서 돌아와 문을 두드리면
곧 열어 주려고 기다리는 사람과 같이 되라
주인이 와서 깨어 있는 것을 보면 그 종들은 복이 있으리로다
내가 진실로 너희에게 이르노니 주인이 띠를 띠고
그 종들을 자리에 앉히고 나아와 수종하리라
주인이 혹 이경에나 혹 삼경에 이르러서도
종들의 이같이 하는 것을 보면 그 종들은 복이 있으리로다

하나님은 어제나 오늘이나 영원토록 변함이 없으신 하나님 이신 것을 믿으시면 우리 한번 아멘 하십시다. 성도의 매일매일 일상의 삶은 등불을 켜고 서 있는 생활입니다. 구체적으로 어떠한 삶을 사는 생활을 말합니까?

241

첫 번째, 긴장하고 준비되어있는 사람을 말합니다.

우리 인생에는 상상도 할 수 없는 일촉즉발의 돌발 사고가 나는데 나 자신의 잘못된 판단으로 일을 낭패하게 만든 것도 있고 때로는 나와는 전혀 상관이 없는 천재지변이 있을 수 있다는 것입니다. 그러므로 이러한 때에 즉각적으로 대처 할 수 있는 자세와 능력을 갖춰야 험난한 세상에서 살아남을 수가 있다는 것입니다. 그러기에 긴장의 끈을 놓지말고 띠를 띠고 등불을 켜고 서 있으라고 성경은 말씀하고 있는 것입니다.

대통령을 경호하고 있는 경호원들을 보십시오. 행동 하나하나가 정신을 총 집중하여 대통령을 경호하고 있는 것을 볼 수가 있었습니다. 지난번 싱가포르에서 미국의 트럼프 대통령과 북한의 김정은 위원장이 회담할 때 세계의 대통령이라고 하는 트럼프의 경호도 말할 수 없이 철통 같았지만 북한의 경호원들이 경호하는 모습을 보는 사람들은 더더욱 깜짝 놀랐을 것입니다. 그런 경호는 처음 본 것이라 우습기도 하고 어린아이들 딱총 놀이하는 모습 같기도 하여 많은 사람들에 조롱거리가 되기도 하였지만 저는 그 모습을 보는 순간 경호원들의 충성심에 감동하였습니다. 자신들의 주군을 자신들의 몸을 던져 저렇게 충성하는 모습을 보는 순간 섬뜩하기까지 하고 결코 무엇인가 일을 해내고야 말겠구나 하는 느낌을 강하게 받았습니다. 그들의 행동은 민첩했습니다. 눈은 번개처럼 빛났습니다.

오래 전 판문점을 시찰한 적이 있었습니다. 155마일 휴전선 부근에는 정말로 긴장감이 감돌고 있었습니다. 철통같이 지키고 있는 군인들의 모습을 보면서 놀라지 않을 수가 없었습니다. 장교의 브리핑 속에서 한 가지 지울 수 없이 인상이 깊었던 것은 '1분 대기조'가 있었습니다. 8사 단엔가 갔던 기억이 나는데 그 곳에는 '5분 대기조'가 있었습니다. 5분 대기조라는 말은 여러 곳에서 들어 봤어도 1분 대기조는 그날 장교의 브리핑에서 처음 들어보았습니다. 판문점 비무장 지대에서 약 100미터 떨어진 부대였는데 부대 바로 앞에는 북한군의 초소가 보였습니다. 이 들은 24시간 교대로 완전무장을 하고 적의 도발에 만반의 준비를 하고 있었습니다. 이 부대가 생긴 것은 오래전 판문점에서 미군의 도끼만행 사건 이후 생겼다고 합니다. 1분 대기조란 문자 그대로 긴박한 사태가 발생 했을 때 1분 내로 출동할 수 있도록 준비 완료하여 상시 대기상태 로 있는 것을 말합니다.

요즘 우리 대한민국의 군인들을 보십시오. 과연 적의 공격을 이겨낼 수 있는 철통같은 방어를 하고 있다고 생각하는 국민이 과연 몇 %나 될까 요? 적을 공격할 능력도 의지도 없다면 이미 군인으로서 사명을 잃어버 렸다고 해야 될 것입니다. 과연 우리 대한민국 국군들이 철통같은 정신 무장이 되어 있을까요? 최전방의 초소가 철거되어 없어지고 있습니다. 비무장지대 최전방에 구멍이 뚫려 국가 안보에 위협이 온다면 누가 책 임을 지느냐가 문제가 아니라 반만년 5000년 역사의 조국이 화염에 쌓 이게 된다는 것입니다.

성경은 무엇이라고 합니까? 진리의 허리띠를 띠고 있으라는 권면이 아

243

닌 명령을 주님은 우리에게 하고 계신 것입니다. 이 말씀은 전쟁터에 나간 군인을 비유로 군인은 실탄준비를 하여 언제든 적을 물리칠 수 있는 무장을 하라는 말씀이기에 우리 성도들은 하나님의 말씀으로 영적 무장을 하라는 것입니다.

군인은 오직 전투에서 승리하고 살아남기 위해 3망을 지켜야 살아남는다고 합니다.

1. 부모형제를 잊어버리라는 것이고
2. 처자를 잊어버리고
3. 애인을 잊어 버려야 된다는 것입니다.

6사단에 설교를 하러 갔는데 군부대 입구에 '오직 전진 오직 전진 오직 전진'이란 팻말은 군인들의 사기충천함을 보여준 표어였습니다. 에베소서 6장11절에서도 **'마귀의 궤계를 능히 대적하기 위하여 하나님의 전신갑주를 입으라'**고 바울도 우리에게 명령하고 계신 것입니다.

출애굽기 12장11절 이하에서 이스라엘 민족이 애굽을 탈출 할 때였습니다. 바로가 이스라엘을 괴롭힙니다. 하나님은 이스라엘이 애굽을 탈출하도록 애굽 전역에 열가지 재앙을 내려 바로가 무릎을 꿇게 만듭니다. 그런데도 열가지 재앙을 다 내려도 바로는 이스라엘 민족을 괴롭힙니다. 하나님은 애굽에 마지막 재앙을 내립니다. 애굽 전역에서 애굽의 장자와 처음 난 초태생을 모조리 죽임을 당하는 인류 역사의 가공할 재앙을 애굽 전역에 내리고 애굽의 장자와 처음 난 것을 다 죽이고 이스라엘 백성에게는 허리에 띠를 띠고 발에 신을 신고 손에 지팡이를 잡고 밤에 급히 먹으라고 하였습니다.

초를 다투는 긴박한 상황 속에서 하나님께서 일을 하시는 방법을 보여 드리면서 이스라엘 백성에게 명령하셨던 것입니다. 이스라엘 백성들은 너무나 급한 나머지 일어서서 식사를 하도록 하고 떠날 때 들고 가는 지팡이까지 손에 들고 먹으라 했으니 이스라엘 백성이 얼마나 급하고 긴장되었겠습니까? 시간도 낮이 아닌 칠흑같이 어두운 밤이었습니다. 갈 길을 전혀 알지 못하고 오직 하나님 말씀만 믿고 따라가야 했습니다.

사랑하는 성도 여러분

지금 우리가 살고 있는 시대가 어느 시대입니까? 1분 1초만 한 눈을 팔아도 마귀가 우는 사자와 같이 집어삼키려고 하며 우리를 믿음에서 넘어뜨려 죽음의 사지로 끌고 가려고 하고 있습니다. 하나님을 아버지로 믿는 믿음의 사람들에게 주님은 말씀하십니다.

허리에 띠를 띠라
발에 신을 신으라
손에는 지팡이를 들라 그리고
밤에 급히 먹으라고 명령 하십니다.

245

베드로전서 5장8절에서도 **'근신하라 깨어라 너희 대적 마귀가 우는 사자 같이 두루 다니며 삼킬 자를 찾나니'**라는 것입니다.

제가 북한 평양에 가서 고려호텔 35층에 투숙을 하였습니다. 방안에 TV가 있는데 아침 8시부터 저녁 10시까지 하루 온종일 군대 사열식과 군가만 나옵니다. 저는 한 시간도 그 소리를 들을 수가 없었는데 북한 주민들은 아주 익숙해 있었습니다. '우리들의 원수 미 제국주의를 찌르러 가자' '위대한 수령 김일성 장군 만세' 이런 것들이 나왔습니다. 하루 종일 긴장감이 감돌아 불안한 마음에 편치 못했습니다.

그럴수록 내 마음은 정신을 바싹 차리려고 애를 썼던 기억이 지금도 생생합니다.

신길동에 가면 대림중앙교회라는 곳이 있습니다. 담임 목사님은 탁모 목사님인데 교회를 건축하다가 3억원의 부채가 발생하였습니다. 결국 은행에서 경매가 들어가게 되었습니다. 목사님이 한얼산 기도원에 가셔서 금식을 하시고 돌아오시는 길이었습니다. 열차 건널목에서 잠깐 졸다가 브레이크가 말을 듣지 않아 기차 철로 중간에 서게 되었는데 때마침 오는 기차가 그대로 목사님 승합차를 들이받아 그 자리에서 목사님이 사망하는 사고가 발생 하였습니다. 가난한 성도들의 헌금으로 예배당을 세워 하나님께 봉헌하려고 하였던 성도들의 꿈이 산산조각이 나고 절망에 빠진 성도들은 우리가 목사님을 돌아가시게 하였다고 목사님의 관을 붙들고 대성통곡을 합니다. 목사님은 하나님께 금식기도 하셨으니 다른 사람이 운전을 하였더라면 그런 사고가 나지 아니 하였을 텐데 금식하고 돌아오는 목사님이 운전을 하다가 참변을 당한 것입니다.

성도들은 목사님의 죽음을 헛되이 하지 말자고 하면서 당시 자신들의 집을 잡히고 5억 원을 만들어 은행빚 3억 원을 갚고 남은 2억 원으로 마지막 공사를 하여 입당식을 하게 되었습니다. 어찌 보면 탁 목사님이 그 교회와 생명을 바꾼 것이나 다름없이 되었지만 그 교회를 생각하면 많은 교훈이 되고 잊을 수 없는 안타까운 일이 아닐 수 없습니다.

어려운 가운데서 건축 준공을 하고 노회 임원들을 모시고 입당 감사예배를 드리기로 하여 저도 그 교회에 갔습니다. 한 장로님이 목사님의 사망경위와 건축 보고를 했는데 예배는 참석했던 성도들과 노회 목사님들의 울음바다 되었습니다. 감사 예배를 끝내고 교회 밖으로 나가 점심 식사를 마치고 들어오는데 정문 들어가기 직전에 약 넓이 40센티, 높이 50센티 홈이 파여져 있었습니다. 모든 목사님들이 거기를 뛰어 넘어야만 정문으로 들어가게 되었습니다. 제 차례가 되어 훌쩍 뛰어 넘었는데 너무 많이 뛰어 그만 정문 셔터 모서리에 이마를 부딪쳤습니다. 저는 뒤로 넘어져 기절해 피가 낭자가 되어 함께 타고 온 목사님들의 부축으로 승합차에 실려 신길동 로터리 서울의원으로 가게 되었습니다. 정말이지 초상 치를뻔 했던 사건입니다. 의사가 이마를 보더니 이마에 뼈만 남았으니 이마에서 떨어져 나간 살덩어리를 찾아오라는 것입니다. 아직 준공이 안 되어 어질러져 있는 현장에서 이마 살점을 무슨 수로 찾아오란 말입니까?

247

그래도 순진한 목사님들은 의사의 말만 듣고 떨어져 나간 살점을 찾으러 현장으로 갔습니다. 하지만 떨어져 나간 살점을 어디서 찾겠습니까? 살점이 너무 많이 떨어져 나가 꿰맬 수가 없어 지혈을 시키고 있는데 어떤 목사님이 이마에 알로에 덩어리를 붙이면 살이 돋아난다고 하였습니다. 목사님들은 그 길로 꽃집에 가서 알로에 큰 나무 한 그루를 화분 통째로 사서 병원으로 들고 오셨습니다. 알로에 껍질을 벗기고 알로에 덩어리를 푹 파인 저의 이마에 붙였습니다. 그리고 붕대로 이마를 잘 동여맸습니다. 쓰리던 이마가 알로에가 들어가니 시원해지고 금방 통증이 사라졌습니다. 이 모든 것이 순식간에 일어난 일들이었습니다.

그런데 이제 더 큰 일이 생겼습니다. 붕대로 이마 전체를 돌리고 나니 눈 만 빼꼼이 보이는 것이 아니겠습니까? 이 몸을 가지고 이제 교회로 들어가려고 하니 걱정이 태산 같습니다. 아침에 나올 때는 사모님이 '안녕히 다녀오세요.'라고 인사하고 나왔는데 들어 갈 때는 눈만 빼꼼하게 뜨고 머리는 붕대로 칭칭 감고 상이군인이 되어 가지고 돌아오게 될 줄이야 누가 알았겠습니까?

사랑하는 성도 여러분

그 어느 누가 하루 일진을 알 수가 있겠습니까? 교회입구 까지 왔는데 차마 발이 안 떨어지는 것이었습니다. 아내가 날 보면 무엇이라 할까? 어떻게 생각할까? 성도들은 무어라 할까? 생각하니 안 죽고 살아 돌아온 것만도 다행인데 창피하기도 했습니다. 그런 생각을 하면서 교회를 들어가니 아내가 보고 아무튼 기절을 하려고 합니다. 목사님들이 자초지종 설명을 하고 나를 침대에 눕혀 놓았는데 갑자기 웃음보가 터지니 누가 먼저라 할 것도 없이 잠시 파안대소가 일어났습니다. 아내 왈 안 죽고 사는 것이 하나님 은혜라고 하면서 파안대소 합니다.

그 몸으로 주일날 강단에 섰습니다. 성도들이 보고 놀라기도 하고 여기저기서 수군대고 한마디로 난리가 났습니다. 지금 생각해도 끔직한 일이였습니다. 보름 동안을 바깥출입을 못하고 알로에만 붙이고 있었는데 이마에 새살이 돋기 시작 하였습니다. 자세히 보면 그때의 흉터가 이마에 아직도 남아있습니다.

사랑하는 성도 여러분

이 모든 것이 긴장하고 준비되지 않은 탓이라고 생각하였습니다. 그 후로는 한번 혼쭐이 나서 그런지 계단을 오르고 내려 갈 때도 엘리베이터나 에스컬레이터를 탈 때도 매사 조심조심 합니다.

사랑하는 성도 여러분

지금 우리는 매사에 긴장의 띠를 풀고 사시지는 않습니까? 베드로전서 5장8절에 마귀는 우는 사자와 같이 우리의 믿음을 도적질 하려고 하고 있다고 하면서 마귀를 대적하라고 하였습니다. 도둑맞고 문단속하는 것도 좋지만 도둑맞기 전에 문단속 잘해야 될 것이며 불나고 나서 불조심하는 것보다 불나기 전 불조심해야 할 것입니다.

예방의학의 선구자로서 예방의학의 아버지로 불리는 그리스가 낳은 세계적 의사인 '히포크라테스'(BC460-BC377)는 '인생은 짧고 예술은 길다.'라는 유명한 말을 남긴 의사로서 모든 질병의 80%는 예방하지 않기 때문에 걸린다고 합니다. 거꾸로 말하면 모든 질병은 사전 예방을 하면 80%는 걸리지 않는다는 것입니다. 그는 '돈을 잃으면 적게 잃은 것이고 명예를 잃으면 많이 잃은 것이며 건강을 잃으면 모두를 잃은 것'이다.'라는 명언을 남겼습니다.

사랑하는 성도 여러분, 긴장하고 준비된 삶을 사시기를 축원 드립니다.

등불을 켜고 기다리는 사람은 누구입니까?

두 번째, 풍성한 은혜를 사모하는 사람입니다.

36절에 '너희는 마치 그 주인이 혼인 집에서 돌아와 문을 두드리면 곧 열어 주려고 기다리는 사람과 같이 되라'고 말씀합니다.

사랑하는 성도 여러분

주인을 기다리는 사람이란 여기서 어떤 주인을 말하고 있으며 기다리는 종 은 누구를 말합니까? 저와 여러분의 주인이신 예수 그리스도인 것을 믿으시면 아멘 합시다. 풍성한 은혜를 받으려고 주님의 음성을 기다리는 사람, 요한복음에 나오는 수가성 여인처럼 차고 넘치는 생수의 축복을 받기 위해 준비하고 기다리는 사람이 저와 여러분이신 것을 믿으시면 아멘 합시다.

예쁘고 화려하게 신부단장을 하고 밤이 맞도록 신랑을 기다리는 신부가 예배드리는 저와 여러분이신 것을 믿으시면 아멘 합시다. 그러기에 신랑되신 예수를 기다리는 신부의 얼굴은 기쁨이 충만해야 될 줄 믿습니다. 생기가 솟아나야 될 줄로 믿습니다.

사모하는 마음으로 기다려야 된다는 것입니다. 촛불 들고 밤이 맞도록 오직 신랑만을 기다리며 졸지 않고 기다리는 신부, 성령 충만 하여 밤이 맞도록 신랑을 사모하여 아름다운 사랑의 꿈을 꾸며 성령 충만해 있을 때 주님은 새벽녘에 우리의 품으로 찾아와 주실 것입니다. 신랑되신 우리 주님은 과거를 뒤돌아보지 않고 미래를 향한 비전으로 행복한 꿈을 꾸는 신부를 찾으십니다.

그러기에 주님은 말씀하십니다. **'쟁기를 잡고 뒤를 돌아보는 자는 하나님의 나라에 합당치 아니하니라'**고 누가복음 9장62절에서 말씀 하셨습니다.

사랑하는 성도 여러분

신랑 되신 주님과 함께 미래를 설계하는 사람은 절망 하지 않습니다. 낙심하지 않습니다. 어떠한 형편에도 좌절하지 않습니다. 왜 그렇습니까?

251

깊고 깊은 질고의 밤이 지나고 나면 반드시 광명의 새벽별이 빛나게 되어 있기 때문입니다. 깊은 터널을 지나고 나면 터널 끝자락에 밝은 빛은 서서히 오기 때문입니다.

사랑하는 성도 여러분

깊은 밤이 지나면 반드시 아침의 먼동이 틀 것입니다. 정말로 내게도 아침이 올 것인가 하고 염려, 근심, 걱정하는 사람이야말로 세상에서 가장 어리석은 사람일 것입니다.

사랑하는 성도 여러분

지금 여러분의 생애가 칠흑같은 밤입니까?

저 높은 곳에 주님을 바라봅시다. 나약한 여러분에 마음속에서 성령님은 탄식하고 계시다는 사실을 잊지 마십시오. 엄동설한이 있으니 곧 꽃 피는 봄이 올 것입니다. 병들고 찌든 가난과 고통의 시간이 지나면 반드시 풍성한 식탁이 올 것을 확신 하는 여러분이 되시기를 예수의 이름으로 축원 드립니다.

세 번째, 깨어 있는 사람입니다.

37절에 이같이 **'주인이 와서 깨어 있는 것을 보면 그 종들은 복이 있으리로다.'** 38절에 **'주인이 혹 이경에나 혹 삼경에 이르러서도 종들의 이같이 하는 것을 보**

면 그 종들은 복이 있으리로다.' 성경에 보면 졸다가 실패한 사람들이 있습니다. 사사기 16장19절에 보면 삼손이 들릴라의 꼬임에 빠져 깊이 잠 들었을 때 머리카락이 잘려 사명을 잃어버렸고 사도행전 20장9절 유두고가 **'바울이 강론하기를 더 오래 하매 졸음을 이기지 못하여 삼 층 누에서 떨어지거늘 일으켜 보니 죽었는지라.'** 이때 바울이 살려냈고 마태복음 26장41절에 예수님께서 겟세마네 동산에서 기도하실 때 베드로가 잠에 취해 졸고 있을 때 **'시험에 들지 않게 깨어 기도하라'**고 말씀하셨습니다.

결론입니다.

네 번째, 성령의 검을 가진 자를 하나님은 찾으십니다.

에베소서 6장14절에 **'그런즉 서서 진리로 허리띠를 띠고 의에 흉패를 붙이고 평안의 복음의 예비한 것으로 신을 신고 성령의 검 곧 말씀을 가지라'**고 바울은 말씀 하십니다. 성령은 곧 능력이요 권능입니다. 성령님은 우리 모든 것을 아시고 생각과 마음을 통찰 하십니다. 또한 잠언 24장33절에 **'네가 좀 더 자자, 좀더 졸자, 손을 모으고 좀더 눕자 하니 네 빈궁이 강도 같이 오며 네 곤핍이 군사 같이 이르리라'**고 하였습니다.

사랑하는 성도 여러분

못 살겠다, 죽겠다, 하는 부정의 소리보다 나는 살겠다, 나는 잘된다, 나는 축복을 받을 것이다, 하나님은 나만큼은 꼭 축복을 주실 것이다, 하

253

나님이 당신만은 반드시 축복 하실 것입니다. 하고 날마다 외치십시오. 성령님은 확실하고 확신에 찬 믿음의 사람들에게 찾아오셔서 마음을 움직이고 인도 하신 분이십니다. 성령님을 의지하면 모든 것을 느끼고 생각나게 하시고 우리 속에 들어와 우리의 목적과 뜻을 이루시는 하나님 이십니다.

계시록 2장7절은 성령님은 우리에게 찾아와 우리가 필요한 것을 말씀하여 주신다고 하셨습니다. 로마서 8장26절에 성령은 우리를 위해 친히 간구하여 주신다고 말씀하셨고 요한복음 14장26절은 성령님은 우리의 우둔함을 아시고 가르쳐 주신다고 하셨습니다. 고린도전서 12장8절 이하에 성령님은 사모하는 우리를 위하여 수많은 은사를 주신다고 약속 하십니다. 이와 같이 성령님을 의지하는 자의 기도를 들으시고 도와주신다는 것입니다.

사랑하는 성도 여러분

등불 들고 깨어 기도하면서 성령님을 의지하여 금년 한 해 동안 여러분의 모든 계획이 주님 안에서 이루어지시길 예수님 이름으로 축원 드립니다.

하나님께서
베푸신 은총

(창세기 32:10 - 12)

나는 주께서 주의 종에게 베푸신 모든 은총과 모든 진리를
조금이라도 감당할 수 없사오나 내가 내 지팡이만 가지고
이 요단을 건넜더니 지금은 두 떼나 이루었나이다
내가 주께 간구하오니 내 형의 손에서 에서의 손에서 나를
건져내시옵소서 내가 그를 두려워하옴은 그가 와서
나와 내 처자들을 칠까 겁냄이니이다
주께서 말씀하시기를 내가 정녕 네게 은혜를 베풀어
네 씨로 바다의 셀 수 없는 모래와 같이 많게 하리라 하셨나이다

봉독한 본문은 파란만장했던 야곱의 인생의 길을 한마디로 함축해서 하나님께 드리는 기도의 깊이를 말하고 있습니다. 야곱은 태어날 때부터 평범하게 태어나지 못했습니다. 창세기 25장22~26절에 보면 아버지 이삭과 어머니 리브가의 사이에서 쌍둥이로 태어납니다. 그때 에서가 먼저 나오고 에서의 발꿈치를 잡고 나왔다 하여 야곱이라 하였습니다. 두 쌍둥이 중 사나이 기질이 있는 용맹스런 에서를 아버지

255

이삭은 사랑했고, 어머니 리브가는 여성스러운 야곱을 더 사랑하였다고 창 25장28절에서 기록하고 있습니다.

아버지 어머니 슬하에서 살고 있던 야곱에게 창세기 27장20절에 난데없는 사건이 생기게 됩니다. 아버지 이삭이 나이들어 에서를 불러 사냥하여 별미를 만들어 나로 죽기 전 먹게 하라는 명을 받고 사냥하러 나간 사이 동생 야곱이 염소 새끼를 잡아다가 형 에서대신 아버지 이삭에게 드리고 축복을 받아 버립니다. 뒤늦게 돌아온 형 에서가 축복권이 도둑맞은 것을 알고 야곱을 죽이려 합니다. 이것을 보고 있던 아버지 이삭과 어머니 리브가는 야곱을 하란의 밧단아람에 있는 삼촌 라반의 집으로 피신시키게 됩니다. 이때 야곱의 나이 77세가 되던 해 BC 2185년 이었습니다.

추격해 오는 형 에서의 눈을 피해 도망치다가 광야에 머무르게 되고 그곳에서 노숙을 하게 됩니다. 이곳이 유명한 야곱이 벧엘의 사닥다리 꿈을 꾼 장소입니다. 벧엘에서 응답받았던 이 꿈은 야곱이 생을 다 마치는 말년까지 평생 하나님이 지켜주시는 축복이었고 야곱이 나그네 인생길을 마치고 늙어 애굽의 바로왕 앞에 섰을 때 창세기 47장8절에 **'바로가 야곱에게 묻되 네 연세가 얼마뇨 야곱이 바로에게 고하되 내 나그네 길의 세월이 일백 삼십년이니이다 나의 연세가 얼마 못되니 우리 조상의 나그네 길의 세월에 미치지 못하나 험악한 세월을 보내었나이다'**라고 인생노정의 간증을 할 때까지 하나님은 야곱을 축복 하였습니다.

사랑하는 성도 여러분

본문을 통해 이 시간 우리에게 주는 교훈이 무엇입니까?

첫 번째, 하나님은 한번 선택한 사람은 끝까지 지켜주신다는 것입니다.

오늘의 말씀은 야곱은 자신이 살아온 지난날의 파란만장한 나그네 삶을 단면적으로 말하고 있는 것입니다. 야곱은 자신의 인생의 나그네 길에 결정적인 질고의 밤이 찾아오는 매 순간순간마다 반드시 하나님이 함께 하셨다는 것입니다. 나그네는 고향이 현존하는 것이 아니고 다른 곳에 있다는 얘기인 것입니다. 창세기 28장15절에 **'내가 너와 함께 있어 네가 어디로 가든지 너를 지키며 너를 이끌어 이 땅으로 돌아오게 할찌라 내가 네게 허락한 것을 다 이루기까지 너를 떠나지 아니하리라 하신지라'** 하셨으며 창세기 46장4절에 **'내가 너와 함께 애굽으로 내려가겠고 정녕 너를 인도하여 다시 올라올 것이며 요셉이 그 손으로 네 눈을 감기리라 하셨더라'**고 하신 말씀은 창세기 15장15-16절에 여호와 하나님께서 아브라함에게 주신 말씀 중 **'너는 장수하다가 평안히 조상에게로 돌아가 장사될 것이요 네 자손은 사대만에 이 땅으로 돌아 오리니'**라고 하신 선조들과 맺은 가나안 언약을 지키신다는 것을 200년도 넘은 세월에 손자 야곱 앞에서 확인하고 계시니 얼마나 정확 무오한 하나님 말씀이시냐는 것입니다. 민수기 23장19절에 **'하나님은 인생이 아니시니 식언치 않으시고 인자가 아니시니 후회가 없으시도다 어찌 그 말씀하신 바를 행치 않으시며 하신 말씀을 실행치 않으시랴'**는 말씀만 보더라도

하나님은 한번 택한 사람은 끝까지 지켜주신다는 것을 확증하고 계시는 이 말씀을 믿으시면 아멘 합시다

사랑하는 성도 여러분

파란 만장한 야곱의 노정길에 또 한 번의 위기가 닥쳐왔습니다. 형 에서가 400명의 군사를 거느리고 야곱을 치러온다는 소식을 듣습니다. 야곱은 20년 전 형 에서를 속이고 장자의 축복을 빼앗던 일을 생각하니 심히 두렵고 답답하여 여호와 하나님께 간구합니다. 10-11절에 '**나는 주께서 주의 종에게 베푸신 모든 은총과 모든 진리를 조금이라도 감당할 수 없사오나 내가 내 지팡이만 가지고 이 요단을 건넜더니 지금은 두 떼나 이루었나이다 내가 주께 간구하오니 내 형의 손에서 에서의 손에서 나를 건져내시옵소서 내가 그를 두려워하옴은 그가 와서 나와 내 처자들을 칠까 겁냄이니이다.'**

야곱은 20년 동안 쌓아올린 재물과 아내와 자녀, 부귀와 명성 모두를 한 순간에 잃어야 하는 급박한 인생최대의 위기에서 목숨과 맞바꾸는 기도를 하나님께 드리는 본문입니다.

사랑하는 성도 여러분

우리의 삶이 이제는 살겠다, 이제는 편안하다 하니 또 다시 인생의 쓰나미가 찾아옵니다. 행복하다고 느끼는 순간, 살만 하다, 편안 하다 하는 순간, 어김없이 불행이 먼저 알고 시기 질투하며 찾아옵니다. 어느 때

는 플러스 인생이요, 어느 때는 마이너스 인생살이. 본문의 야곱도 20년 전 형 에서에게 쫓겨 고향 땅 브엘세바를 떠나 요단강을 건너 밧단 아람에 있는 외삼촌 라반의 집으로 도망 간지 어언 20년 그때 나이 77세. 이제 20년 후 97세에 또 다시 형 에서와 만나게 될 줄이야, 그는 두려움에 빠졌습니다.

여기서 두려움이란 히브리어 '파싸드(pachad)'란 단어인데 '공포, 갑작스레 너무 놀라, 떨며 경기를 하다'라는 뜻으로 파싸드란 단어는 출애굽기 15장에서 홍해가 갈라질 때 사용됐습니다. 형 에서가 죽이러 온다는 소식에 야곱이 얼마나 놀랐으면 두려워 떨며 경기를 하였겠습니까? 야곱에게는 20년의 성공이 한 순간에 물거품이 되버리고 마는 급박한 순간을 지금 맞이하고 있는 것입니다. 이때 야곱이 취한 행동이 무엇입니까?

두 번째, 하나님과의 만남이었습니다.

그는 외칩니다. 여호와여 형 에서의 손에서 나를 건져내시옵소서 주께서 내게 말씀하시기를 내가 정녕 네게 은혜를 베풀어 네 씨로 바다의 셀 수 없는 모래와 같이 많게 하리라 하시지 않았습니까?

본문 후반절 32장22~31절에 본격적으로 하나님께 매달리기 시작합니다.

밤에 일어나 두 아내와 두 여종과 열 한 아들을 인도하여 얍복 나루를 건널쌔 그들을 인도하여 시내를 건네며 그 소유도 건네고 야곱은 홀로 남았더니 어떤 사람이 날이 새도록 야곱과 씨름하다가 그 사람이 자기가 야곱을 이기지 못함을 보고 야곱의 환도뼈를 치매 야곱의 환도뼈가 그 사람과 씨름할 때에 위골되었더라. 그 사람이 가로되 날이 새려하니 나로 가게 하라 야곱이 가로되 당신이 내게 축복하지 아니하면 가게 하지 아니하겠나이다. 그 사람이 그에게 이르되 네 이름이 무엇이냐 그가 가로되 야곱이니이다.   그 사람이 가로되 네 이름을 다시는 야곱이라 부를 것이 아니요 이스라엘이라 부를 것이니 이는 네가 하나님과 사람으로 더불어 겨루어 이기었음이니라. 야곱이 청하여 가로되 당신의 이름을 고하소서 그 사람이 가로되 어찌 내 이름을 묻느냐 하고 거기서 야곱에게 축복한지라 그러므로 야곱이 그곳 이름을 브니엘이라 하였으니 그가 이르기를 내가 하나님과 대면하여 보았으나 내 생명이 보전되었다 함이더라. 그가 브니엘을 지날 때에 해가 돋았고 그 환도뼈로 인하여 절었더라

사랑하는 성도 여러분

야곱이 만난 하나님, 이 시간 저와 여러분도 만날 수 있기를 예수님 이름으로 축원드립니다.

어떻게 만났습니까? 24절에 어떤 사람과의 만남이라고 하였습니다. 야곱은 씨름 후에 30절에서 그의 정체를 하나님이라고 하였습니다. 하나님을 붙잡고 밤새도록 씨름하듯이 악착스럽게 물고 늘어졌다는 것입니다.

사랑하는 성도 여러분

지금껏 야곱의 생애를 보면 하나님을 믿는다 하면서도 자기중심적인 하나님을 믿어 왔습니다. 삼촌 라반의 집에서 종살이 20년 동안 종살이할 때도 또한 도망 나올 때도 그렇고 지금 얍복강 나루터에서 마지막으로 에서를 속이기 위해 형 에서로부터 자신의 재산과 처자 그리고 생명을 지키기 위해 캄캄한 어두움을 틈타 그의 가족과 소유를 얍복강 너머로 먼저 보낸 것을 보면 야곱이 얼마나 치밀한 사람인가를 엿볼 수 있습니다. 처자와 모든 재산을 에서가 있는 얍복강 너머로 먼저 보냈다는 것은 어쩌면 야곱만이 할 수 있는 행동이었습니다. 그럼에도 불구하고 그에게 두려움이 떠나지를 않기에 그는 얍복강 나루터에 홀로 남아 생사를 거는 기도를 드리는 모습을 보십시오. 처절하리만큼 간절한 기도는 자기중심에서 하나님 중심으로 바뀌지는 순간이며 머리로 살아온 야곱의 영적인 눈이 떠지는 순간 그는 드디어 하나님을 뵈었습니다. 이름도 새로이 받았습니다. 넌 이제부터 '이스라엘'이라 하라.

사랑하는 성도 여러분

오늘 아침 야곱의 모습 속에서 우리에게 주는 교훈이 무엇입니까?

세 번째, 은총을 되새김질하는 성령의 사람이었습니다.

261

본문은 무엇이라 회고하고 있습니까? 나는 주께서 주의 종에게 베푸신 모든 은총과 모든 진실하심을 조금도 감당할 수 없사오나 내가 내 지팡이만 가지고 이 요단을 건넜더니 지금은 두 떼나 이루었나이다 여기까지 도우신 에벤에셀 하나님, 자신이 위험에 빠졌을 때 마다 통찰력을 잃어버리고 고뇌 할 때마다 여호와 하나님은 나타나주시고 흑암의 구렁텅이에서 구원하여 주신 모든 은총과 진리를 감당 할 수 없었다고 지난 날 의받은 은혜를 되새김질하고 있습니다.

본문 1절에서도 야곱이 어려움을 당하니 어김없이 하나님의 사자들이 나타납니다. '사자들'이란 '하늘의 천사'를 말합니다. 또한 야곱이 창세기 28장12절에 고향 브엘세바를 떠나 광야에서 잠이 들었을 때 하나님의 사자인 천사의 보호를 받았고 20년 후 돌아올 때도 하나님의 도우심을 받는 야곱의 일평생을 우리는 볼 수가 있습니다. 밧단아람에서 출발하여 갈르엣(31:47)을 거처 요단강 북쪽에 있는 얍복강 나루터를 건너야 고향땅 브엘세바에 도착할 수 있는데 마지막 얍복강 나루터에서 에서를 만나게 되었을 때 에벤에셀의 하나님, 임마누엘의 하나님의 손길을 통해 하나님의 사랑을 확증시켜준 것입니다.

본문 1절에서는 하나님의 사자 즉 천사라 했고 2절에서는 하나님의 군대라 했으니 한 둘이 아닌 많은 천사들로 구성된 천국의 군대를 말하는 것입니다. 고향 브엘세바를 떠날 때도 천군천사를 보내주시면서 하시는 말씀이 내가 너와 함께 있어 네가 어디로 가든지 너를 지키며 너를 이끌어 이 땅으로 돌아오게 할지라 내가 네게 허락한 것을 다 이루기까지 너를 떠나지 아니하리라고 약속하신 말씀대로 야곱의 황혼의 인생길에도 끝까지 하나님의 사자 군대를 보내주셔서 야곱을 지키신 것을 볼 수가 있습니다. 그러기에 야곱은 일생동안 하나님께 받은 은혜를 되새김질 하면서 여호와를 찬양하고 있는 것입니다.

바로가 당신의 연수가 얼마냐고 물었을 때 내 나이가 130세라고 했던 것입니다. 야곱은 그 이후로 17년이나 더 살아 이 땅에서의 순례자의 인생길을 마치게 된 것이 BC 2255년이요 그의 나이 147세(창 47:28)로 생을 마감하였다고 하였습니다. 그가 바로의 물음에 겸손하게 답할 수밖에 없었던 것은 그들의 조상인 할아버지 아브라함은 창세기 25장7절에 175세를 살았다고 기록하고 있고 아버지 이삭은 창세기 35장28절에 보면 180까지 살았으니 조상들의 연수에 비하면 비교도 되지 않지만 정작 자신은 130년의 세월이 너무나 험하고 힘든 인생 순례자의 가시밭길이었다는 것을 고백 하고 있는 것입니다.

그는 젊은 날 성공의 수단으로 단팥죽 한 그릇에 장자의 명분을 가로채기도 했으며 창세기 27장41절에 보면 형 에서의 눈을 피해 밧단아람으로 도망가기도 했을 때 죽음의 사투를 벌이고 길도 없는 사막길을 방황하기도 했으며 외삼촌 라반의 집에서 무려 20년간의 종살이(창 31장)를 통해 재산과 아내, 자식들을 얻은 당대 최고의 갑부로 부요한 자리에도 있어 보았지만 언제 성공했었느냐는 듯 창세기 32장22절에 얍복강 나루터에서 환도뼈가 부러지는 고통을 당하고 창세기 34장에서는 주님께 받은 사랑을 잃어버리고 벧엘을 피해 세겜으로 갑니다.

263

단팥죽 한 그릇 사건으로 형 에서에게 쫓겨 도망자의 신세가 되어 광야에서 유숙 하였을 때 젊은 날 벧엘에서 무엇이라 서원했습니까? 창세기 28장16절에 여호와께서 과연 여기 계시거늘 내가 알지 못하였도다 이에 두려워하여 이르되 두렵도다 이 곳이여 이것은 다름 아닌 하나님의 집이요 이는 하늘의 문이로다 하고 고백합니다.

야곱은 아침 일찍 일어나 베개를 삼았던 돌을 가져다가 기둥으로 세우고 그 위에 기름을 붓고 그곳 이름을 벧엘이라 합니다. 그리고 그는 서원합니다. 20절에 야곱이 서원하여 이르되 하나님이 나와 함께 계셔서 내가 가는 이 길에서 나를 지키시고 먹을 떡과 입을 옷을 주시어 내가 평안히 아버지 집으로 돌아가게 하시오면 여호와께서 나의 하나님이 되실 것이요 내가 기둥으로 세운 이 돌이 하나님의 집이 될 것이요 하나님께서 내게 주신 모든 것에서 십분의 일을 내가 반드시 하나님께 드리겠나이다 하였더라

야곱은 자신에게 생명의 위험이 찾아 왔을 때, 두려움과 질고가 찾아올 때마다 그는 하나님 앞에 서원하였습니다. 가난뱅이 야곱. 단벌 옷의 거지같은 야곱, 도망자 야곱, 그 후 20년이 지난 지금 야곱의 일생은 어떻게 변하였습니까? 부자입니다. 도망자가 아닙니다. 당당합니다. 옷 한 벌의 거지가 아닙니다. 처자식이 있어 외롭지도 않습니다. 이 모든 축복이 어디서 왔습니까? 하나님께로부터 온 줄로 믿으시길 바랍니다.

그런데 웬일입니까? 20년 전 축복을 빌고 서원했던 자리인 벧엘을 피해

세겜으로 갑니다. 20년 전 그는 벧엘 광야에서 형 에서에게 쫓기고 절망이 찾아 왔을 때 하나님께 서원한 자리가 벧엘 아닙니까? 그런데 20년 후 그 자리를 피해 세겜으로 간다니 하나님은 그대로 보고만 계실 분이 아니었습니다. 여기서 분명한 것은 하나님은 20년 전 야곱의 기도를 기억하고 계셨던 것입니다. 당장 사건이 터지기 시작합니다. 하나밖에 없는 딸 디나가 세겜 추장에게 강간을 당하는 수모를 겪는 사건이 일어납니다. 집 밖에서 야곱을 죽이려고 세겜 추장이 소리를 지릅니다. 떨면서 하나님께 기도합니다. 한번만 피하게 하옵소서. 얼마를 기도하고 나니 밖이 조용합니다. 야곱을 죽이려 했던 세겜추장이 온데간데없습니다. 인생의 위기 때마다 하나님의 은총에 야곱은 외칩니다. 창세기 35장2절에 너희 중에 있는 이방 신상들을 버리고 자신을 정결하게 하고 너희들의 의복을 바꾸어 입으라 우리가 일어나 벧엘로 올라가자 내 환난 날에 내게 응답하시며 내가 가는 길에서 나와 함께 하신 하나님께 내가 거기서 제단을 쌓으려 하노라.

사랑하는 성도 여러분

행복의 시간이 올 것 같은 순간마다 야곱의 등 뒤에서는 치욕같은 고난과 불행한 사건들을 통해 질고의 어두운 인생의 밤이 찾아왔습니다. 그러나 얍복강 나루의 기도를 통해 야곱은 이스라엘로 바꾸어지고 하나님의 본향을 사모하는 영적인 하나님의 사람, 성령의 사람으로 거듭나기 시작했습니다. 외롭고 힘들 때 몸이 부서져라 노동을 하고 깊은 밤 밤하늘을 바라보면서 여호와 하나님을 찾는 사람이 바로 야곱이었던 사실입니다. 질고의 날과 행복의 날의 양 칼날 끝에서 그는 깨달았습니다. 젖과 꿀이 흐르는 가나안 땅을 가기 위한 인생의 훈련이라는 것을... 할 렐루야!

사랑하는 성도여러분

육의 사람 야곱에서 성령의 사람 이스라엘로 바꿔지면서 고난과 역경을 희망의 삶으로 바꿨고 굴욕과 치욕이 올 때마다 오히려 저 높은 곳을 향하여 영원한 천국 하나님이 계신 가나안을 그리면서 누구도 느끼지 못한 희망을 찾았던 것입니다.

아브라함의 축복의 하나님, 이삭의 축복의 하나님, 야곱의 축복의 하나님, 영원하신 하나님, 영존하시는 하나님의 세계가 어떤 곳인가를 알게 되고 할아버지 아브라함과 아버지 이삭이 하나님과 맺은 언약의 약속을 성취해가므로 구속사의 반열을 이어가는 주인공이 되었던 것입니다. 그는 147세 나이로 나그네 생활이 끝날때까지 얼마나 아름다운 생애였는 지 생각만 해도 복이 넘치는 삶이었습니다.

창세기 48장3절에 보면 야곱이 147년의 생을 마감하려고 하는 순간에도 전혀 정신이 흐트러짐이 없었다고 기록하고 있습니다. 침상에 누워 있던 야곱은 요셉이 왔다는 말에 침상에서 벌떡 일어나 요셉에게 안수하고 축복기도를 해주었고 그 이후 모든 자녀에게 두 팔을 벌리고 안수하여 축복기도를 일일이 다 해주었으니 그 기력과 열정이 얼마나 강했는가를 알 수가 있는 것입니다.

사랑하는 성도 여러분

모든 후손들 앞에서 야곱이 선포합니다. 내가 지금 숨을 거두면 가나안 땅 마무레 앞 막델라 굴에 장사 지내라는 유언까지 합니다. 그곳은 아브라함과 사라가 매장되었고 이삭과 리브가가 매장되었고 그리고 야곱도 레아와 함께 그곳에 매장하라는 것입니다. 이 말을 마치고 보면 발을 침상에 모으고 숨을 거두어 하나님께로 돌아갔다고 (창 49:33) 기록하고 있습니다.

사랑하는 성도 여러분

세상에서 죽음의 순간까지 이렇게 축복을 많이 받은 사람이 과연 얼마나 있을까요? 또한 어떤 사람이 야곱과 같은 축복을 받을까요?

사랑하는 성도 여러분

하나님은 이 시대에 누구를 사용하십니까? 야곱처럼 실수도 하고 거짓말도 하고 경솔하기도 하고 매사에 모순투성이의 사람인 야곱인데 무엇을 보고 하나님은 그를 쓰셨습니까?

그는 하나님이 기뻐하시는

267

첫째, 성령의 사람이었습니다.

둘째, 열정의 사람이었습니다.

셋째, 하고자 하는 끈기의 사람이었습니다.

넷째, 참고 견딜 줄 아는 인내심의 사람이었습니다.

다섯째, 오직 하나님을 향하는 신앙의 사람이었습니다.

여섯째, 적극적인 기도의 사람이었습니다.

밤낮 가리지 않고 목숨을 내건 기도의 사람, 성령의 사람 야곱을 쓰신 것입니다.

철강왕 카네기는 젊은 날 남의 사무실에 들어가 청소를 하는 직업을 가지고 있었습니다. 어느 날 청소를 하기위해 사장실에 들어갔는데 사장실 책상 뒤 벽에 걸려있는 그림을 발견하였습니다. 사람이 보기에 영 볼품없는 그림이었습니다. 노 하나만 걸친 채 갯벌에 덩그렇게 놓여 있는 쓸모도 없고 볼품없는 커다란 나룻배가 그려진 것이었습니다. 그러나 그 그림 밑에 이런 제목의 글귀가 쓰여 있는 것을 발견합니다. '언젠가는 밀물이 때가 오리라, 그날 나는 바다로 나아가리라'

이런 글귀였습니다. 춥고 배고팠던 젊은 날의 청년 카네기는 그 그림을 보는 순간 스산한 느낌이 들었고 초라하고 쓸모없는 배였지만 카네기는 자신의 모습과 너무 흡사하다고 생각을 했습니다. 그리고 그는 그날부터 교회에 가서 하나님께 기도하기 시작했습니다. 그리고 그는 이렇게 외쳤습니다. '지금은 내 인생이 썰물이지만 나도 내 인생에 언젠가는 밀물이 오리라 그날 나는 바다로 나아가리라'하고 외쳤습니다. 그리고 이 말을 또 외치고 외칩니다. '지금은 내 인생이 썰물이지만 내 인생에 언젠가는 밀물의 때가 오리라 그날 나는 바다로 나아가리라', '주여 그날이 어서 속히 오게 하여 주옵소서.' 하고 주님께 기도합니다.

여느 때처럼 청소를 끝내고 돌아가려고 하는데 사장이 월급을 주려고 카네기를 불렀습니다. 그때 카네기는 '사장님 월급대신 벽에 걸려있는 저 그림을 저에게 주실 수 있습니까?'하였더니 그 사장은 흔쾌히 월급도 주고 그림도 떼어 주었다고 합니다. 그는 그 그림을 자신의 방에 붙여놓고 날마다 하나님께 기도하기를 '저에게 밀물의 때가 올 날을 주시옵소서'하고 기도했습니다. 혹독한 시련과 고난 속에서도 오직 예수 그리스도만을 찾았던 카네기는 밀물의 때를 기다리면서 철강왕으로 성공한 사람이 되었습니다. 그는 성공하기까지 수없이 썰물의 때가 와서 카네기를 절망의 늪으로 끌고 갔었지만 그때마다 밀물을 기다리는 희망의 노를 영상으로 저어 갔습니다.

사랑하는 성도 여러분

동일한 환경에서 사람들은 극단적인 두 부류로 나뉘게 됩니다. 한 부류는 썰물에 밀린 처참한 나룻배와 엉성한 노만 볼 뿐입니다. 또 한 부류는 곧 어느 땐가 다가올 밀물의 때를 바라봅니다. 그리고 좌절과 절망의 늪을 벗어버리고 먼 바다를 향해 힘차게 희망의 노를 저으면서 성공의 영상을 그리며 나아갑니다.

269

사랑하는 성도 여러분

신앙이 무엇입니까? 바로 처참한 썰물의 때를 바라보고 좌절과 절망에 빠지는 것이 아니라 언젠가는 갯벌에 우뚝 선 배에 밀물이 몰려와 광활한 바다로 노를 저어 갈 것이라는 영상으로 바라보는 것이 신앙의 힘인 것입니다. 밀물은 희망을 줍니다. 꿈이 있습니다. 썰물은 음지요, 좌절이요, 절망이요, 패배이며, 인생의 끝장이요, 막장 일뿐입니다.

사랑하는 성도 여러분

예수 그리스도는 희망입니다. 야곱은 인생의 나그네 삶에서 굴욕과 좌절의 시간들이 썰물처럼 수없이 찾아왔으나 밀물의 때가 올 것이라는 희망을 가졌습니다. 그것은 곧 야곱 속에 있는 여호와 하나님이셨습니다. 하나님은 언젠가는 내게 밀물의 때를 반드시 오게 해 주실 것이다. 이것을 믿었습니다.

서양 속담에 북풍이 바이킹을 만들었다는 말이 있습니다. 세찬 풍랑, 칠흑 같은 캄캄한 어둠 속의 북풍에서 세계를 정복하는 바이킹이 나왔다는 것입니다. 일류 역사는 담대하게 고통을 극복한 사람들에 의해 기록되고 있습니다. 모진 바람과 추위를 이겨내며 자라나는 나무라야 좋은 목재가 될 수 있다고 합니다.

사랑하는 성도 여러분

이 시간 야곱과 같은 인생이 있습니까? 하나님은 바로 이 시간 당신을 쓰실 줄 믿으시길 바랍니다. 시편 73장23절에 **'내가 항상 주와 함께하니 주께서 내 오른손을 붙드셨나이다.'** 할렐루야! 전능자의 능하신 손에 붙들리는 여러분 되시기를 예수님 이름으로 축원 드립니다.

연단 속에서 만난 하나님

(욥기 23:10)

나의 가는 길을 오직 그가 아시나니
그가 나를 단련하신 후에는 내가 정금 같이 나오리라

연단 속에서 만난 하나님 이란 제목으로 말씀을 증거하려고 합니다. 성령께서 말씀 듣는 저와 여러분에게 큰 도전과 은혜의 시간 되시길 예수님 이름으로 축원 드립니다.

본문입니다. 내가 가는 길을 그가 아시나니 그가 나를 단련 하신 후에는 순금같이 되어 나오리라. 이 말씀은 당대에 최고의 의인이라고 하였던 욥이 고난을 당하면서 부르짖는 탄식입니다. 힘들고 어려운 삶 가운데

273

서도 하나님은 자신을 정금같이 되게 해주시리라는 말씀입니다. 이 말씀이 저와 여러분의 말씀이 되시기를 주의 이름으로 축원 드립니다. 욥이 당한 연단은 세상 그 누구의 고난과 연단보다도 말로 형언할 수 없는 고통이었습니다. 욥기 1장1절을 보면 욥을 가리켜 1. 온전하고, 2. 정직하고, 3. 하나님을 경외 하며, 4. 악에서 떠난 자라고 하였습니다. 그 슬하에 아들 일곱과 딸 셋, 소유물은 양 칠천, 낙타 삼천, 소 오백 겨리, 암나귀 오백마리 그리고 종들이 많았고 동방 사람 중에 가장 훌륭한 자라고 하였습니다. 보시는 바와 같이 욥은 도덕적, 윤리적, 신앙적으로 의로운 자였으며 세상 말로 흠잡을 데가 없는 깨끗한 양심의 사람이었는데 원인 모를 상황이 욥 앞에 닥쳐왔습니다.

그러자 욥은 지금껏 자신과 동거동락해왔던 가족과 의논하고 가장 가까웠던 친구들에게 도움을 요청하게 되었습니다. 그러나 뜻밖의 상황이 일어나게 되었는데 가장 가까운 아내가 욥을 시험하고 가까웠던 친구들이 조롱합니다. 이때 욥은 고난을 참고 기다리면서 하나님이 자신을 도울 것이라는 확고한 믿음을 결코 잃어버리지 않습니다. 그리고 그는 이렇게 기도 합니다. '내가 가는 길을 그가 아시나니 그가 나를 단련한 후에는 내가 순금 같이 되어 나오리라.'는 것을 잊지 않습니다.

사랑하는 성도 여러분

인간은 삶의 현장에서 원치 않는 시련이나 환난을 당할 때가 있습니다. 본인의 실수로 인하여 오는 환난이든지 본인과 전혀 상관없는 타의에 의해 오는 불행이든 간에 모든 환난은 질고와 고통인 것입니다. 그러므로 좌절과 절망 속에서 역경을 헤쳐나가지 못하면 영영 그 자리에 주저앉게 되버리고 헤쳐 나가 승리하면 인생에서 형용할 수 없는 큰 보람을 갖게 되는 것입니다.

사랑하는 성도 여러분

그럼 욥은 어떻게 자신에게 찾아온 태산준령 같은 시련을 이기고 인생종국에는 승리 하였습니까?

첫 번째, 욥은 하늘에 소망을 두었다는 것입니다.

시편 42장5절에 내 영혼아 네가 어찌하여 낙심하며 어찌하여 내 속에서 불안해 하는가 너는 하나님께 소망을 두라 그가 나타나 도우심으로 말미암아 내가 여전히 찬송하리로다. 소위 의인이라고 했던 욥, 일생을 정직하게 살았다고 자부했던 욥, 많은 사람들이 그를 하나님을 경외하는 사람, 신앙이 좋은 믿음으로 사는 사람이라고 했던 욥, 심지어는 하나님에게까지도 그의 믿음을 인정받았던 욥이 아닙니까? 그런 그가 백주에 날 벼락을 받아 평생 모아온 재산을 잃어버렸습니다. 자신의 분신인 소중한 자녀들을 잃어버렸습니다. 자신의 몸에는 악창이 나서 병들어 죽게 되었습니다. 평생을 지켜온 명예를 잃어버렸습니다.

사랑하는 성도 여러분

저와 여러분의 삶은 어떻습니까? 하루도 편할 날이 없는 불확실한 미래의 삶에 의욕을 상실하고 인생의 고뇌에서 밤을 샐 때가 얼마나 많이 있습니까?

욥은 재산도 자식도 명예도 건강도 모두 잃어버리고 하루아침에 거지가 되었습니다. 게다가 온 몸에 견디기 어려운 악창이 나서 수모와 고난을 겪으면서도 욥기 1장20절 이하에 보면 욥은 이렇게 말합니다. **'욥이 일어나 겉옷을 찢고 머리털을 밀고 땅에 엎드려 경배하며 가로되 내가 모태에서 적신이 나왔사온즉 또한 적신이 그리로 돌아 가을찌라 주신 자도 여호와시요 취하신 자도 여호와시오니 여호와의 이름이 찬송을 받으실찌니이다 하고 이 모든 일에 욥이 범죄하지 아니하고 하나님을 향하여 어리석게 원망하지 아니하니라'**고 기록 하고 있습니다. 사람으로서 도저히 상상할 수 없는 고난 속에서도 어떻게 견딜 수가 있었습니까? 그것은 오직 하늘에 소망을 두었기 때문이었습니다.

사랑하는 성도 여러분

금년 한 해에도 우리는 알게 모르게 원치 않는 인생의 쓰나미가 찾아올 수도 있고 회복불능의 허리케인 같은 폭풍이 찾아와 우리의 삶을 송두리째 망가뜨려 버릴지도 모릅니다. 그러기에 베드로 사도는 베드로전서 5장7절에 너희 염려를 다 주께 맡기라고 하시거니와 8절은 근신하고 깨여라 너희 대적 마귀가 우는 사자 같이 두루 다니며 삼킬 자를 찾고 있다고 하였으며 9절에서는 믿음을 굳건하게 하여 마귀를 대적하고 말씀 합니다.

사랑하는 성도 여러분

금년 한해도 하늘에 소망을 두고 마귀하고 싸워 성공적인 삶을 사시길 축원 드립니다.

두 번째, 하나님 앞에 엎드렸습니다.

욥기 1장20절에 하나님을 원망하지 않고 겉옷을 찢고 머리털을 밀고 하나님 앞에 엎드려 경배 즉 예배를 드렸다고 하였습니다. 여기서 '엎드려' 라는 히브리어는 '이팔'이라는 단어로 이 말은 '자신을 밖으로 내던졌다' 라는 뜻입니다.

일생일대 단 한번도 경험해 보지 못한 시련 앞에 욥은 자신이 감당 할 수가 없는 시련이기에 만경창파 푸른 물에 자신을 내던지고 자신의 인생에 해결사가 되시는 전능자이신 오직 하나님께 맡겨버린 것입니다. 그러기에 '이팔' 즉, 던졌다는 것은 자신을 철저히 부정해버리고 오직 하나님만을 높이는 것을 의미합니다. 세상말로 이판사판입니다. 나는 내게 닥친 시련을 헤쳐나갈 힘이 없으니 아버지 하나님께서 죽이든지 살리든지 알아서 하시라고 완전히 내어 맡겨 드린다는 단어가 '이팔'입니다. 그래서 겉옷을 찢고 머리털을 밀고 엎드려 통곡합니다. 주신 이도 여호와요 거두어 가신 이도 여호와라 여호와의 이름이 영원히 찬송을 받으

277

실 지로다. 불의와 타협 하지 않는 욥은 오직 여호와만을 찬양 합니다.

야고보 사도는 5장13절에서 **'너희 중에 고난 당하는 자가 있느냐 저는 기도 할 것이요'**라고 명령하고 있습니다. 시편 119편71절에서도 **'고난 당한 것 이 내게 유익이라 이로 인하여 내가 주의 율례를 배우게 되었나이다'**고 고백합 니다.

사랑하는 성도 여러분

이 시대에 하나님은 누구를 찾고 계시며 어떤 사람을 축복하시기 원하 십니까?

나폴레옹(Napoleon, 1769-1821)이 러시아를 침공했을 때의 일화입니 다. 모스크바를 점령한 나폴레옹은 러시아의 황제인 짜아르가 앉았던 황제의 자리에 앉아서 자신에게 반대했던 자들을 심문하고 있었습니다. 이때 러시아 황제 짜아르에게 충성한 농부 한 사람이 붙잡혀 나폴레옹 앞으로 끌려 나왔습니다. 나폴레옹이 심문을 합니다. '그대가 지금이라 도 나에게 충성을 맹세한다면 살려 주겠노라'하니 이때 농부가 말합니 다. '짜아르를 배반 하느니 차라리 죽는 것이 낫겠습니다. 어서 죽여주 시오'하는 것입니다. 이때 이 농부의 말에 감동한 나폴레옹은 농부를 총 살형을 취소하고 그 농부의 손에 나폴레옹을 상징하는 'N' 자를 새겨 넣 었습니다. 이 같은 일을 당한 농부는 그 자리에서 도끼로 자신의 손목을 잘라 버렸다고 합니다. 그리고 그는 이렇게 말합니다. '나에게는 오직 짜아르 황제 외에는 그 어느 누구도 나의 주군이 될 수가 없습니다.'라고 하였다는 일화가 있습니다.

비록 시골 농부였지만 망해가는 조국 러시아의 황제의 충성스런 농부의 모습을 보십시오. 자신의 손목을 잘라내고 황제 짜아르에 대한 충성심은 오늘 현대를 살아가는 우리 모두에게 시사하는 바가 크다 할 것입니다. 점령군의 수장인 나폴레옹까지도 감동을 준 일화입니다.

사랑하는 성도 여러분

오늘 본문의 욥을 보세요. 악과 타협하지 않고 오직 하나님만을 섬기며 질고와 좌절, 절망의 인생 막장에 선 그는 오직 하나님, 오직 하나님을 외치면서 겉옷을 찢고 머리털까지도 밀었다는 것은 완전한 복종을 의미합니다. 겉옷을 찢고 하나님 앞에 엎드렸습니다. 악과 타협하지 않고 오직 하나님만을 섬기겠다는 일사각오인 것입니다.

그러나 욥을 괴롭히는 사단은 그대로 물러날 영이 아닙니다. 욥기 2장7절에 사단이 찾아와 욥을 칩니다. 욥의 발바닥부터 정수리까지 악창이 나게 하고 하나님을 부르지 못하게 합니다.이때 욥은 재 가운데 앉아서 깨진 질그릇을 가지고 자신의 온 몸을 긁기 시작합니다. 온 몸에 악창이 났으니 얼마나 아프고 가렵겠습니까? 이때 욥이 당하는 고통을 본 욥의 아내는 욥을 향해 이렇게 외칩니다. 욥기 2장9절에서 **'당신이 그래도 자기의 순전을 굳게 지키느뇨 하나님을 욕하고 죽으라.'** 이때 10절에 보면 욥은

279

자신의 아내를 향해 외칩니다. '그대의 말이 어리석은 여자 중 하나의 말 같도다 우리가 하나님께 복을 받았은즉 재앙도 받지 아니하겠느뇨 하고 이 모든 일에 욥이 입술로 범죄치 아니하니라'고 하였습니다.

세 번째, 때를 기다릴 줄 아는 믿음을 가지라는 것입니다.

유다서 1장21절에 '우리 주 예수 그리스도의 긍휼을 기다리라'고 하셨고 사도행전 1장4절에 '약속하신 것을 기다리라' 하셨고 하박국 2장3절에 '비록 더딜찌라도 기다리라 지체되지 않고 정녕 응하리라' 하셨으며 다니엘 12장 13절에 '너는 가서 마지막을 기다리라 이는 네가 평안히 쉬다가 끝날에는 네 업을 누릴 것임이니라'고 약속을 하셨습니다.

고린도전서 9장24장에 '운동장에서 달음질하는 자들이 다 달아날찌라도 오직 상 얻는 자는 하나인 줄을 너희가 알지 못하느냐 너희도 얻도록 이와 같이 달음질하라 이기기를 다투는 자마다 모든 일에 절제하나니 저희는 썩을 면류관을 얻고자 하되 우리는 썩지 아니할 것을 얻고자 하노라 그러므로 내가 달음질하기를 향방 없는것 같이 아니하고 싸우기를 허공을 치는것 같이 아니하여'라고 하였고 또한 빌립보서 3장14절에 '푯대를 향하여 그리스도 예수 안에서 하나님이 위에서 부르신 부름의 상을 위하여 좇아가노라'고 하였습니다.

메틸란트시에 금광을 캐는 데이비스라는 광부가 있었습니다. 모든 재산을 팔아 광산업에 종사한 지 10년 만에 빈 털털이가 되어 망하게 되었습니다. 더 이상 버틸 수가 없어 고향으로 내려가려고 기차역에서 기차를 기다리고 있었습니다. 친구가 나타나 데이비스에게 묻습니다. 어이, 데이비스! 어딜 가느냐고 물으니 이제 광산업을 접고 고향으로 내려가려 한다는 것이었습니다. 이때 데이비스 친구가 광산을 자신에게 팔라는 것입니다.이 사람아 10년 동안 파도 광맥이 나오질 않는데 무얼 하려고 그러나? 그래도 나에게 팔게나 하니 팔 것 뭐 있어 그냥 가지고 가서 광산을 한번 해 보게나 하고 고향으로 내려가려고 하는데 그 친구는 데이비스에게 고향 가는 기차표 한 장을 사 주었습니다. 데이비스는 친구가 사준 열차표 한 장 가지고 기차가 오기만을 기다리고 있는데 그 친구는 그 길로 올라가 데이비스가 버려둔 광산에 들어가 금광을 캐기 시작합니다.

그런데 이게 웬 일입니까? 10년간이나 파도 파도 나오지 않던 금 광맥이 불과 2m를 파니 금광맥이 쏟아진 것입니다. 그 친구는 이 소식을 역에 있는 데이비스에게 제일 먼저 알려야 되겠기에 혼신을 다하여 뛰었습니다. 역 플랫폼에 앉아서 기차가 도착하기 만을 기다리고 있던 데이비스를 발견하고 어이, 데이비스! 자네가 10년 동안 파도 나오지 않던 금광맥이 쏟아졌네. 이건 자네 것이야. 어서 광산으로 가세 함께 일하자고 하였으나 데이비스는 아니야 이제 금 광산은 자네 것이야라고 말한 뒤 데이비스는 고향으로 돌아가려는 마음을 접고 기차표를 찢어 버렸습니다.

그는 외칩니다. 다시 시작하자. 불과 2m를 참지 못하고 때를 놓쳐 10년 공든 탑을 무너뜨려버린 자신을 타이르면서 두 주먹을 불끈 쥐었습니다. 그리고 그는 메틸란트 시내로 다시 들어갔습니다. 새 출발을 하자고 마음을 단단히 먹었습니다. 그가 제일먼저 찾아간 곳은 교회였습니다. 하나님 앞에 엎드려 기도합니다. 하나님 아버지 다시 시작하렵니다. 내가 가는 길에 함께 하여 주옵소서, 그는 돈 없이 할수 있는 것이 보험회사 영업사원이었습니다. 데이비스는 새 출발을 시작합니다. 그런데 보험회사 영업은 광산보다 더 힘듭니다. 힘들 때 마다 그는 2m, 2m를 외칩니다. 이번만은 실패하지 않으리라. 보험 계약을 하기 위해 10번, 20번 아니 99번까지라도 찾아 갑니다. 그리고 고객을 만나러 갈 때마다 2m, 2m, 열 번이고 백 번이고 마음속으로 2m를 외칩니다. 그 사람이 보험가입을 할 때까지 찾아 갔습니다. 어느새 메틸란트시에서 데이비스를 모르는 사람이 없게 되었습니다. 데이비스가 오면 보험을 들라 할까 봐 사람들이 피합니다. 이렇게 쫓아다니기를 수개월. 어느 날 그는 메틸란트시에서 보험을 가장 잘하는 보험왕이 되었습니다. 그는 드디어 전국에 수십 개의 보험 체인망을 가진 보험왕이 되었던 것입니다.

사랑하는 성도 여러분

한 번 실수는 병가지상사라는 말이 있습니다. 데이비스는 두 번 다시 나에게는 실패가 없다. 그는 발로 뛰고 입으로 뛰었습니다. 그렇게 바쁜 중에도 교회에 나가 하나님 앞에 예배드리는 일은 보험영업을 하는 것보다 더욱 소중한 일과였습니다. 그는 실패를 딛고 일어서는 대표적인 신앙의 사람이었고 오직 열정과 인내로 성공한 대표적 크리스챤 기업가였습니다. 그는 첫째도 인내, 둘째도 인내, 셋째도 인내였다고 합니다.

사랑하는 성도 여러분

데이비스가 인내를 어디서 배웠습니까? 바로 하나님의 말씀이었습니다. 그는 때를 기다릴 줄 아는 신앙의 사람이었습니다.

본문의 욥은 어떤 사람입니까? 첫째도, 둘째도, 셋째도 인내의 사람이었습니다. 그러한 인내가 어디서 나왔습니까? 바로 하나님의 말씀이었고 기도 생활이었습니다. 그래서 오늘 본문에서 이렇게 고백합니다. 내가 가는 길을 그가 아시나니 그가 나를 단련하신 후에는 내가 순금 같이 되어 나오리라

사랑하는 성도 여러분

정금은 많이 두들겨 맞습니다. 그래야 이물질이 빠지기 때문입니다. 이물질을 완전히 빼내기위해 물 속에 들어가 두들겨지고 녹아 순도 100%가 되는 것을 정금이라고 합니다. 여기서 단련이라는 말은 히브리어 '바한'이란 단어인데 '1.조사하다 2.시험하다 3.증명하다'라는 뜻입니다.

1.조사하다는 뜻은 진짜 순금인지 아닌지 검사한다는 것인데 오늘 이 시간 우리는 본인 스스로 진짜 성도인지 아닌지를 스스로 검사 해 보아야 될 것입니다.

2.시험하다는 뜻은 신앙의 뿌리가 깊은지 얇은지 시험해 봐야 된다는

283

것입니다. 시편 26편2절에서 다윗은 이렇게 기도합니다. '여호와여 나를 살피시고 시험하사 내 뜻과 내 양심을 단련하소서.'하고 기도 하였던 것입니다.

3.증명하다는 뜻은 하나님 앞에 순금과 같은 믿음을 보여드려야 한다는 것입니다.

갈라디아서 6장17에서 바울은 말씀합니다. **'이 후로는 누구든지 나를 괴롭게 말라 내가 내 몸에 예수의 흔적을 가졌노라'**고 하였습니다. 무슨 흔적입니까? 바울이 다메섹에서 예수를 만난 후 고통과 괴로움 절망과 좌절된 삶은 바울이 참 주님에 제자인 것을 증명해 보이는 것입니다. 빌립보서 4장11-13절에 **'내가 궁핍하므로 말하는 것이 아니라 어떠한 형편에든지 내가 자족하기를 배웠노니 내가 비천에 처할 줄도 알고 풍부에 처할 줄도 알아 모든 일에 배부르며 배고픔과 풍부와 궁핍에도 일체의 비결을 배웠노라 내게 능력 주시는 자 안에서 내가 모든 것을 할 수 있느니라'**고 고백한 바울의 간증이야 말로 그리스도에게 회심한 위대한 사도의 신앙고백이 아닐 수 없습니다. 욥이 시련과 고난이 찾아 왔을 때 참고 견디며 인내하고 무엇보다 믿음을 지키고 악과 타협하지 아니하고 하나님만 바라보고 바짝 엎드렸더니 결과가 어떻게 되었습니까?

네 번째, 원수가 협력하는 사람으로 바뀌는 축복을 받았습니다.

세 친구 빌닷, 엘리바스, 소발 이 세 사람은 욥의 삶에서 가장 가까운 친구들이었습니다. 욥이 좋을 때 한없이 좋은 친구들이었습니다. 그러나 욥이 곤경에 빠지니 그들은 모두가 의리를 저버렸고 신의를 저버린 자들이었습니다. 친구들 앞에서 조롱당하는 욥은 절규 합니다. 30장26절에 **'내가 복을 바랐더니 화가 왔고 광명을 기다렸더니 흑암이 왔구나.'** 30절에 **'내 가죽은 검어져서 떨어졌고 내 뼈는 열기로하여 탔구나'**라고 한탄합니다.

사랑하는 성도 여러분

욥의 신앙을 방해하는 방해꾼들이 누굽니까? 욥이 가장 사랑하는 친구요 아내였습니다. 그들은 기도의 훼방꾼들이었습니다. 모든 일에 비협조자들이었습니다. 그러나 욥이 참고 인내하며 하늘에 소망을 두고 무서운 시련과 사람들의 조롱 속에서도 엎드려 하나님 앞에 무릎을 드리고 사람의 때가 아니라 하나님이 주신 때를 조용히 인내하며 기다렸습니다. 욥을 이간질 시키고 신앙의 방해꾼들이 하나님 앞에 기도하는 욥과 화해하며 다시 돌아서기 시작했습니다.

사랑하는 성도 여러분

지난 해에 여러분을 대적하고 힘들게 했던 사람들이 있습니까? 여러분에게 신앙의 방해꾼이 있었습니까? 기도의 방해꾼이 있었습니까?

여러분의 가정의 행복을 위협하는 사람들, 사업을 방해한자들, 여러분의 삶의 비협력자들 모두가 협력하는 사람들로 바꿔져서 축복받는

285

2019년 되시길 예수님 이름으로 축원 드립니다. .

결론입니다.

다섯 번째, 고통이 완전히 끝나고 갑절의 축복을 받는 한해가 되자

욥기 42장10절에 욥의 곤경을 돌이키시고 여호와께서 욥에게 이전 모든 소유보다 갑절이나 주신지라 하셨고 42장12절 이하에서 욥의 말년에 처음보다 더 복을 주시고 백사십 년을 살며 아들과 손자 사 대를 보았다고 하였습니다.

사랑하는 성도 여러분

작년의 수입보다 금년에는 갑절의 수입이 여러분의 가정과 사업에 들어오기를 축복합니다.

작년의 건강보다 금년에 갑절로 건강이 좋아지시길 축원 드립니다.

작년의 믿음보다 금년에 믿음이 갑절로 성장되시길 축원 드립니다.

작년에 드린 십일조보다 갑절의 십일조를 드리시길 축원 드립니다.

작년의 감사보다 갑절의 감사가 넘쳐 나시길 축원 드립니다.

작년의 좋은 일보다 금년에 갑절로 더 좋은 일이 있으시길 축원 드립니다.

그때 그 사람들과
지금 나의 모습

(요한복음 19:31-42)

이 날은 예비일이라 유대인들은 그 안식일이 큰 날이므로
그 안식일에 시체들을 십자가에 두지 아니하려 하여 빌라도에게
그들의 다리를 꺾어 시체를 치워 달라 하니 군병들이 가서 예수와 함께
못 박힌 첫째 사람과 또 그 다른 사람의 다리를 꺾고
예수께 이르러는 이미 죽은 것을 보고 다리를 꺾지 아니하고
그 중 한 군병이 창으로 옆구리를 찌르니 곧 피와 물이 나오더라
이를 본 자가 증거하였으니 그 증거가 참이라 저가 자기의 말하는 것이
참인줄 알고 너희로 믿게 하려함이니라
이 일이 이룬 것은 그 뼈가 하나도 꺾이우지 아니하리라 한 성경을 응하게 하려
함이라 또 다른 성경에 저희가 그 찌른 자를 보리라 하였느니라
아리마대 사람 요셉이 예수의 제자나 유대인을 두려워하여 은휘하더니
이 일 후에 빌라도더러 예수의 시체를 가져가기를 구하매 빌라도가
허락하는지라 이에 가서 예수의 시체를 가져가니라
일찍 예수께 밤에 나아왔던 니고데모도 몰약과 침향 섞은 것을 백 근쯤
가지고 온지라 이에 예수의 시체를 가져다가 유대인의 장례 법대로 그
향품과 함께 세마포로 쌌더라 예수의 십자가에 못 박히신 곳에 동산이 있고 동산
안에 아직 사람을 장사한 일이 없는 새 무덤이 있는지라
이 날은 유대인의 예비일이요 또 무덤이 가까운고로 예수를 거기 두니라

그때 그 사람들과 지금 나의 모습 이란 제목으로 말씀을 전

289

하려고 합니다. 성령께서 저와 여러분의 마음과 생각을 감동시키는 시간 되시길 예수님 이름으로 축원 드립니다.

내일부터 토요일까지 6일 동안을 성 수난주간이라고도 하며 성 고난주간이라고 합니다. 또한 인류 구속을 위한 예비의 날이라고도 합니다. 고난주간에는 모든 행동과 하는 일들을 절제하여야 하는 주간이기에 다툼도 있어서는 안 됩니다. 누굴 미워해서도 안 됩니다. 향락도 즐겨서는 안 됩니다. 외식도 해서는 안 됩니다. 부부간의 다툼이나 화를 내서도 안 됩니다. 오직 경건하게만 지내야 합니다. 그러기에 이 주간을 성 고난주간이라고 합니다.

사랑하는 성도 여러분

왜 그렇습니까? 예수님의 고난이 있었기에 구원받는 우리가 존재할 수 있기에 주님이 받은 고난에 동참해야 하기 때문이라는 것입니다. 기독교는 십자가와 부활의 종교입니다. 영적인 가나안을 향해 매일매일 살아가야 하는 우리 성도들은 고단한 삶 속에서도 주님의 고난에 동참함으로 매시간 주님의 음성을 듣고 희망이란 꿈을 갖고 살아가야 하는 것입니다. 완전한 죽음에서 완전하게 부활하신 예수님의 십자가 사건은 좌절할 시간에 희망의 꿈을 꾸고 불가능이 찾아왔을 때 희망의 꿈을 꾸며 나는 못한다, 나는 안 된다, 나는 이제 끝이다 하고 생의 마지막이 온다고 할 지라도 희망의 꿈을 포기하지 않는 것이 우리 그리스도인 들이기 때문입니다.

헬라시대의 영웅 알렉산더 대왕은 군대를 이끌고 그리스와 전투를 준비하고 있었습니다. 가족을 두고 전투에 나갈 염려와 생명에 대한 두려움에 떨고 있는 모든 부하 장병들 걱정이 되었습니다. 그는 평소 자신이 가지고 있던 토지와 금과 은 모든 재산을 나누어 주었다고 합니다. 어떤 병사에게는 많은 토지를 주었고 어떤 자에게는 마을을 통째로 주었고 또 다른 참모에게는 항구를 주었다고 합니다. 그는 모든 병사들에게 신분에 맞도록 각각 재산을 나누어 준 다음에야 군비를 수송시켰다고 합니다. 이렇게 부하 병사들에게 재산을 나누어주다 보니 정작 왕실 재산을 모조리 다 써 버리고 말았습니다.

이상히 여긴 페르디카스 장군이 알렉산더 대왕에게 물었습니다. '대왕이여 어찌하여 모든 금과 은 그리고 토지를 병사들에게 나누어 주십니까? 대왕께서는 자신을 위해 남겨둔 것이 아무것도 없으니 어찌 하시려고 하십니까?'하고 물었습니다. 그러자 알렉산더 대왕은 '아니요, 금과 토지를 다 나누어 주어도 진짜 귀한 보물은 내게 아직 남아 있소.'라고 하니, '페르디카스는 대왕이여, 그게 무슨 보물입니까?' 알렉산더대왕은 이렇게 대답합니다. '그것은 다름 아닌 희망이란 보물입니다.'라고 말하는 것이었습니다. 그리고 '나는 날마다 희망이란 꿈이 있기에 좌절의 늪에서 벗어날 수 있었다.'고 회고합니다. 불가능의 현실에서 희망이란 꿈을 안고 가능의 현실을 바라보고 승리하였다.'고 말하면서 '희망이 있었기에 오늘 내가 존재한다.'고 말하였습니다. 이때 페르디카스는 말합니다. '대왕이시여, 그럼 대왕을 모시고 떠나는 저희들도 대왕의 희망을 나누어 갖겠습니다.' 그는 적과 싸우는 병사들에게 희망을 주어 불안에서

291

벗어나게함으로 그리스와의 전쟁에서 승리 하였다고 합니다.

사랑하는 성도 여러분

세상이라고 하는 사단의 바다와 싸워야하는 우리 그리스도인들에게 예수 그리스도는 우리의 희망입니다. 우리의 환경이, 우리의 삶이 아무리 송두리째 망가져서 나를 힘들게 한다 할지라도 부활하신 예수 그리스도는 우리의 희망이기에 그분만을 따라야 된다는 것입니다. 나는 그리스도와 함께 가는 존재라고 생각할 때 우리에게는 희망이 기다리고 있게 될 줄로 믿기 때문입니다. 전 세계에 있는 우리 그리스도인들은 사순절의 끝자락인 고난주간을 시작하려고 하고 있습니다. 우리 그리스도인들의 삶은 실제로 고난주간을 통하여 부활의 아침 주님과 함께 새롭게 태어난다고 하여야 할 것입니다.

인류역사에 부활 사상을 가지고 있는 4대 종교가 있습니다.

1. 유대교입니다. 그들은 메시야와 함께 부활한다는 사상으로 아직도 인류역사를 구원할 메시야가 출연하지 아니 하였다고 하여 초림예수를 기다리고 있는 종교입니다. 이들이 유대교인들입니다.

2. 이슬람교입니다. 인간은 죽어도 언젠가는 부활한다는 신념을 가지고 있는 종교입니다. 중동 14개국 중 이스라엘을 빼면 13개국입니다. 동남아시아에 인도네시아를 비롯한 3-4개국이 믿고 있는데 그들이 신으로

섬기는 마호메트는 기원전 4세기 사람이며 사우디아라비아 메카에 본부가 있습니다.

3. 불교입니다. 선한 일을 한 자는 언젠가는 환생하는데 짐승(말, 돼지, 소, 새 등) 다양한 동물로 인도환생한다는 종교입니다.

4. 기독교입니다. 예수그리스도를 믿으면 구원을 받아 예수 그리스도와 함께 부활하는 종교이며 믿으면 천국, 믿지 않으면 지옥으로 간다는 것입니다. 유대교나 이슬람교는 감람산에서 부활한다고 합니다. 그러나 기독교는 부활의 장소와 관계없이 있는 자리에서 부활하기에 천국이 여기 있다. 저기 있다, 하지 말라. 네 마음속이 천국 이니라 고 말씀 하셨습니다.

그러므로 우리 그리스도인은 고난도 예수 그리스도와 함께, 기쁨도 예수그리스도와 함께, 죽음도 예수그리스도와 함께, 생명의 부활도 예수 그리스도와 함께하는 생명의 종교인줄 믿으시기 바랍니다. 그러기에 히브리서 13장8절 말씀대로 예수 그리스도는 어제나 오늘이나 영원토록 변함이 없으신 우리의 하나님이 되심을 믿으시면 우리 한번 아멘 합시다.

사랑하는 성도 여러분

주님은 사생애를 마치시고 3년 반 동안의 공생애를 일주일을 남겨 놓고 있습니다. 저는 이스라엘 성지순례를 수차례 여행하였습니다. 그때마다 성지순례의 가장 중요한 시간은 예수님의 고난의 의미를 되새기면서 주께서 고난을 당하시기 위해 십자가를 지고 가셨던 골고다 언덕을 가 보곤 합니다. 마태복음 26장36절에서 주님의 겟세마네 동산의 기도로 시작한 고난의 행진의 시작은 46절에 일어나 함께 가자라고 제자들에게 말씀 하실 때 제자중의 한 사람 가룟 유다와 함께 온 무리들은 검과 몽둥이를 가지고 주님을 잡으러 왔습니다. 겟세마네 동산에 통곡의 기도를 하러 가실 때 처음 하신 말씀으로 이 아침 성 고난주간의 교훈을 받고자 합니다.

첫 번째, 너희는 나와 함께 깨어 있으라는 것입니다.

마태복음 26장36절에 나는 겟세마네 동산에서 기도하는 동안 너희는 여기 앉아있으라는 말씀입니다. 이 말씀은 나는 기도할 테니 너희는 가만히 쉬고 있으라. 놀고 있으라는 뜻이 아닐 것입니다. 또한 38절에 너희는 여기 머물러 나와 함께 깨어 있으라고 하신 말씀은 기도하라는 뜻이었습니다. 이제부터 나와 함께 깨어 있으라는 말씀은 앉은 자리에서 그대로 기도하여 나의 고난에 함께 가자는 것입니다. 예수님이 기도하시는 감람산의 기슭에 있는 '겟세마네'라는 뜻이 '기름 짜는 틀'이란 아람어입니다. 주님은 이곳에서 기름을 짜듯이 인류를 구원하시기 위한 사생결단의 기도를 드리시는데 제자들에게 너희는 가서 한가하게 놀고 있으라는 뜻이 절대 아닐 것입니다. 마태복음 26장39절에는 나의 원대로 마옵시고 아버지 원대로 하옵소서라고 기도 하시고 40절에 너희가 나와 함께 한 시간도 이렇게 깨여 있을 수 없더냐 하시고 41절에 시험에 들지 않게 깨여 기도하라 마음은 원이로데 육신이 약하도다하시고 42 절과 44절에 3차례나 진액을 짜내시는 기도를 드리셨습니다. 그러므로 너희는 여기 있으라는 주님의 깊은 뜻은 너희도 나와 함께 기도하자는 뜻이셨습니다. 그러나 제자들은 주님의 기도가 길어지니까 육신이 약하여 피곤한 나머지 잠들고 말았습니다.

사랑하는 성도 여러분

주님만을 끝까지 따르겠다고 맹세하던 제자들 아닙니까? 그러나 잠시를 못 참고 주님이 세 번씩이나 깨어 있으라고 하였건만 그들은 잠에 취하였다고 하였습니다. 겟세마네 동산에 기도하시러 올라가기 직전이니 불과 한 시간 전입니다. 절대로 주님을 배반하지 않겠노라고 맹세하고 장담했던 그 모습이 어쩌면 이렇게 대조적일까요? 잠시 동안도 주님과 함께 하지 못한 제자들의 모습 속에서 이 시간 나의 모습을 스스로 돌아보아야 할 것입니다. 잠시도 못 참고 영적 나태함을 가진 제자들의 모습 속에서 자신들의 구세주가 되시며 신랑이 되시는 예수 그리스도의 사랑을 마귀에게 빼앗기는 참으로 어리석은 제자들의 모습을 보십시오. 심지어는 무서워 도망까지 가는 비겁함을 가진 제자들의 모습을 56절에 기록 하고 있습니다.

두 번째, 자기를 부인하고 십자가를 따르라는 것입니다.

마태복음 16장24절에 **'아무든지 나를 따라 오려거든 자기를 부인하고 자기 십자가를 지고 나를 좇을 것이니라'**고 말씀하셨습니다.

사랑하는 성도여러분

십자가 지는 일은 고난입니다. 고통입니다. 그러나 그리스도를 위한 길이라면 억지로라도 져야만 합니다. 그렇기에 십자가는 믿음으로 지는 것입니다. 십자가는 사랑으로 지는 것입니다. 마태복음 27장32절에서 유월절을 지키기 위해 예루살렘에 온 구레네 시몬은 억지로 십자가를 졌다고 하였습니다. 이 일로 인하여 루포와 그의 가족 모두가 감시와 핍박을 받았지만 예수를 믿고 예수님의 제자가 되었습니다. 로마서 8장17절에 말씀합니다. **'우리가 그와 함께 영광을 받기 위하여 고난도 함께 받아야 될 것이니라'**고 말씀합니다.

사랑하는 성도 여러분

왜 그렇습니까? 로마서 8장18절에 **'현재의 고난은 장차 우리에게 나타날 영광과 족히 비교할 수 없도다'**고 말씀합니다. 예수님이 기도하시는 동안 뒤에서는 유대 정병들의 음모와 모사가 벌어지고 있었습니다. 영적인 눈이 어두워져 깨어있지 못하고 한 치의 미래도 바라볼 수 없는 제자들의 모습과 오늘의 나의 모습 속에서 해답을 찾아야 한다는 것입니다. 주님은 제자들을 책망합니다. 너희가 나와 함께 한 시간도 깨어 기도 할 수 없더냐 하시고 이제는 자고 쉬라 하시고 인자가 죄인의 손에 팔린다고 하시면서 일어나 함께 가자고 하십니다.

사랑하는 성도여

지금 우리는 고난주간의 마지막 성 고난주간을 주님과 함께 하려고 합니다. 우리는 주님의 축복과 은총을 받아 누리기를 원하면서도 주님을 위한 고난과 희생에는 동참하기를 주저합니다. 제자들이 영적인 눈을 떴더라면 주님을 지켜드릴수가 있었을 것입니다. 오늘날 현대교인들에게 수많은 도전이 기다리고 있습니다. 누가 주님의 몸된 교회를 지키겠습니까? 사단의 세력과 누가 싸우겠느냐는 것입니다. 주님의 제자들인 우리가 지키고 싸워야 된다는 것입니다. 그러기에 주님은 지금 나에게 말씀하십니다. 나의 고난을 너와 함께 하고싶다라는 말씀입니다.

한 젊은 육상선수가 올림픽에서 금메달을 따는 순간입니다. 소감을 묻는 기자에게 답합니다. '하나님께서 내 발이 땅에 닿는 순간부터 나와 함께 달려 주셨기 때문'이라고 하였습니다. 그리고 예수님이 나와 함께 하지 않으셨다면 고된 훈련도 불가능하여 훈련 도중 지쳐서 포기했을 것이고 내가 금메달을 따야겠다는 야망도 희망도 없었을 것입니다. 예수님은 내 생애 시작부터 지금까지 또한 앞으로도 나를 지켜 주실 것입니다. 그러므로 나의 승리는 오직 예수님 때문입니다. 이 얼마나 놀라운 신앙고백입니까? 어린 육상선수의 신앙고백이 이 시간 우리에게 진한 감동을 주고 있는 것입니다. 오직 나의 승리는 예수님입니다. 내 생애 시작부터 끝날이 올 때까지 나를 지켜주실 것입니다. 이 얼마나 위대한 간증입니까?

사랑하는 성도 여러분

기성세대인 우리를, 아니 나 자신을 돌아봅시다. 그분 예수그리스도에게 얼마나 많은 실망을 안겨드렸습니까? 우리의 삶 한 가운데서 우리를 조종하고 계시는 그분 예수 그리스도를 인정해드리고 우리의 마음 깊은 곳에서 나도 모르는 사이에 우리를 통찰하고 계시는 성령님을 모시어 들이면 내 마음속에 평화가 넘쳐나기 시작한다는 것입니다. 그가 어떤 일을 나에게 요구하시든지 우리는 그와 함께 지체없이 동행하여야 한다는 것입니다.

세 번째, 예수님과 신실한 관계를 유지 해야 된다는 것입니다.

어떤 상황이 온다고 할지라도 주님과의 관계가 믿음으로 유지되어 있느냐는 것입니다. 주님은 세상을 구원하시고자하는 엄청난 시련 앞에서 기도로 해결하시었습니다. 이것은 현 시대를 살아가는 우리에게 일찍이 기도의 본을 보여 주시고 마가복음 9장29절에 **'기도 외에 다른 것으로는 이런 유가 나갈 수 없느니라'**고 말씀하시었던 것입니다. 그러므로 주님과의 신실한 관계는 오직 기도밖에는 없는 것입니다.

1912년 보스턴의 가난한 가정에서 태어난 '로젠버그'라는 소년이 있었습니다. 그는 어려운 가정 형편 때문에 교육을 받지 못하고 자랐습니다.

그는 가난을 저주하지 않고 늘 교회에 나가 하나님께 기도하기 시작했습니다. 나를 '만약에 하나님이 나를 부자로 만들어 주신다면 가난한 사람이 없는 세상을 만들겠습니다.'라고 어린 로젠버그는 날마다 기도하였다고 합니다. 그때부터 학교에 못가니 돈을 벌기 시작하였습니다. 아주 작은 돈을 벌어도 꼬박꼬박 십일조를 하기 시작하였습니다. 그는 가난하여 공부할 기회를 놓쳤지만 하나님만 의지하고 교회에서 살다시피하며 기도를 하였다고 합니다. 10대에는 조그만 장사를 하고 여름에는 길거리에서 얼음을 파는 얼음 장사를 하고 공장에 나가 공원으로 일을 하고 건설 현장에서 일을 하여 거기서 번 돈으로 노동자들에게 커피와 샌드위치를 제공해 배고픈 설움을 잊게 해 주었다고 합니다.

30대에는 '모빌런치 서비스'라는 회사를 차려 점심을 싸오지 않는 노동자나 샐러리맨들에게 점심 도시락을 만들어 무료로 배달까지 하여 사람들의 굶주림과 허기를 해결해 주었고 '던킨 도너츠'라는 상표를 개발 '던킨 도너츠'의 창업주가 되었습니다. 그가 '로젠버그'입니다. 기자가 물었습니다. '어떻게 이렇게 많은 재산을 모았습니까?' 로젠버그는 이렇게 대답합니다. '내가 한 것이 아니라 내가 믿는 나의 하나님이 하신 것이다. 나는 하나님과의 관계만 유지하였다.'고 하였습니다. 그리고 그는 말합니다. '나의 재산은 내 것이 아니라 모두가 하나님의 것'이라고 하면서 '회사의 모든 소득의 10의 9조는 하나님께 드리고 나는 10의 1조 만으로 만족한다.'라고 하였습니다. 그는 세계적 재벌이 되었습니다.

사랑하는 성도 여러분

어린 소년 로젠버그의 성공비결은 학벌에도 있지 않았습니다. 남달리 교육을 잘 받은 사람도 아닙니다. 집안이 훌륭한 것도 아닙니다. 장사에 무슨 남다른 수완이 있는 것도 아니었습니다. 있는 것이라고는 지긋지긋한 가난 뿐이었습니다. 그런 그가 세계적 재벌이 되었습니다. 이유가 무엇입니까? 탁월한 경영 능력이었습니까? 결코 아니었습니다. 오직 예수, 오직 하나님이었습니다. 날마다 날마다 푸른초장으로 인도해 주시는 성령님의 은혜였습니다. 주님과 신실한 관계를 유지한 비결밖에는 없었습니다. 로젠버그 그는 날마다의 삶이 자신을 위해서라기보다 그분 예수그리스도를 위해 그분과 더불어 함께 가는 신실한 관계를 유지하는 삶이 그를 재벌로 만들었습니다.

결론입니다.

일어나 함께 가자라는 것입니다.

어디로 함께 가자는 것입니까? 골고다로 함께 가자는 것입니다. 같이 가서 나와 함께 십자가에 못 박히자는 것입니다. 감람산에 있는 겟세마네 동산에서 땀방울이 핏방울로 변하는 기도를 밤이 맞도록 하신 곳에는 성 프란체스카 교회라는 베드로의 통곡 기념교회가 세워져 있는데 이 교회는 1920년 12개국 나라의 성금으로 세워졌다하여 이름을 세계 만국교회라 하였습니다. 이 교회 내부에 보니 중앙에 큰 바위가 있었습니다. 마태복음 26장39절에 보면 예수님께서 엎드려 기도하시던 큰 바위 바로 그 바위였습니다.

'내 아버지여 만일 할만하시거든 이 잔을 내게서 지나가게 하옵소서 그러나 나의 원대로 마옵시고 아버지의 원대로 하옵소서.'

라는 마지막 통곡의 기도를 하셨던 바로 그 자리 그 바위가 지금껏 보존되어 있었습니다. 이 바위를 가리켜 통곡의 바위 또는 번민의 바위라고 하는데 기도하신 이 바위를 예배당 안에 넣고 교회를 세웠습니다. 저는 안내원의 만류에도 불구하고 떨리는 손으로 주님이 기도하셨던 그 자리에 무릎을 조아리고 엎드렸습니다. 그리고 나도 모르는 사이 통곡하며 오열하기 시작했습니다. 남이야 보든 말든 왜 그리 눈물이 주체없이 쏟아지는지 함께 간 사람들이 일으켜주었지만 그 시간 후로는 정신을 잃어버리고 다녔던 기억이 지금도 생생합니다.

사랑하는 성도 여러분

주님은 겟세마네 동산에서 기도하시고 기드론 골짜기를 거쳐 대제사장 가야바의 뜰로 끌려가셨습니다. 마태복음 26장67절에 보면 우리 주님은 그곳에서 주먹으로 맞으시고 손바닥으로 맞으시고 피가 낭자하여 쓰러지신 그 자리에 기념교회가 세워져 있었습니다.

사랑하는 성도 여러분

우리 주님이 골고다 언덕까지 가시는 동안 한 명의 배신자와 한 명의 비겁자와 다섯 명의 의인을 만났습니다. 그때 그 사람들과 지금 나의 모습을 비춰보려고 합니다.

첫 번째 사람, 가롯 유다였습니다.

그는 창과 칼과 돌을 던진 자칭 제자였습니다. 예수님을 밀고하여 은 삼십냥에 주님을 판 제자였습니다. 재물과 명예에 눈이 어두워진 제자였습니다.

두 번째 사람, 베드로입니다.

가야바 뜰에서 우리 주님이 맞으시고 피투성이가 되었는데 베드로는 나는 저 사람을 모른다. 저 분이 누군지 모른다고 세 번씩이나 부인한 제자였습니다. 주님은 가장 사랑했던 제자 베드로의 모습을 보시면서 빌라도 총독에게 끌려갔습니다. 그리고 안토니오성 중앙 재판대 앞에서 사형언도를 받으시고 골고다 언덕을 향해 십자가에 못 박히러 가십니다. 이런 주님 앞에서 모른다고 부인한 제자였습니다.

세 번째 사람, 구레네 시몬입니다.

마태복음 27장32절에 억지로 십자가를 지고 간 것이 은혜가 되어 온 가족이 주님을 영접하고 예수님의 제자가 되었습니다.

네 번째 사람, 아리마데 요셉입니다.

그는 요한복음 3장에 나오는 니고데모와 함께 공의회 의원이며 부자요 명성이 있는 사람인데 누가복음 23장50절에서는 그를 가리켜 의로운 사람이라고 하였는데 빌라도에게 가서 주님의 시체를 모셔다가 장래를 지낸 후 예수님의 제자가 된 사람입니다.

다섯 번째 사람, 니고데모입니다.

요한복음 3장1절에 밤중에 예수님을 찾아온 사람인데 요한복음 19장39절에 예수님의 장례를 치르기 위해 몰약과 침향을 가져와서 장례를 치른 참다운 제자였습니다.

여섯 번째 사람, 베로니카 여인입니다.

예수님께서 골고다로 십자가를 지고 가시는데 쓰러지셨습니다. 그때 예수님 곁으로 와서 쓰러진 예수님을 일으키고 자신의 손으로 예수님의 핏자국과 상처 난 곳을 닦고 예수님께 입 맞추고 예수님 얼굴의 피를 닦아준 여인입니다. 베로니카 여인은 요한복음 5장에 나오는 베데스다 연못에서 38년 된 혈루증 앓은 여인으로 주님께 치료받고 나음을 입은 여인입니다. 지금은 이 길이 좁은 시장 골목인데 예수님께서 쓰러지시면서 짚으신 땅에 예수님의 손바닥이 모양 그대로 찍혀 있었습니다.

일곱 번째사람, 론진입니다.

론진은 예수님을 확인 사살한 로마 병정입니다. 예수님께서 십자가에서 운명하시기 직전 창으로 (요 19:34) 예수님의 옆구리를 찔러 물 한 방울까지도 모두 흘리게 한 장본인입니다. 론진이 확인 사살을 하는 그때가 인류역사에 있어 가장 어두운 날이요. 제 6시에서 제 9시까지 해가 빛을 잃고 온 땅이 캄캄해지는 어두운 세상이 되는 시간이었습니다.

사랑하는 성도 여러분

십자가는 고난이었습니다. 형극이었습니다. 십자가는 내 얼굴이었고 내속 마음을 비추는 거울이었습니다. 프랑스의 철학자 파스칼은 '우리의 죄 때문에 예수님은 세상 끝날까지 고통을 받으실 것이다.'라고 하였습니다. 예수님을 죽인 살인자 론진, 그는 베드로 성전에 가니 성 론진으로 추앙되어 있었습니다. 론진이 창으로 우리 주님을 찌르는 순간 론진의 손에서 창이 떨어지지 아니하였다고 합니다. 그는 주님께 용서를 빌고 회계하여 예수를 믿고 평생 전도자로 일생을 살면서 예수님의 제자로서 생을 마쳤다고 합니다. 그는 지옥에서 있어야 할 사람이었으나 하나님의 은혜로 지옥에서 천국으로 옮겨간 사람입니다.

사랑하는 성도 여러분

우리 한번 결단합시다. 월요일 새벽부터 토요일 새벽까지입니다. 6일입니다. 새벽을 깨워 봅시다. 지금의 나 자신을 돌아보면서 제자의 도를 지켜봅시다. 주님 앞에 새로운 결단의 시간을 드려 봅시다. 직분 감당하는 시간을 가져 봅시다. 사명 감당 한번 해 봅시다. 새벽을 깨워 주님께 바칩시다. 시편 46장5절에 새벽에 하나님이 도우신다고 하셨고 시편 108장2절에 내가 새벽을 깨우리로다 하셨습니다. 우리 생애에서 가장 아름다운 고난주간을 지내므로 기적 같은 이번 부활주일이 되어 2019년을 예수님 믿고 난 후 최고의 축복이 넘치는 한 해가 되시길 예수님 이름으로 축원 드립니다.

너 성령의 사람아!

1판 1쇄 2019년 9월 30일
발 행 인 홍태성
발 행 처 도서출판 헤세드
주   소 경기도 부천시 역곡로 487, 4층 401호 (고강동, 백학빌딩)
대표전화 032-212-4620, 010-6877-4620
팩   스 050-4069-6154
출판등록 979-11-965517
이 메 일 terryhts@naver.com
정   가 ₩ 20,000

ISBN   979-11-965517-1-1

* 잘못 만들어진 책은 구입한 곳에서 교환해드립니다.